| 高职高专新商科系列教材 |

商务谈判

崔 璨 岳 炫 主 编
尹君君 李 鹏 张宏如 副主编

清华大学出版社
北 京

内 容 简 介

本书以商务谈判的过程为主线,全面系统地阐述了商务谈判的理论、过程、策略等。全书共分 10 个学习情境,具体包括:商务谈判认知、商务谈判准备、商务谈判心理、商务谈判沟通、商务谈判礼仪、商务谈判开局阶段、商务谈判报价阶段、商务谈判磋商阶段、商务谈判结束阶段和商务谈判风格。学习情境下安排有若干任务,每个任务都附有引导案例、相关知识、任务小结、复习思考题、案例分析和实训项目,以满足教学需要。

本书立足于近年来国内外商务谈判领域的研究进展和实践变革,理论内容精练而新颖,精选上百个案例,突出了以培养学生应用能力、综合知识掌握能力为主线的教育特色,重点突出知识的实用性,强调实践能力的培养。

本书可作为高职高专、成人教育经济管理类市场营销、电子商务、国际贸易等相关专业的教材,也可供企业职业培训参考使用,还可作为相关爱好者阅读之书。

本书封面贴有清华大学出版社防伪标签,无标签者不得销售。
版权所有,侵权必究。举报: 010-62782989,beiqinquan@tup.tsinghua.edu.cn。

图书在版编目(CIP)数据

商务谈判/崔璨,岳炫主编. —北京:清华大学出版社,2021.9(2024.8 重印)
高职高专新商科系列教材
ISBN 978-7-302-57530-6

Ⅰ.①商… Ⅱ.①崔… ②岳… Ⅲ.①商务谈判-高等职业教育-教材 Ⅳ.①F715.4

中国版本图书馆 CIP 数据核字(2021)第 025242 号

责任编辑: 刘士平
封面设计: 傅瑞学
责任校对: 赵琳爽
责任印制: 刘海龙

出版发行:清华大学出版社
    网 址: https://www.tup.com.cn,https://www.wqxuetang.com
    地 址: 北京清华大学学研大厦 A 座 邮 编: 100084
    社 总 机: 010-83470000 邮 购: 010-62786544
    投稿与读者服务: 010-62776969, c-service@tup.tsinghua.edu.cn
    质量反馈: 010-62772015, zhiliang@tup.tsinghua.edu.cn
    课件下载: https://www.tup.com.cn,010-83470410
印 装 者: 三河市铭诚印务有限公司
经 销: 全国新华书店
开 本: 185mm×260mm 印 张: 13.25 字 数: 317 千字
版 次: 2021 年 9 月第 1 版 印 次: 2024 年 8 月第 2 次印刷
定 价: 39.00 元

产品编号: 088207-01

前言

商务谈判是一门理论与实践结合紧密、操作性强的综合性学科，融合社会学、管理学、心理学等学科的基本思想和理论，具有科学性和艺术性。在社会生活中，个人和组织通过同利益相关者进行谈判来实现交换、创造价值，从而满足自身生存和发展的需要。商务谈判作为一种有效的协调手段，越来越被广泛地运用到社会生活的各个领域，在社会政治经济生活中发挥着重要作用。

本书立足于近年来国内外商务谈判领域的研究进展和实践变革，以国内外商务活动为对象，突出商务活动的实践性，全面深刻地阐述了商务谈判的理论、过程、策略等。每个任务的开头部分都以案例为导引，由浅入深地介绍商务谈判的基础知识及运作规律，并在每个任务的叙述中穿插大量案例，让读者从案例中较为直观地理解谈判技巧与策略的运用。每个任务末都附有任务小结、复习思考题、案例分析和实训项目，增强实用性和可操作性，帮助读者提升谈判实战能力。

本书由崔璨、岳炫担任主编，尹君君、李鹏、张宏如担任副主编，具体分工如下：学习情境一、八由尹君君编写；学习情境二、六由崔璨编写；学习情境三、九由李鹏编写；学习情境四、五由张宏如编写；学习情境七、十由岳炫编写。尹君君负责全书的审核校对，崔璨负责全书的定稿。同时，本书在编写过程中参阅和借鉴了国内外相关商务谈判的著作，在此表示由衷的感谢。

由于编者水平有限，书中一些遗漏与不足之处在所难免，敬请各位专家学者和广大读者批评指正，以便再版时加以修订、完善。

编　者
2021 年 5 月

学习情境一　商务谈判认知 …… 1

- 任务 1.1　谈判概述 / 1
  - 1.1.1　谈判内涵 / 2
  - 1.1.2　谈判构成要素 / 3
  - 1.1.3　谈判特征 / 4
- 任务 1.2　商务谈判基础知识 / 9
  - 1.2.1　商务谈判内涵 / 10
  - 1.2.2　商务谈判特征 / 11
  - 1.2.3　商务谈判的原则 / 12
  - 1.2.4　商务谈判类型 / 15
  - 1.2.5　商务谈判的基本程序与评价标准 / 18

学习情境二　商务谈判准备 …… 24

- 任务 2.1　商务谈判准备工作 / 24
  - 2.1.1　商务谈判信息收集 / 25
  - 2.1.2　商务谈判人员组织 / 32
  - 2.1.3　商务谈判方案的拟定 / 35
- 任务 2.2　模拟谈判 / 42
  - 2.2.1　模拟谈判的作用 / 43
  - 2.2.2　模拟谈判的拟定假设 / 43
  - 2.2.3　模拟谈判的方法 / 44
  - 2.2.4　模拟谈判的总结 / 45

学习情境三　商务谈判心理 …… 47

- 任务 3.1　商务谈判心理概述 / 47
  - 3.1.1　商务谈判心理的概念 / 48
  - 3.1.2　商务谈判心理的意义 / 48
  - 3.1.3　商务谈判心理的特点 / 50
  - 3.1.4　商务谈判心理禁忌 / 52
- 任务 3.2　商务谈判需要和动机 / 56
  - 3.2.1　商务谈判需要 / 57
  - 3.2.2　商务谈判动机 / 62

学习情境四　商务谈判沟通 …… 66

- 任务 4.1　商务谈判语言 / 66
  - 4.1.1　语言技巧在商务谈判中的地位和作用 / 67
  - 4.1.2　商务谈判语言的类别 / 67
  - 4.1.3　正确运用谈判语言技巧的原则 / 68

        4.1.4 商务谈判中语言运用常见的问题 / 70
        4.1.5 商务谈判中的语言运用策略 / 70
    任务 4.2 商务谈判语言沟通技巧 / 73
        4.2.1 倾听的技巧 / 74
        4.2.2 陈述 / 76
        4.2.3 提问的技巧 / 77
        4.2.4 回答的技巧 / 79
        4.2.5 拒绝的技巧 / 80
        4.2.6 说服的技巧 / 81
    任务 4.3 商务谈判非语言沟通 / 84
        4.3.1 商务谈判非语言沟通的作用 / 85
        4.3.2 商务谈判非语言沟通的主要特点 / 85
        4.3.3 非语言沟通的形式与技巧 / 86

学习情境五 商务谈判礼仪 ······ 90

    任务 5.1 商务基本礼仪 / 90
        5.1.1 商务谈判服饰礼仪 / 91
        5.1.2 商务谈判仪态礼仪 / 92
        5.1.3 商务谈判举止礼仪 / 94
    任务 5.2 会面礼仪 / 99
        5.2.1 商务谈判迎接礼仪 / 99
        5.2.2 商务谈判会面礼仪 / 100
        5.2.3 送客礼仪 / 102
    任务 5.3 谈判礼仪 / 103
        5.3.1 会场准备 / 104
        5.3.2 签约仪式 / 105

学习情境六 商务谈判开局阶段 ······ 108

    任务 6.1 营造开局气氛 / 108
        6.1.1 商务谈判开局气氛的含义 / 109
        6.1.2 影响谈判开局气氛的因素 / 109
        6.1.3 谈判开局气氛的营造方式 / 110
    任务 6.2 商务谈判的开局策略 / 116
        6.2.1 商务谈判开局策略的含义 / 116
        6.2.2 商务谈判开局策略的影响因素 / 117
        6.2.3 商务谈判开局策略 / 118

学习情境七 商务谈判报价阶段 ······ 123

    任务 7.1 报价的基本原则 / 123

        7.1.1　报价的含义 / 123
        7.1.2　商务谈判中的价格知识 / 124
        7.1.3　报价的原则 / 126
    任务 7.2　商务谈判报价策略 / 130
        7.2.1　报价的类型 / 131
        7.2.2　报价的顺序 / 132
        7.2.3　报价的策略 / 133

学习情境八　商务谈判磋商阶段 ……………………………………………… 137

    任务 8.1　讨价策略 / 137
        8.1.1　讨价的含义 / 138
        8.1.2　讨价的方式 / 138
        8.1.3　讨价的策略 / 138
    任务 8.2　还价策略 / 143
        8.2.1　还价的含义 / 143
        8.2.2　还价的方式 / 145
        8.2.3　还价的策略 / 145
    任务 8.3　让步策略 / 148
        8.3.1　认识让步 / 149
        8.3.2　让步的基本原则 / 150
        8.3.3　让步的内容 / 151
        8.3.4　让步的方式 / 151
        8.3.5　让步的策略 / 153
    任务 8.4　突破谈判僵局的策略 / 162
        8.4.1　僵局的定义及僵局产生的原因 / 162
        8.4.2　打破谈判僵局的策略 / 163

学习情境九　商务谈判结束阶段 ……………………………………………… 169

    任务 9.1　谈判终结 / 169
        9.1.1　判断商务谈判终结 / 170
        9.1.2　促成商务谈判成交的方法 / 173
        9.1.3　商务谈判终结前应注意的问题 / 174
        9.1.4　商务谈判的可能结果 / 175
    任务 9.2　商务合同签订 / 178
        9.2.1　商务合同的特点和种类 / 178
        9.2.2　商务合同的构成及条款 / 179
        9.2.3　商务合同的拟定与审核 / 181
        9.2.4　商务合同的履行及维护 / 182
        9.2.5　涉外商务合同的特殊性和重要条款 / 184

9.2.6　国际规则及惯例 / 185

学习情境十　商务谈判风格 ………………………………………………… 188

任务 10.1　商务谈判风格概述 / 188
  10.1.1　商务谈判风格的含义 / 189
  10.1.2　商务谈判风格的类型 / 189
  10.1.3　商务谈判风格的特点 / 191
  10.1.4　影响谈判风格的文化特征 / 191

任务 10.2　不同地区的商务谈判风格 / 195
  10.2.1　美洲商人的谈判风格 / 196
  10.2.2　欧洲商人的谈判风格 / 197
  10.2.3　亚洲商人的谈判风格 / 198
  10.2.4　非洲商人的谈判风格 / 200

参考文献 ……………………………………………………………………… 202

学习情境 一

商务谈判认知

学习目标

知识目标
1. 了解商务谈判的含义,掌握商务谈判的三大内涵。
2. 掌握商务谈判的三大构成要素和基本程序。
3. 掌握商务谈判的四大特征。
4. 理解商务谈判的分类、原则与评价标准。

能力目标
1. 能够准确分辨商务谈判的类型。
2. 初步具备商务谈判的意识以及对不同谈判的基本评判能力。

素质目标
1. 在与人交流协商时树立谈判意识。
2. 在谈判过程中建立双赢理念。

任务 1.1 谈 判 概 述

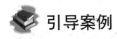 引导案例

案例 1-1 小镇土地买卖谈判

托尼两年前在欧洲某小镇以 100 欧元/平方米的价格购买了两块土地,面积分别为 80 平方米、60 平方米。目前这两块地价格已经涨到 150 欧元/平方米。在当地,面积在 200 平方米以上的土地才能做房屋用地,房屋用地价格现为 200 欧元/平方米。托尼想再买一块地以提升土地的价格。他看中了一块 70 平方米的土地,这块土地是卡尔斯的,以前一直被用来种植蔬菜,卡尔斯去世后土地由儿子迪欧接管。迪欧在城里工作,是一名律师,已经很多年没有回来过了,土地闲置,长满荒草,农田价格现为 15 欧元/平方米。迪欧有意出售这块土地,但多年来一直无人问津。买方托尼与卖方迪欧经过一番商讨,以 175 欧元/平方米的价格成交。

思考:
你认为托尼最低和最高可成交价格如何?说一下你对谈判的认识。

1.1.1 谈判内涵

按照《辞海》的解释:谈的本意为"双方之间谈话、商议",是指谈判人员为实现自己的目的,与谈判对方人员进行的沟通、交流、传达双方意见与需求的活动;判的本意为"判定、评断",是经过沟通交流后谈判双方对对方的意见所做的判断。从这里可以看出:"谈"意味着沟通的行为活动,是一种过程;"判"意味着评判的行为活动,是一种结果。通常我们把谈判分为广义谈判与狭义谈判。广义谈判就是所有为达成意见一致而进行的语言、动作、表情等思想交流与沟通磋商的整个过程。狭义谈判是经过周密的准备、步骤规范的行为,为达成意见统一进行协商,并最终以书面形式展现的磋商过程。

与广义的谈判不同,狭义的谈判更具有规范性、阶段性、流程性和法律性的特征。关于谈判的定义,从古至今,从国内到国外,经济学者们进行了各种解读。我们认为:谈判就是人们为了满足各自的需求、实现各自的目的,通过沟通、交流和协商,而争取达到意见一致的行为和过程。

关于谈判的内涵,可以从以下几个方面来理解和把握。

(1)谈判基石,需求理论。

谈判的根本动力是需求,不仅谈判的发起者是为了满足己方的需求,谈判的合作者也是为了实现自己的愿望。在一般的谈判中,利益是固定的,一方需求的满足程度会很大程度地影响另一方需求的实现,谈判的任何一方人员都不能只顾自身的需求而不管对方需求的满足。

案例 1-2   李小苗的谈判

李小苗是山东省一所职业院校的学生,经过了一年的高校独立生活之后,李小苗明显感到父母给的 1000 元/月的生活费满足不了新学期的要求。暑假期间,她试着跟爸爸商量:"爸爸,我觉得我每月的生活费有些低,同学们大都是 1500 元以上了。而且马上大二了,同学们的社交活动会增加不少,她们在微信群里都说要增加生活费,你也给我加点吧。""我是想给你加,可是咱家费用支出都是你妈在打理。这样,你去问问你妈,不行我再和她说。"

小苗又找到妈妈:"妈妈,大二开学后我要报考会计证书考试,想报个学习班。计算机二级也要考,同学们有的已经在上学期报名了。""哦,好,多学点东西好,那就报呗。""可是我的生活费剩不下,不够报学习班的,你这学期多给我点吧。""行,两个学习班,需要多少妈妈给你。我正好遇到你同学,问了一下别人的生活费,他们说基本是 1500 元左右。爸爸妈妈赚钱也不容易,你要懂事,不要攀比。我给你每月增加 200 元,好吧?"李小苗盘算,妈妈已经给解决了学习班的钱,还增加了生活费,妈妈已经作出很大的让步了,马上痛快地答应下来。

(2)双向谈判,相互关联。

谈判必须是双向的,只有一方无法进行谈判活动,而且并不是只要是双方企业就可以谈判,只有利益相互关联的企业才有可能进行谈判与合作,且只有在双方认为谈判对自己是有利的才会进行沟通洽谈。

比如,二手房交易中买方卖方的谈判,只有买房人或者只有卖房者时,不可能进行谈判;

当房产市场不能提供买方需要的房子时,或者卖方想出售的房产买方根本不满意时,也不会产生谈判。谈判双方人员在供需上既相互关联又相互矛盾的问题,只有通过谈判各方人员的主动沟通、数据交流、信息传递、真诚商议才能解决。双方通过沟通与协商寻求意见一致,满足各方需求,从而实现合作。

(3) 沟通协调,力求一致。

在古代,帝国的统一往往是依靠军事战争,以生灵涂炭为代价来实现的;而在现代,随着科技的发展,武器的杀伤力变得越来越强。人们在面临各种问题时更加倾向于文明的解决方式,即谈判。谈判是人们为了改变现有状况、追求更高的目标而进行的一种积极而文明的行为。由于谈判会涉及政治、经济、军事、技术、文化等各个领域,这不仅需要谈判人员具备各类专业知识,在谈判时的观察能力、应变能力也是必不可少的。由于谈判各方的利益不同,在此基础上的思维角度与行为也存在很大差异,而谈判能否成功,取决于在这些差异中寻求共同点与一致性,这既是沟通磋商的过程,也是意见逐渐统一的过程。整个谈判工作众多,不仅有谈判前的考察、调研与准备,也有谈判中的各个议题寻求一致的过程,以及达成协议后双方对合同的履行、纠纷处理等完整的工作过程。

1.1.2 谈判构成要素

谈判作为一种协调往来关系的沟通交际活动,它是一个有机联系的整体。谈判构成要素涉及各个方面,包括谈判时间、谈判地点、谈判议题、谈判目标、谈判主体与谈判客体。一般来说,谈判由三个基本要素所构成,这就是谈判主体、谈判客体、谈判目标。

1. 谈判主体

谈判主体是谈判活动涉及双方利益关系的主体,以及在谈判活动中,直接或间接参与谈判具体活动的双方人员。谈判主体又分为谈判行为主体与谈判关系主体。谈判行为主体是指直接参与谈判活动的谈判人员。由于产生行为的只能是自然人,因此谈判行为主体必须是有意识、有行为能力的自然人。谈判关系主体是指谈判的结果直接影响组织利益关系的主题,它可以是自然人,也可以是国家、企业、社会组织或其他团体。在具体谈判中,当谈判关系主体与行为主体出现了不一致,谈判的行为主体只进行谈判活动,不承担谈判后果;而谈判的关系主体则直接承担谈判结果。

案例 1-3　日本购买中国的大豆

日本 A 公司与中国 B 公司进行大豆买卖谈判。A 公司的总裁早稻田先生是一位谈判高手,在历次谈判中均以高超的谈判能力为自己赢得有利的合作。本次谈判,早稻田先生打算亲自出席,参加具体洽谈。B 公司是一家刚成立不久的外贸公司,主要向东南亚出口农副产品。B 公司的总裁王先生也知道早稻田先生在谈判领域久负盛名。对于本次洽谈,王先生打算聘请谈判专家代替自己进行谈判。经打探,本市××律师事务所的周主任引起了王先生的注意。因参与谈判,十谈九胜的周主任在商界受到极大尊重。经过商议,周先生答应帮助 B 公司参与此次谈判。

思考:

本次谈判活动中,请指出谈判的行为主体与关系主体。

2. 谈判客体

谈判客体是指在谈判中双方沟通、交流、商议的问题。谈判客体有很多类型,应当视具体谈判有所区别。中国加入WTO进行了历时15年的入世谈判,在这15年的谈判中,前10年一直在谈世界大国对中国的态度问题。更多的谈判涉及的议题是产品质量、价格、交货期限等经济利益问题。还有一些谈判进行的是行为商议,如工程启动时间、产品研发期限等。

3. 谈判目标

谈判目标是指参与谈判的双方人员在谈判过程中通过沟通、协商使对方作出一些承诺以实现自身的组织目标。如果一场谈判没有谈判目标,则不能称之为真正的谈判。

案例1-4 女王的"铁"魅力

1972年12月,在欧共体的一次首脑会议上,英国首相撒切尔夫人又一次让人们领教了她的坚毅刚强的"铁"魅力。

她在这次会议上表示,英国在欧共体中负担的费用过多。她说,英国在过去几年中,投入了大笔的资金,却没有获得相应的利益,因此她强烈要求将英国负担的费用每年减少10亿英镑。这个高得惊人的要求使各国首脑们脸色发青,他们认为撒切尔夫人的真正目标是减少3亿英镑(其实这也是撒切尔夫人的真正意图)。于是他们提议只能削减2.5亿英镑,他们认为这个数字是能解决问题的。可是,素有"铁女人"之称的撒切尔夫人是不可能为这样一个在她看来微不足道的数字所动的,她仍然坚持原有的立场。于是,谈判陷入了僵局,双方一时难以协调。

其实,这种情况早在撒切尔夫人的预料之中。她的真实目标并不是10亿英镑,但她的策略是以提出的高价,来改变各国首脑的预期目标。然而对手却并没有轻易地改变自己的立场,双方处于一种僵持状态。这时,英国和法国这个在欧共体中处于领导地位的国家相互使用了威胁的手段。撒切尔首相告诉下议院,原则上按照她提出的方案执行,暗示对手并无选择的余地,同时也在含蓄地警告各国,并对法国施加压力。针对英国的强硬态度,法国也采取了报复的手段,他们在报纸上大肆刊登批评英国的文章,说英国在欧共体中采取低姿态,企图以此来解决问题。

面对法国的攻击,撒切尔夫人明白,要想让对手接受她提出的目标是非常困难的。因此,必须让对方知道,无论他采取什么手段,英国都不会改变自己的立场,绝不向对手妥协。由于撒切尔夫人顽强地抵制,终于迫使对手作出了很大的让步。一旦对方的立场发生了动摇,撒切尔夫人就逐渐地把欧共体各国首脑的期待转向自己所期待的目标。最后,欧共体终于同意每两年削减8亿英镑。撒切尔夫人的真实目标终于得到了实现,她的高起点策略取得了应有的效应。

1.1.3 谈判特征

双方组织能够进行谈判并最终通过协商达成交易,不仅源于双方对自身发展的需要,还取决于以下几个方面:一是存在未满足的需求;二是双方有共同的目标,也有分歧存在;三是谈判双方愿意通过谈判这种方式解决现有问题;四是双方愿意以诚相待,各自付出以实现意见统一;五是双方相信并愿意通过协议实现双赢。

以上条件为谈判的进行确立了基础,也为双方的合作提供了前提。谈判具有以下几个典型特征。

1. 目的性

任何一场谈判都具有目的性,它通过不断调整己方与对方的期望目标,在沟通中持续地协调各谈判方的需求,使双方的目标逐渐接近并最终达成一致意见。不管是货物买卖谈判,还是劳务输出问题都是如此,如图1-1所示。

甲方目标 → 最终意见 ← 乙方目标

图1-1 目标统一过程

需要指出的是,最终意见并不等同于利益平均,它只是谈判双方各自在内心里所能承受的一种平衡状态,是双方感觉都能够接受的结果。任何单方面的"让"或"取"都不能被看成谈判。

2. 协商性

由于谈判既具有协作统一性,又具有矛盾冲突性。只有经过双方的深入协商与洽谈,才能实现突破障碍,呈现合作的结果。谈判的合作性表现在,通过谈判而达成的协议对双方都有利,各方利益的获得是互为前提的。而谈判的冲突性则表现在,谈判各方希望自己在谈判中获得尽可能多的利益,为此要进行积极地讨价还价。

案例1-5　得寸进尺,错失良机

李明是一名职业院校的学生,毕业后来到山东济南,进入一家外资公司实习。入职前半个月,李明来到济南房产中介准备租房。恰好遇到了在房产中介进行登记的房东张薇。两人经过交流,李明感到张薇的房子无论地段、面积还是户型都很适合自己,只是在价格上还想进一步压低。张薇起初要价1500元/月,在李明表明态度后主动降价至1350元/月,后经过磋商,张薇将价格降到1200元/月,并表示这是最低价了。李明仍然坚持让张薇降价,不同意按照1200元/月成交。张薇生气了,说不想租给他了,转身走了。李明目标价格其实是1300元/月,只是看到房东好说话便一压再压,结果导致谈判破裂,白白错失了成交的好机会。

无论是谈判的买方还是卖方,都有自己的目标区间,当一方的谈判条件超出对方的可成交区间时,谈判就会结束。因此,谈判人员不能只顾自己的利益,在谈判时迫使对方一退再退,而应当在实现了自己的目标时,提高警觉,当机立断。如果一味地得寸进尺,使对方看不到成交的希望,则只能是两败俱伤,劳而无功。参与谈判的人员应该注意把握彼此的利益关系,明确利益界限。

在实际谈判过程中,谈判的平衡点不是所有参与谈判的人员都能找到。在实践中我们可以看到有些谈判人员只注意到自身的利益,并在对方妥协之后不断进攻,忽视了对方谈判人员的需求,导致谈判"冲突"大于"合作"。对于谈判人员来讲,应该提倡在自身利益实现的条件下尽量满足对方的利益,实现互利互惠、合作共赢。

3. 博弈性

当双方人员在利益相互影响的情形中进行决策的选择,便形成了博弈。博弈在不同情境下结果是不同的。当双方对现实情境充分了解,也即处于完全信息时,双方选择合作共赢的决策比率较高;当双方不了解现实情境及对方的选择,也即处于不完全信息时,双方选择利己的决策比率较高,如表1-1所示。

表1-1 囚徒困境

A犯＼B犯	坦白	抵赖
坦白	8年,8年	0年,10年
抵赖	10年,0年	1年,1年

(1)当双方不能互相交流时,囚徒的选择如下。

A坦白:若B坦白,则A关押8年;若B抵赖,则A放出。

A抵赖:若B坦白,则A关押10年;若B抵赖,则A关押1年。

从利己主义出发,不管B做何选择,A选择坦白对自己是最好的。

(2)当双方能够互相交流时,囚徒之间互相信任,则可能选择对两人最好的结果(A关押1年,B关押1年)。也可能由于实力悬殊太大,一方主动承担责任,另一方放行回家(A关押10年,B放出;反之亦然)。或者交流也不能使两人建立信任,仍然都选择对自己最好的决策,即坦白,却导致最差的结果(A关押8年,B关押8年)。

谈判各方最终结果的确定,不仅取决于谈判沟通与交流的充分性,还取决于双方的实力以及谈判的艺术与技巧的运用。

最好的博弈结果是实现均衡,即在这种结果下,双方都能感到满意。比如产品的价格谈判,在均衡价格下,无论是产品的供应方还是需求方都可以得到满足并成交。这种最好的稳定结果也叫作纳什均衡。

4. 表演性

谈判是表演的艺术。高超的谈判不仅需要谈判专家们有科学的谈判策略与技巧、严肃的专业知识与谨慎的态度,还需要他们具有过人的表演能力。

谈判作为交流各自需求,协商并互相妥协以达成一致结果的行为,需要谈判人员从理性的角度出发,对谈判各个议题进行科学地分析和探究,在制订谈判策略与方法时寻求谈判的规律,充分体现谈判的科学性。谈判又是一种沟通、交流与协商的过程,谈判人员的性格、情绪波动、思想变化、能力大小与经验丰富程度会直接影响谈判的结果。

案例1-6 联合国大会脱鞋敲桌子

赫鲁晓夫出席1960年联合国大会,有一天他在辩论中情绪失控,从脚上脱下皮鞋猛敲桌子,并同西班牙代表吵得几乎动起手来……这一举动让世界哗然,被认为有失体面。

而赫鲁晓夫曾在回忆录中谈到"脱鞋敲桌"一事的来龙去脉。当年在离开莫斯科去美国纽约参加联合国大会之前,西班牙共产党领导人伊巴露丽请他帮一下忙,要求他"寻找一个机会让佛朗哥政权丢丢脸",因此他在联合国大会上就殖民主义问题发言时,强烈谴责了佛朗哥"反动的、残暴的政权"。而当西班牙代表上台进行答辩时,苏联代表团"开始大声叫喊地吵起来",赫鲁晓夫"甚至脱下皮鞋来敲桌子"。赫鲁晓夫还说,"当这位西班牙代表回到座位上时,我们互相讲了一些粗话",情绪激动地吵了起来。于是,"一名警察向我们走来","他……是一个彪形大汉,他走到我们跟前,像一座雕塑站到这位西班牙人和我中间",以防双方"动拳头打起来"。

赫鲁晓夫的女婿阿朱别伊,对此有更精彩的说法。阿朱别伊在1961年10月苏共二十二大的正式发言中说:"当在联合国的讲坛上……有一个西方外交家发表挑衅性演说时,赫鲁晓夫同志脱下了皮鞋,用它来敲打桌子,也许这使西方世界的外交女士们认为有失体面,但是这简直是妙极了(暴风雨般的掌声,笑声)!""而且皮鞋尖几乎碰到了佛朗哥的外交部部长的脖子,但又未完全碰到。在这里表现了外交灵活性!(笑声,暴风雨般的掌声)"

 任务小结

本任务主要介绍了谈判的基本概论,即谈判内涵、谈判构成要素与谈判特征。

谈判就是人们为了满足各自的需求、实现各自的目的,通过沟通、交流和协商而争取达成意见一致的行为和过程。掌握谈判需要从需求、双方人员、相互联系、有效沟通四个方面进行理解。谈判构成要素涉及各个方面,包括谈判时间、谈判地点、谈判议题、谈判目标、谈判主体与谈判客体。一般来说,谈判由三个基本要素所构成,就是谈判主体、谈判客体、谈判目标。谈判具有目的性、协商性、博弈性和表演性的特征。

复习思考题

1. 谈判的特征有哪些?
2. 谈判的基本要素是什么?
3. 简述谈判的含义。

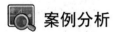 案例分析

案例1-7 布鞋索赔谈判

甲方:上海华实制鞋厂　　　　　　乙方:日本某株式会社

上海华实制鞋厂与日本某株式会社签订了一份布鞋买卖合同,共计价值2000万元人民币。总共是20万双布鞋,合同规定这批布鞋分两批,每批10万双,分别于3月10日和4月10日由上海华实制鞋厂负责装船,直航日本福岛口岸。由于日本3月11日发生了巨大地震海啸,并且引起福岛核电站发生了核泄漏事故。上海到日本的货轮因为地震原因无法在原定口岸靠岸。日本这家株式会社在地震中受到重创,商铺在海啸中全部冲垮,无法正常经营。日本株式会社电告上海,要求第一批布鞋退货,因为遇到不可抗力,企业无法经营。第二批布鞋推迟到5月10日发货。

华实制鞋厂按原合同规定已经做好了生产计划,第一批布鞋已经于3月10日从上海张华浜码头装船,准备11日出发。接到对方通知只能卸货,并将布鞋存放在码头仓库,码头仓

库的保管费和存放占地费以日计算，每日为存货价值的1‰。因为这批布鞋是为日本市场定做的，对方突然提出退货，上海方至今还没有处理好这批布鞋，仍放在码头仓库。第二批布鞋生产计划已经下达，4月初就可以生产完成，但现在要推迟到5月10日运送，至少要积压在企业仓库一个月。4月中旬，日本地震后情况基本平稳，中方就第一批布鞋装船、卸货、码头仓储费用等造成的损失向日方索赔20万元，并希望日方对第一批布鞋继续履约。

中方邀请日方来上海就布鞋要求退货及赔偿问题进行谈判。中方提出，在地震海啸结束后，日方仍然可以销售布鞋，因此第一批布鞋不必退货。但考虑到布鞋可能错过了最好的上市季节，中方愿意在价格上给予优惠，共同承担由于不可抗力造成的损失，以保持双方将来长期的合作关系。但根据合同，中方按期装船，而后才收到对方要求第一批货物退货的通知，前期费用已经产生，造成的损失应该由日方承担。中方经过明细核算列出总的费用表，损失费用远大于20万元。基于不可抗力因素，中方愿意在损失费用上承担部分，所以才报出赔偿金额20万元。

日方认为地震海啸属于不可抗力，而且他们的株式会社正好处于地震海啸中心，直接受到巨大损失，现在所有经营场所都被摧毁，灾后重建还需要时间。而且由于地震海啸使得日本经济受到重创，市场需求受到很大影响。他们虽然是违反合同规定，但根据不可抗力法律条款，可以免责。基于双方长期合作关系及将来合作需要，对于第一批布鞋愿意延期收货，希望价格上中方给予让步。至于赔偿金额，日方经过调查核实，认为并没有那么大，而且由于不可抗力原因，只愿意承担30%。最终经过充分协商，基于将来长期合作意愿，双方达成一致，签订了补充协议。

思考：
1. 谈判的要素包括哪些？
2. 分析本案例中谈判的要素。

实训项目

实训目的：
加深对谈判的认识。

实训背景：
大学生李华和4位同学利用周末时间在一家超市兼职，销售奶制品。超市规定每销售200件奶制品可以享受一定金额的提成。结算时，李华和同学只拿到一半的提成，他们打算找超市的负责人进行面谈。

实训要求：
1. 对照谈判内涵，分组讨论，这种情况属于谈判吗？
2. 查询相关法律，找出用人单位拖欠或者未足额发放劳动报酬的处理方法。分析是否适用于此种情况。
3. 分别扮演兼职学生与超市负责人，模拟洽谈，分析此次谈判的构成要素。
4. 总结以上问题，整理并进行小组汇报。

任务1.2 商务谈判基础知识

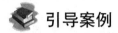引导案例

案例1-8 一次成功的商务谈判

某中国公司与一个日本公司围绕进口农业加工机械设备,进行了一场别开生面的竞争与合作、竞争与让步的谈判。

按照国际惯例,谈判一开局首先由卖方报价。卖方首次报价为1000万日元。这一报价离实际卖价偏高许多。由于中方事前已摸清了国际行情,深知日方是在放"试探气球"。于是中方直截了当地指出:这个报价不能作为谈判的基础。日方对中方如此果断地拒绝了这个报价而感到震惊。他们分析,中方可能对国际市场行情的变化有所了解,因而己方的高目标恐难实现。于是日方便转移话题,介绍起产品的特点及其优良的质量,以求采取迂回前进的方法来支持己方的报价。但中方一眼就看穿了对方是在唱"空城计"。

因为谈判之前,中方不仅摸清了国际行情,而且研究了日方产品的性能、质量、特点,以及其他同类产品的有关情况。于是中方运用"明知故问,暗含回击"的发问艺术,不动声色地说:"不知贵国生产此种产品的公司有几家?贵公司的产品优于A国、C国的依据是什么?"中方话未完,日方就领会了其中含意,顿时陷于答也不是、不答也不是的境地。但他们毕竟是生意场上的老手,其主谈人为避免难堪的局面借故离席,副主谈也装作找材料,埋头不语。过了一会儿,日方主谈人神色自若地回到桌前,因为他已利用离席的这段时间,想好了应付这一局面的对策。果然,他一到谈判桌前,就问他的助手:"这个报价是什么时候定的?"他的助手早有准备,对此问话自然心领神会,便不假思索地答道:"以前定的。"于是日方主谈人笑着解释说:"时间太久了,不知这个价格是否有变动,我们只好回去请示总经理了。"老练的日方主谈人运用"踢皮球"战略,找到了退路。

第二轮谈判开始后,双方首先漫谈了一阵,调节了情绪,融洽了感情,创造了有利于谈判的友好气氛。之后,日方再次报价:"我们请示了总经理,又核实了一下成本,同意削价100万日元。"同时,他们夸张地表示,这个削价的幅度是不小的,要中方"还盘"。中方认为日方削价的幅度虽不小,但离中方的要价仍有较大距离,马上"还盘"还很困难。"还盘"多少才是适当的,中方一时还拿不准。为了慎重起见,中方一边电话联系,再次核实该产品在国际市场的最新价格,一边对日方的二次报价进行分析。

根据分析,这个价格虽然日方表明是总经理批准的,但根据情况看,此次降价是谈判者自行决定的。由此可见,日方报价中所含水分仍然不小,弹性很大。基于此,中方确定"还盘"价格为750万日元。日方立即回绝,认为这个价格很难成交。中方坚持与日方探讨了几次,但没有结果。鉴于讨价还价的高潮已经过去,因此,中方认为谈判的"时间已经到了",该是展示自己实力、运用谈判技巧的时候了。于是,中方主谈人使用了具有决定意义的一招,郑重向对方指出:"这次引进,我们从几家公司中选中了贵公司,这说明了我们成交的诚意,

此价虽比贵公司销往C国的价格低一点,但由于运往上海口岸比运往C国的费用低,所以利润并没有减少。另一点,诸位也知道我有关部门的外汇政策规定,这笔生意允许我们使用的外汇只有这些。要增加,需再审批。如果这样,那就只好等下去,改日再谈。"中方主谈人接着说:"A国、C国还等着我们的邀请。"说到这里,中方主谈人把一直捏在手里的王牌摊了出来,恰到好处地向对方透露,把中国外汇使用批文和受A国、C国邀请的信息传递给了日方主谈人。

日方见状大为惊讶,他们坚持继续讨价还价的决心被摧毁了,陷入必须"竞卖"的困境:要么压价握手成交,要么谈判就此告吹。日方一时举棋不定,握手成交吧,利润不大,有失所望;告吹回国吧,跋山涉水,兴师动众,花费了不少的人力、物力和财力,最后空手而归,不好向公司交代。这时,中方主谈人便运用心理学知识,根据"自我防卫机制"的心理,称赞日方此次谈判的确精明强干,中方就只能选择A国或C国的产品了。

日方掂量再三,还是认为成交可以获利,告吹只能赔本。因此最后谈判就按中方的价格成交了。

思考:

双方围绕什么而谈?你对商务谈判的见解是什么?

1.2.1 商务谈判内涵

1. 商务与商务谈判

与谈判相比,商务谈判重在商业事务、经济事务。商务谈判是经济实体之间,或企业之间,在经济活动中,以经济利益为目的,因各种业务往来而进行的谈判。它包括一切国内经济组织间的商务谈判和国内经济组织与国外经济组织间的涉外商务谈判。这里的"商务"一词,泛指经济组织或企业的经济事务。

商务谈判是指当事人各方为了自身的经济利益,就交易的各种条件进行洽谈、磋商,最终达成协议的行为过程。

2. 商务谈判实力的认识

商务谈判双方在开始谈判之前,应从几个方面来认识自己,以便"知己知彼、百战不殆"。而影响商务谈判最终结果的因素有很多,综合来讲,就是"NO TRICKS"。"NO TRICKS"一词不仅表示童叟无欺,诚信立人。在谈判中,更是被用来作为影响商务谈判实力/能力的八个要素。

(1)"N"——Need,需求。谈判双方的需求会影响谈判的主导地位。需求越强烈,在谈判中越容易为了达成合作而选择妥协;需求越低,越会在谈判中坚持自我,从而控制谈判局势,掌握主动地位。

(2)"O"——Options,选择。在一场谈判中,如果买方众多而卖方只有一家,卖方可供选择的合作商众多,则会大大增加卖方的主导力量;反之,买房竞争激烈且只能和唯一的一家卖方合作,买方就会选择妥协更多以寻求合作,谈判能力降低。

(3)"T"——Time,时间。最后谈判期限是制约谈判双方力量的强大因素,如果谈判时一方时间有限,必须在规定时间内达成协议,则对另一方而言,无形中增强了谈判能力。

(4)"R"——Relationships,关系。谈判双方如果有合作往来且关系很好,则在谈判时会互相信任,谈判进程顺利且双方力量相对强大。如果双方没有过交往或有交往但是关系不好,则在谈判中会出现一方的建议被另一方直接放弃,谈判力量大大减弱。

(5)"I"——Investment,投资。在谈判过程中投入越多、对达成协议承诺越多的一方往往拥有较少的谈判力。

(6)"C"——Credibility,可信性。如果参与谈判的一方认为另一方是值得信任的,产品、品牌、合作人员都让人放心,则对另一方而言谈判能力增加。

(7)"K"——Knowledge,知识。谈判不仅需要表达能力与应变能力,对产品的认识深度、知识覆盖的广度也在很大程度上影响谈判的能力。

(8)"S"——Skills,技能。高超的应变力与决断力、经验的丰富程度、眼界的大小、专业领域知识掌握程度等都会提升谈判人员的信心,从而增加谈判能力。

1.2.2　商务谈判特征

商务谈判除了具有谈判的共性特征(目的性、协商性、博弈性、表演性)外,还具有其个性特征。

1. 以经济利益为目的

以经济利益为目的,是商务谈判的一个典型特征。商务谈判的目的就是要获得经济上的利益。在具体实际的谈判中,有的谈判人员可能会调动和运用各种因素,运用各种战略及战术,有的甚至运用许多非经济的因素来影响谈判,但是不管怎样,其最终目的仍然是经济利益的驱使,目标仍然是经济利益。

2. 以价格谈判为核心

商务谈判经济利益的划分都可以通过谈判价格展现出来,因此,几乎在所有谈判中,价格谈判都处于核心地位。在多数情况下,影响谈判利益的各种因素都可以用价格来进行体现。比如产品质量、数量、交货时间、结算方式、风险承担以及产品的检验检疫和放行通关。但是,有时候我们提出的折算价格建议对方不一定接受。不过,即使这样,价格作为谈判的核心地位仍然存在于绝大多数谈判中。

在实际谈判中,一方面,谈判人员围绕价格为中心进行谈判,维护自己的利益,用适当的技巧与策略实现自身的目标;另一方面,谈判人员又应当学会围绕价格而不拘泥于价格进行谈判,应当拓宽思维,从价格以外的其他因素着手,比如付款期限、技术培训等。从而加快谈判进程,提升谈判效率。

3. 以平衡内外各方关系为支撑

谈判双方不是只有经济利益关系,不同区域的企业之间谈判往往涉及法律与政府政策限制、金融机构合作以及企业内部各个部门的协调合作。因此在谈判过程中,必须周密地考虑到各个方面的因素,以扫清合作障碍,实现互利共赢。此外,由于谈判者来自不同的地区,人们的价值观、思维方式、行为方式、语言及风俗习惯各不相同,从而使影响谈判的因素大大增加。这些都必然导致谈判更为复杂,难度系数更大。

案例1-9　分　橙　子

有一个妈妈把一个橙子给了邻居的两个孩子。这两个孩子便讨论起来如何分这个橙子。两个人吵来吵去，无法达成一致意见。聪明的妈妈想了一个主意，由一个孩子负责切橙子，而另一个孩子选橙子。结果，这两个孩子按照商定的办法各自取得了一半橙子，高高兴兴地拿回家去了。

4. 谈判结果以合同来体现

商务谈判的结果是由双方协商一致的协议或合同来体现的。合同条款实质上反映了各方的权利和义务，合同条款的严密性与准确性是保障谈判获得各种利益的重要前提。有些谈判者在商务谈判中花了很大力气，好不容易为自己获得了较有利的结果，对方为了得到合同，也迫不得已做了许多让步。这时谈判者似乎已经取得了这场谈判的胜利，但如果在拟订合同条款时掉以轻心，不注意合同条款的完整、严密、准确、合理、合法，其结果会落入谈判对手在条款措辞或表述技巧上设计的陷阱。这不仅会把到手的利益丧失殆尽，而且要为此付出惨重的代价。这种例子在商务谈判中屡见不鲜。因此，在商务谈判中，谈判者不仅要重视口头上的承诺，更要重视合同条款的准确和严密。

案例 1-10　自吞苦果的合作商

改革开放初期，外商来华寻求投资与合作增加。位于江苏省的一家纺织企业收到匈牙利方合作意向函，该函称匈牙利××公司派驻中国分公司近期来华参与谈判。在参观了企业工厂与产品之后，匈牙利方以优厚的条件购进大批纺织产品，并承诺货到后付款。我方如约发货，却迟迟等不到货款，联系对方却被告知查无此人。一气之下中方将匈牙利方公司告到国际法庭，没想到匈牙利方公司回应在中国并无任何公司分部，人员身份与告知信息都是假的。由于在签订合同时并没有对相关信息进行核实，该纺织企业只能自吞苦果。

1.2.3　商务谈判的原则

商务谈判的基本原则是指在商务谈判中，谈判各方彼此交换意见、解决分歧、进行磋商讨论时所依据的基本准则或规范。对于一个谈判者而言，在谈判中没有明确的目标与授权，很难达到己方和对方的预期效果，谈判也就很难真正达成协议。

1. 合法原则

合法原则是商务谈判首先要遵守的原则，作为生活在社会中的个人与企业，首先应当遵守国家的法律法规。

在商务谈判中，合法原则体现在以下几个方面。

（1）主体合法。主体合法即参与谈判的双方必须是经合法注册登记的企业，参与谈判的人员也具有相当的决策权限。在谈判意向达成之前，谈判人员应当首先调查并了解谈判对方的主体资质，不仅对企业的合法地位进行确认，企业的资信、资金运营与信誉度也是应当调查的重要方面。

（2）议题合法。谈判议题是商务谈判过程的主要支撑，议题合法是保证双方组织签订的协议受法律保护的前提。在谈判活动中，谈判内容往往涉及各个领域，如果谈判内容触及法律，轻则谈判无法得到法律的支持，重则会受到法律的惩罚。

（3）手段合法。一旦谈判达成一致意见，双方签订协议，则双方就要认真履行合同。否则任何一方都可以以不履行合同为由向法庭提起诉讼。但是，若谈判一方运用欺诈、隐瞒、夸大、胁迫、武力等方式使对方妥协，签订协议，达成自身目标。一经查实，则协议便不具有法律效力，自动作废。

2. 尊重事实原则

谈判想要取得对方人员的信任，取得谈判的成功，首要的因素就是实事求是。

"百闻不如一见，事实胜于雄辩。"在谈判开始之初，谈判人员就应当在充分认识自身的基础上客观地为自己定位。比如己方企业实力、资金水平、人才状况、核心优势等；在了解自身之后，还应当认清调查对手的情况，包括企业发展的历史、现状、企业实力和信誉、地域特点、文化习俗、谈判风格、谈判目标等。在了解双方的实力之后，还应当对本次谈判进行针对性的调查研究，利用真实数据增强谈判能力，提升谈判的信服力，从而推动谈判的进程。

除此之外，谈判人员还要掌握一些客观性标准，以备洽谈时作为自己的有力"武器"。比如国际惯例、谈判的先例、科学的数据、法律规定、公认的计算方法等，都是需要掌握的客观性标准。

案例1-11 非洲进口拖拉机

我国某拖拉机生产商与非洲某国买家进行谈判，谈判一开始很顺利，在我方介绍完产品性能、适用情况后，非方连连称赞。接下来我方进行报价，产品价格非常优惠，但是非方一直不肯拍板成交。只得暂时休息，第二天再谈。中方通过打探得知，对方初次与我方合作，对我方的产品与价格不熟悉，心存疑虑。我方人员了解后，便问对方认不认识××？对方说认识而且很熟悉。我方顺势说去年我们和他进行了合作，那次合作使得××大赚了一笔呢。非方回去后很快联络××，再次坐到谈判桌时，非方人员笑容满面，直接决定签单。

3. 平等自愿原则

平等自愿原则是商务谈判各方应当在地位平等，自愿合作的前提下进行合作洽谈，并通过平等协商、公平交易的谈判方式签订协议，以实现各方的权利和义务。

（1）地位平等、自愿合作。这是商务谈判中组织之间能够长远合作的基本条件，也是企业能够与社会建立良好业务关系的基本保障。无论是实力较强的企业还是实力较弱的企业，只要怀揣着诚意参与谈判并寻求合作，那么他们的地位都是平等的，没有高低贵贱之分。

（2）互利互惠、尊重对方。组织之间的合作性与冲突性使得他们需要通过交流实现意见一致，而成功的谈判就是通过这种沟通与交流，实现互利互惠进而达成自身的目标。互利互惠的根本点在于双方必须在相互妥协的基础上实现自身需求，在谈判时充分让步才能更好地合作。

4. 求同存异原则

求同存异原则，即对于一致之处，达成共同协议；对于一时不能弥合的分歧，不强求一律，允许保留意见，以后再谈。谈判若想取得成功，必须尊重对方，时时刻刻考虑到对方的需求。当双方的需求相同时，尽快取得一致意见；对于有分歧的地方，应当协商解决，绝不强求，双方也可以暂时保留意见，以合作大局为重。

坚持求同存异原则，具体措施如下。

（1）端正态度，谋求合作。谈判本就是相互妥协求一致的过程，这就要求谈判人员在面对双方需求时，既能直面自己的需求，尽力维护自己的利益，又能在谈及对方需求时积极寻求解决办法，尽力解决分歧，成为谋合作、求共赢的合作伙伴。

（2）利益为主、立场为次。在谈判活动中，应当把重心放在双方的利益目标上，而不是在谈判时某位谈判人员的情绪态度上。求同存异原则坚持在谈判中更多地寻求合作机会，求大同、存小异。态度与立场不会最终影响谈判结果。

（3）正视分歧、寻求合作。谈判之所以存在，除了双方具有合作的愿望之外，还存在分歧，导致无法一拍即合。因此，在谈判中，谈判人员应当正视分歧，在分歧中积极寻求合作的机会，找出相互补充的契合利益，从而实现合作。

5. 公平竞争原则

案例 1-12　中国加入 WTO 谈判

1986 年，中国开始了复关谈判。备受瞩目的中美谈判范围广、内容多、难度大，美国凭借其经济实力，要价非常高，立场非常强硬，谈判又不时受到各种政治因素干扰。我方代表坚持原则、实事求是地进行谈判。谈判前 10 年，一直在围绕美国对中国的态度进行谈判，中国力求在平等、公平的竞争环境中进行合作谈判。中央领导运筹帷幄，最终，朱镕基总理等在最后一轮中美谈判中亲临现场，坐镇指挥。我方代表坚持原则，经过 6 天 6 夜的艰苦谈判，这场最关键的战役取得双赢的结果，从而使入世谈判取得突破性进展，为谈判的最终成功铺平了道路。

公平竞争原则是在公平的环境中通过竞争达到一致，实现互利共赢，通过谈判技巧与策略使对方更多地妥协，从而实现自己的利益。这种竞争是指公平的竞争、合法的竞争、道德的竞争。

坚持公平竞争原则，在平等的地位与机会下为自己赢取合作，要求如下：

（1）提议机会公平。在谈判中，不论哪种议题达不成统一，为了解决问题双方都要进行提议。在提议过程中，应保证谈判双方人员不受谈判实力与条件优劣的影响，机会公平地展示自己的意见。同样，在最终意见敲定时，双方也具有平等的机会进行选择。尊重双方的选择权，选出最优的方案，最大限度地满足双方的需求。

（2）合同签订公平。公平协议是谈判各方在公正公平条件下，自愿签订了感到相对满足的、能够实现组织目标的合同。公平竞争原则还要求谈判双方在协议签订之后要认真履行合同，不能无故不履约或更改合同。

除此之外，公平竞争原则还要求竞争者的地位一律平等、双方所采用的标准也必须公平等。

6. 人事分开原则

商务谈判若想取得成功，应当坚持将重心放在谈判议题上，而不是谈判态度上。在面对谈判对方人员情绪激动时，应当冷静对待，不以暴制暴；在原则问题上，要坚持自己的利益，不因为对方的挑衅而轻易动摇，坚持对事不对人。

（1）设身处地从对方的角度思考问题。在谈判活动中，当出现意见不一致，对方情绪激动、态度无理时，应稳定情绪，试着从对方的角度考虑问题所在，理解或谅解对方的观点、看法。如对方的观点没有问题，应学会原谅对方，坚持取得合作；如果对方确实只顾及自己，超出了我方的底线，也应当理直气壮地据理力争，坚持自己的原则。但是要将论点放在议题上而不是别人的态度上。

（2）以叙述问题代替抱怨指责。不能正确地认识到人事有别原则，就会在谈判中认不清形势，出现谈判人员互相埋怨、互相指责，导致谈判出现僵局，无法继续下去。避免这种情况的方法就是在谈判中始终坚持理性，把精力放在叙述问题、阐述观点上，而不是主次不分，责怪别人。

（3）增加对方人员参与度。让对方坚持对事不对人的原则，就要尽早使对方感受到我方人员的真诚。在谈判之前的议程安排中，尽量多采纳对方的建议并表示赞成。让对方感到议题的提议也是自己提出来的，可以降低对方反对的几率，甚至对方会大力维护。

案例1-13　韩国工人罢工

美国一家公司在韩国投资建厂，由于不满美国的管理制度，韩国员工组织了一次大型罢工。两天后，在工会的介入调解下，美国公司管理人员公开向员工道歉，并发布新的管理条例。需求得到满足之后的韩国工人们结束罢工后，主动进入车间，加班加点把之前罢工落下的任务完成。在问到为何举行罢工又主动加班时，员工说："我们罢工是因为不满管理制度的不公平，但我们热爱工作岗位，所以会尽力完成所有任务，主动加班。"员工的一席话使我们明白了何谓对事不对人。

7. 利益最大化原则

讲求效益是谈判必须遵循的又一个原则问题。人们在谈判过程中，应当讲求效益，提高谈判的效率，降低谈判成本，这也是经济发展的客观要求。

案例1-14　分橙子后续

第一个孩子把半个橙子拿到家，把皮剥掉扔进了垃圾桶，把果肉放到果汁机里打成果汁喝。另一个孩子回到家把果肉挖掉扔进了垃圾桶，把橙子皮留下来磨碎了，混在面粉里烤蛋糕吃。

从上面的情形可以看出，虽然两个孩子各自拿到了看似公平的一半橙子，然而，他们各自得到的东西却未物尽其用。这说明，他们事先并未做好沟通，也就是两个孩子并没有申明各自的利益所在。没有事先申明利益导致双方盲目追求形式上和立场上的公平，结果，双方各自的利益并未在谈判中达到最大化。

试想，两个孩子充分交流各自所需，或许会有多个方案和情况出现。可能的一种情况就是遵循上述情形，两个孩子想办法将果皮和果肉分开，一个拿到果肉去喝汁，另一个拿果皮去做烤蛋糕。然而，也可能经过沟通后是另外的情况，恰恰有一个孩子既想要果皮做蛋糕，又想喝橙子汁。这时，如何能创造价值就非常重要了。

1.2.4　商务谈判类型

1. 按谈判人员数量来分

按照参与谈判的人员数量，可以分为一对一谈判、小组谈判与大型谈判。

（1）一对一谈判。一对一谈判是指在谈判中，每一方只派一人参与谈判。这种谈判类型通常会在谈判双方是老客户或者关系比较熟悉的情况下出现；或者谈判金额较小、风险较小时出现;以及谈判核心问题已经谈成,只剩下一个问题或几个不太重要的问题时出现。

(2) 小组谈判。小组谈判是比较正式的一种谈判类型,谈判双方各派 2 人以上参与谈判。这种谈判通常会出现在大部分商务谈判当中。由于商务谈判往往涉及政治、经济、技术、军事、文化等不同领域,需要各方面的专业人才,因此小组谈判是最有利的。一般情况下我们认为,4 人为一个小组比较合理,一方面可以在谈判时有效沟通,迅速形成意见;另一方面,又避免了人数太多导致的意见难以统一的问题。

(3) 大型谈判。大型谈判参与人数众多,通常是项目重大、级别高、涉及利益集团较多的谈判类型。大型谈判有时是企业谈判,有时是社会组织乃至国家的直接谈判。我国 2001 年加入 WTO 之前经过了 15 年的谈判,涉及世界 30 多个 WTO 成员,是典型的大型谈判。

2. 按谈判地点划分

按照商务谈判地点的不同,可以将谈判分为主场谈判、客场谈判与中立地点谈判。

(1) 主场谈判是指己方在自己企业所在地进行谈判。主场谈判是很多企业在谈判时的首要选择,因为主场谈判有显著的优势。首先,主场谈判使谈判人员随时可以跟自己的上级联络,意见可以迅速统一;其次,主场谈判会无形中增加谈判人员的自信,作为东道主,谈判人员在谈判中对环境的熟悉度高,遇到问题也愿意积极寻求方法,解决冲突,从而推动谈判进程;最后,主场谈判在资料信息收集方面也具有显著优势。

(2) 客场谈判是指在谈判对方企业所在地进行的谈判。客场谈判与主场谈判相比有一些劣势,一方面,谈判人员长途跋涉来到对方地域谈判要受旅途劳顿之苦;另一方面,谈判人员因为对陌生的环境不适应,在谈判中可能产生会心理紧张、情绪不稳定。不过,客场谈判也有一些独到的优点,一方面,客场谈判人员不存在安排吃、住、会议场地、宴会、礼物等琐事,可以专心于谈判;另一方面,当谈判遇到障碍时可以借口回去请示领导而阻断对方的进攻。因此,在选择客场谈判时,应结合谈判内容、企业实力对比等进行综合考量。

(3) 中立地点谈判是指谈判双方既不选择主场谈判也不选择客场谈判,而是选定对谈判结果没有影响的第三场地进行谈判,使得谈判结果更为公平公正。

3. 按谈判利益主体划分

根据谈判在几个利益主体之间进行,可以区分为双边谈判和多边谈判两种。

(1) 双边谈判是指谈判主体只有当事人彼此两方,而没有第三方作为正式的利益主体参加的谈判。这种谈判的利益关系比较明确具体,涉及的谈判客体也比较简单,因而也比较容易达成一致的意见。国际商务谈判大多是双边谈判。例如,两个国家的两个利益主体之间,或跨国集团与当事国之间,就商品买卖或合资项目进行的谈判。

(2) 多边谈判是指有两个以上利益主体参加的谈判,谈判的主体由三方或三方以上所构成,各方均以正式的利益主体身份参与谈判。随着经济全球化的到来,各国间的经济、文化、科技交流范围越来越广泛,多边谈判越来越多。例如,关税与贸易总协定的各种谈判在数十个甚至上百个国家和地区之间进行。

4. 按谈判态度分类

(1) 软式谈判,又称关系型谈判。是谈判者在谈判过程中更加关注谈判人员之间的关系,而不是企业自身目标的实现。这种谈判方式往往发生在双方关系较好且经常性合作的企业之间,持这种态度参与谈判的人,更看重的是双方友好关系的建立与维持,而较看轻利益获取的多少。这种谈判方法不仅节省了谈判成本,也最大限度地提高了谈判的效率。但是这种方式风险性较大,尤其在对方人员只关注自身利益而变得得寸进尺时,容易使自己吃亏上当。

(2)硬式谈判,又称立场型谈判。是谈判者在谈判过程中更加关注企业自身的经济利益,而非谈判人员之间的关系。硬式谈判常常发生在双方关系不好或没有过合作的两个企业之间。坚持这种谈判方式,会导致双方关系紧张,增加谈判的时间和成本,降低谈判的效率。因为他们只注重维护自己的利益而否定对方的利益,这显然忽视了谈判的真实意义,最终也不能解决问题。

(3)价值型谈判,又称哈佛谈判术。这种谈判形式更为理性,谈判人员不仅关注与对方的人际关系,在面对利益分配时也坚持维护自身的经济利益,寻求更为合理的方式进行合作。谈判人员尊重对方的基本需求,寻求双方利益上的共同点,积极设想各种使双方都有所获的方案。价值型谈判者认为,在双方对立面的背后,存在着共同性利益和冲突性利益。价值型谈判强调通过谈判取得经济上的和人际关系上的双重价值,是一种既理性又富有人情色彩的谈判,是目前商务谈判人员普遍追求的谈判形式。

5. 按照商务谈判的具体内容分类

(1)产品交易谈判。产品交易谈判是指谈判双方就产品的买卖而进行的谈判。在产品交易谈判中,核心问题是价格问题,买卖双方通常会把价格相关的问题作为谈判的主要内容。由于影响产品价格的因素众多,数量、质量、货物的运输方式、时间、买卖的价格条件、支付方式方法,以及交易过程中谈判各方的权利、义务和责任等都会直接或间接影响产品的价格。因此,在这种商务谈判中,谈判双方都会为自身企业的发展与收益努力。因为只有产品交易成功,企业才能带来经济效益。

案例1-15 大豆油出口谈判

日本A公司来华与中国山东B公司进行大豆油买卖谈判。谈判之前,我方经过市场调查得知,近半个月,大豆油市场价格为6330~6420元/吨,大豆油成本为5700元/吨。鉴于近期大豆油需求量大,不愁没有买家,公司决定成交价格在6100~6400元/吨。正式谈判开始之初,我方进行了公司产品介绍,用数据说明了两个月后价格上升走势,并报价6400元/吨。日方阐述现有市场报价已经低至6330元/吨,我方报价太高,并且市场价格成交量少,日方本次采购量巨大,希望我方给予适量优惠。双方经过讨价还价,最终以6200元/吨成交。

(2)技术交易谈判。技术交易谈判是指技术拥有方把自身的技术及技术相关权利提供给技术需求方所进行的谈判。这种谈判本质上也是产品交易谈判,只不过它是把技术当作产品,按商业交易的条件和方式进行有偿转让,技术贸易谈判不仅涉及技术本身,还包括技术培训、设备机械、软件等内容。技术交易又区别于一般的商品交易,在谈判中,要涉及技术产权的保护、技术风险以及限制与反限制等问题。不仅需要谈判人员在专业领域具备较高的素质,还要求业务洽谈人员具有很好的谈判修养。

(3)劳务合作谈判。劳务合作谈判是指劳务合作双方就劳务提供的形式、内容、时间、劳务的价格、计算方法、劳务费的支付方式,以及有关合作双方的权利、责任、义务关系等问题所进行的谈判。

（4）租赁业务谈判。产品生产所需设备金额高昂，很多企业为了节省资金，采取租赁设备生产产品。租赁是指按照合同，出租人将自有设备（如厂房、器材、运输工具等）暂时交给承租人使用。承租人需按照协议规定的时间按时足额地缴纳租金。租赁业务谈判涉及机器设备的选择、交货情况、维修保养、租期到期后的处理、租金的计算及支付方式，以及租赁期内租赁者与承租者双方的责任、权利、义务关系等问题。

（5）索赔谈判。在企业合作过程中，常常会因为一方不能很好地履行合同而给另一方带来损失，双方经过沟通后，大部分情况下会选择再一次进行谈判，即索赔谈判。引起索赔谈判的原因有很多，作为买方，很可能在收到卖方的货物后，发现产品有损坏、产品规格质量不符合要求、数量短缺、包装不符等情况；作为卖方，在货物发出后，可能会招致买方擅自变更条件、拒收货物和延期付款等。

案例1-16　设备故障引起索赔谈判

LZCH粉末冶金有限公司位于山东省烟台市，成立于1984年，以粉末冶金产品的生产出口为主。为了提升企业的产品质量，于2019年7月从德方A公司购买了一台粉末冶金检测设备。但该设备仅仅运行了一个月，接连出现了四次系统故障。产品检测速度太慢，产品出口又必须检测完才能出仓库，企业无法在规定期限内交货，将面临巨额违约金。LZCH公司联系德方A公司，提出索赔问题，德方答应于8月20日来华进行谈判。

1.2.5　商务谈判的基本程序与评价标准

1. 商务谈判基本程序

一般来说，商务谈判的基本程序可以划分为谈判前的准备阶段，谈判中的开局阶段、摸底阶段、磋商阶段、成交阶段和谈判后的协议后阶段等几个基本阶段。

1）谈判准备阶段

谈判准备阶段是指谈判正式开始以前的阶段，其主要任务是进行环境调查，搜集相关情报，选择谈判对象，制定谈判方案与计划，组织谈判人员，建立与对方的关系等。

准备阶段是商务谈判最重要的阶段之一，良好的谈判准备有助于增强谈判的实力，建立良好的关系，影响对方的期望，为谈判的进行和成功创造良好的条件。

2）谈判开局阶段

在谈判中经常听到这句话："谈判前15分钟定输赢。"一场谈判，少则几个小时，多则几天甚至几个月。而谈判的前15分钟就是谈判最开始的阶段，这个阶段在整场谈判中起着非常重要的作用。谈判开局会为以后的进程奠定一定的氛围和气势，影响和制约着以后谈判的进行。因为这是谈判双方的首次正式亮相和谈判实力的首次较量，直接关系到谈判的主动权。在谈判的开局阶段，谈判人员可以结合企业的实力与双方的关系选择适当的开局策略。总体而言，开局应热情而友好、气氛宽松，双方在真诚的氛围下开始谈判。

3）谈判摸底阶段

谈判摸底阶段也是谈判探寻对方真实需求的阶段，即可以通过开场陈述让对方了解我方的需求，也可以通过投石问路婉转地了解对方的底线。在摸底阶段，谈判双方通常会交流各自谈判的意图和想法，试探对方的需求和虚实，协商谈判的具体流程，进行谈判情况的审核与倡议,并首次对双方无争议的问题达成一致,同时评估报价和讨价还价的形势,为其做好准备。通过双方摸底,可以及时地调整自己的期望目标,以便在后续谈判中更加灵活地应对,相互协调实现合作。

4)谈判磋商阶段

磋商阶段是指报价后至成交前的阶段。这一阶段历时最长,也是谈判策略与技巧综合运用最多的阶段。磋商阶段决定了谈判的最终结果,也是谈判人员压力最大的阶段。磋商阶段不仅包含报价与讨价还价,还包含了攻击与反攻、威胁与反威胁、僵局制造与处理等过程。

5)谈判成交阶段

谈判进行到最后,需要谈判人员当机立断实现合作。成交阶段是指双方议题基本实现一致,到签订合同的阶段。谈判是否进入成交阶段,并不是以谈判所有问题都达成一致为标准,而是谈判人员用丰富的经验判定成交的时机已经到来。成交阶段的主要任务是对前期谈判进行总结回顾,进行最后的报价和让步,促使成交,拟定合同条款及对合同进行审核与签订。

6)协议后阶段

在这一阶段,是双方合同签订之后,认真履行合同,实现互利共赢的阶段。一旦出现谈判一方人员不履行合同,则会引起另一方的不满,提出索赔、仲裁,甚至提起行政诉讼。该阶段的主要任务是对谈判进行总结和资料管理,确保合同的履行与双方关系的维护。

2. 商务谈判结果

商务谈判以需求为根本出发点,以沟通、交流为手段,以最终的选择和判断为结果。在现实生活当中,商务谈判的结果可以分为三种:单赢谈判、双赢谈判、双输谈判。

1)单赢谈判

在单赢谈判中,双方都会全力谋求利益最大化,谈判结果会出现一赢一输的局面。在现实生活中,谈判双方均会努力避免单赢谈判的发生,但很多时候随着谈判的深入,在不经意间谈判逐渐会向单赢谈判演变。

想要得到单赢的结果,谈判人员必须在谈判之前用大量的时间和精力进行调查,尽可能多地了解对方企业的需求、底线、优劣势,以及对方企业的以往合作商和合作价格。此外,一定要注意己方信息的保密性,使对方在谈判中摸不透己方的真实底线,从而选择妥协。

第一,你输我赢。很多情况下,商务谈判人员为实现企业目标,运用自身的谈判能力与技巧,更多地去追求自身经济利益而不惜伤害对方的利益,也即单赢状态。

案例 1-17　长丰主导获益

长丰摩托车公司是一家国有大型企业,市场份额在同业中处于领先地位。恒顺制造公司是其配件供应商之一,以制造摩托车装饰品为主要经营项目,销售渠道单一且公司规模较小。长丰公司为迎合消费者需求,计划在新款车型中增加一些必要的装饰物。于是两家公司开始了供货谈判。在确定了标准和款式后,长丰方希望以每套50元的价格批量采购,而恒顺方的报价单标明每套60元,双方就价格的分歧进行了谈判。

在经过两轮艰难的谈判后,双方最终以每套50元的价格签订了供货合同,长丰拿到了他们所期望的价格。在这次谈判中,长丰始终处于主导地位。首先,该公司生产规模大,各类配件需求量大并且用量稳定。其次，长丰与国内优秀的供应商均有长期的合作关系，选择余地大；而恒顺是一家创建时间不长的小型企业，客户也仅限于本市内，缺乏谈判的力量。虽然在谈判初期坚守其制定的价格体系，但为了得到供货订单，最终不得不在价格上作出让步，无奈同意对方的条件。

第二，你赢我输。有时由于对谈判准备不充分、信息不了解、谈判人员经验不足、对方故意设置陷阱等原因，导致己方谈判中惨败。

2）双赢谈判

双赢谈判是每一位谈判者追求的目标，是谈判中最理想的状态。此类谈判的特点是双方谈判的目的是为了共同解决各自问题，而不是单纯地挤压对方的谈判空间，一方获得了预期利益不需要对方放弃其预期利益作为代价。另外，谈判中涉及的议题也较多，其范围不局限于价格，比如货款账期、交货日期、售后服务及到岸地点等其他附加条件。双赢的合作意味着谈判双方都能够削减成本，共同降低风险，提高收益。争夺也许会带来某一方面的利益，但最终只能失去全盘优势，损失长远的利益。

总之，双赢谈判强调的是，通过谈判，不仅要找到最好的方法去满足双方的需要，而且要解决责任和任务的分配，如成本、风险和利润的分配。双赢谈判的结果是，你赢了，但我也没有输。双方共同创造价值，而不是互相索取。

案例1-18　双赢谈判

某家大型知名超市准备在北京开业，供应商可谓蜂拥而至，有位销售员代表一家弱势品牌与对方进行进店洽谈。整个谈判过程异常艰苦，对方要求十分苛刻，尤其是60天的账期实在让这家小品牌公司难以接受，谈判进入了僵局并且随时都有破裂的可能。期间一天，超市采购经理打电话给这位销售员，希望他提供一套现场制作的设备，以吸引更多的消费者。销售员想到他刚好有一套设备闲置在库房里，但却没有当即痛快地答应，而是说："陈经理，我会回公司尽力协调这件事，在最短的时间给您答复，但您能不能给我一个正常的货款账期呢？"最后，这位销售员赢得了一个平等的合同，顺利进驻超市，超市也通过现做现卖的方式吸引了更多的客流，一次双赢的谈判就这样形成了。

3）双输谈判

这种谈判结果是我们最不愿意看到的，谈判双方浪费了人力、物力、财力，得来的结果却是鱼死网破，你输我也输。一方执迷不悟，不断索取而毫不付出，那么这个谈判只能出现两种结果：一种是谈判将在无法解决的僵局中结束；另一种则是一方采用计谋获利，而另一方因损失过大或恼怒于对方的计谋而选择终止交易。

案例1-19　被取消的贷款

格林先生想向当地银行申请贷款，但是他经营的企业近来不太景气，因此银行拒绝发放贷款。格林先生想出一个办法，他让财务部门整理出一些情况，说明企业近年来之所以不太景气是因为银行的失误造成的。他用这些情况向银行提出抗议。银行对他的抗议有些措手不及，于是银行经理出面向格林先生道歉。当银行经理担心格林先生进一步问罪时，格林先生提出了贷款要求。银行经理当即同意。

过后不久,格林先生和银行经理共进午餐,在几分酒意下,格林先生说出了自己的计策。银行经理愤怒到了极点,断然取消了这笔贷款。

3. 商务谈判评价标准

美国谈判学会会长、著名律师杰勒德·I.尼尔伦伯格认为,谈判不是一场棋赛,不要求决出胜负,也不是一场战争,要将对方消灭或置于死地。恰恰相反,谈判是一项互利的合作事业,谈判中的合作是互利互惠的前提,只有合作才能谈及互利。因此,从谈判是一项互惠的合作事业和在谈判中要实行合作的利己主义观点出发,可把评价一场商务谈判是否成功的价值标准归纳为以下几点。

1) 谈判目标的实现程度

谈判人员在参加谈判之前,需要将谈判方案中列举的谈判目标一一规划。当谈判结束时,应将谈判目标与谈判备忘录进行比对,谈判目标有没有实现是人们评价谈判成功与否的首要标准。不同类型的商务谈判目标不同,即使在产品买卖谈判中,有的注重产品价格,有的注重产品质量,有的对产地与品牌有硬性的要求。因此,判断谈判成功与否,不能仅从经济利益角度考虑。

2) 谈判效率的高低

谈判进程的快慢会受到各种因素的影响,有时因为技术难题不能解决,数月不能成交;有时因为对方故意拖延造成谈判双方身心俱疲,看不到成交的希望。最终谈判虽然达成但是效率极低。谈判效率是指谈判所获收益与所耗费谈判成本之间的对比关系。

3) 谈判后的人际关系

在评价一场谈判成功与否时,不仅要看谈判各方市场份额的划分、出价的高低、资本及风险的分摊、利润的分配等经济指标,而且要看谈判后双方人际关系如何,即通过本次谈判,双方的关系是得以维持还是得以促进和加强,抑或得以破坏。

综合以上三个评价指标,一场成功的谈判应该是:通过谈判,双方的需求都得到了满足,而且这种较为满意的结果是在高效率的节奏下完成的,同时双方的友好合作关系得以建立或进一步发展和加强。

案例1-20 因小失大的索赔谈判

山东省济宁市一家印刷公司从东北某设备制造公司引进了两台印刷设备。不幸的是,这两台设备在使用一个月后出现了非常频繁的卡纸现象,经验丰富的维修工检测后发现,卡纸的原因是设备用了两个质量较差的配件。山东印刷公司在取得了与东北厂商的联系之后,商定派两天后去内蒙古出差的营销部副经理顺道去东北商谈此事。东北设备公司安排刚入职半年的小王负责接洽与谈判工作。小王在谈判开始之际,便将为了此次谈判,工程师加班加点三天掌握的数据资料展示给山东印刷公司,令本来热情洋溢的山东印刷公司一方措手不及。接下来,小王将卡纸原因一一展示筛选,精准地得出卡纸的原因并不是零件质量差,而是车间工人没有严格按照要求进行操作,责任方是山东印刷公司。因此拒绝免费更换零配件,应该按照65元/只的价格进行购买,即需要支付130元才能得到这两个零配件。无奈的山东印刷公司不得不购买了零配件,之后沉默不语,拂袖离去。

思考：

此次谈判东北某设备制造公司成功了吗？

任务小结

商务谈判是指当事人各方为了自身的经济利益，就交易的各种条件进行洽谈、磋商，最终达成协议的行为过程。商务谈判除了具有谈判的共性特征（目的性、协商性、博弈性、表演性）外，还有以经济利益为目的、以价格谈判为核心、以平衡内外各方关系为支撑、谈判结果以合同来体现的个性特征。在进行商务谈判时应坚持合法原则、尊重事实原则、平等自愿原则、求同存异原则、公平竞争原则、人事分开原则与利益最大化原则。商务谈判类型众多，可以按照谈判人员数量、谈判地点、谈判利益主体、谈判态度以及谈判的具体内容进行分类。

一般来说，商务谈判的基本程序可以划分为谈判前的准备阶段、谈判中的开局阶段、摸底阶段、磋商阶段、成交阶段和谈判后的协议后阶段等几个基本阶段。

在现实生活中，商务谈判的结果可以分为三种：单赢谈判、双赢谈判、双输谈判。谈判结果是否成功可以从以下三个方面来判断：谈判目标的实现程度，谈判效率的高低，谈判后的人际关系。

复习思考题

1. 影响商务谈判实力的因素有哪些？
2. 商务谈判都有哪些分类方法？
3. 简述商务谈判的原则。
4. 商务谈判的结果有哪些类型？
5. 判断商务谈判成功与否的标准是什么？

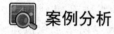
案例分析

案例1-21　电子产品出口谈判

20世纪80年代，我国某电子产品进出口公司与日本著名的NEC公司进行洽谈，准备订购一批产品投放市场。

在当时，消费者对日本NEC公司的产品知道得还很少，尽管它在世界市场上销路不错，但在我国市场上还是一片空白。

在谈判中，双方在产品价格方面发生分歧。日方代表坚持以当时国际市场的价格报价，而我方则要求其降低售价。双方各执一词，相持不下。

日方认为，他们的报价是国际市场的价格，不能让步。而我方代表则十分诚恳地说：

"不错，你们的报价确实是国际市场的价格。但你们是否考虑过，虽然你们的产品在国际市场上已经有了很好的销路，但在中国市场上还没有你们的产品，中国消费者还不了解你们产品的优点。所以，我方进口你们的产品后，准备先进行一系列的广告宣传，使中国消费者了解你们的产品。一旦宣传成功，则中国市场的潜力是非常大的。到那时，NEC产品的需求量将会迅速上升，而作为中国最具实力的电子产品进出口公司，我们也一定能给贵公司下大量订单。而眼下你们提出的价格肯定会影响该产品在中国市场的竞争。因为我们要进行大规模的广告宣传,费用将计入产品的售价中。这样一来,你们的产品价格就会高于其他同类产品,而中国消费者对这个产品的优点还不够了解,这样很可能导致试销失败。

"如果我们试销失败了,其他公司也不会轻易再做尝试,这个产品在中国市场上相当长的一段时间里仍然会是个空白。希望你们慎重考虑,怎样做才比较合适。"

日方听了我方有理有据且十分诚恳的阐述后,意识到这次洽谈并不仅仅是一次普通的商品交易,而是关系到开拓中国市场、长期发展合作的大事。牺牲眼前利益,降低产品售价,作出小的让步,会赢得与日俱增的广阔市场,孰重孰轻,一目了然。

日方当即表示,为了配合开拓中国市场,可以先以成本价小批量供应一批产品,以后再逐步向国际市场靠拢。为了帮助中方进行产品宣传,日方还愿意提供一笔无息贷款,以解决广告费用问题。

经我方公司的大力宣传,加上 NEC 产品的优良性能,在很短的时间内,NEC 公司的产品就得到了我国消费者的认可,NEC 公司获得了丰厚的利润。

思考:
1. 本次谈判显示了商务谈判的哪些特征?
2. 日方在本次谈判中成功了吗?试从谈判成功的标准进行分析。

 实训项目

实训目的:
掌握谈判程序的应用。

实训背景:
山东亿维集团有限公司集公司 IT 产品连锁销售、系统集成、维修服务于一体,2019 年销售额超 25 亿元。假如你的公司是一家新媒体运营公司,公司准备派你负责去亿维集团购买 35 台计算机。在卖场,你看中了联想天逸 510 Pro 英特尔酷睿 i5 台式机整机(i5-9400F 16G 256G SSD+1T RX550X 4G 独显(23 英寸)),市场价格为 5499 元,你打算以 4000～4800 元的价格购买计算机。

实训要求:
1. 根据实训背景,查询价格的影响因素,小组讨论从哪些方面和对方讨价还价。
2. 以小组为单位,分别扮演山东亿维集团谈判组与新媒体运营公司谈判组,展开模拟价格谈判,达成协议。
3. 各小组进行结果比较,分析成交价格不同的原因,整理并提交。

学习情境 二

商务谈判准备

学习目标

知识目标

1. 了解商务谈判准备阶段的基本知识及程序。
2. 掌握谈判信息的基本内容和收集方法。
3. 掌握商务谈判人员的素质和组织原则。
4. 掌握商务谈判方案的拟定。
5. 掌握模拟谈判的方法。

能力目标

1. 能熟练进行商务谈判前信息资料的收集和整理工作。
2. 能根据商务谈判的内容组织人员、安排场地,科学地拟定谈判方案。
3. 能够顺利进行模拟谈判。

素质目标

1. 树立正确的职业观念,养成严谨、细致的工作作风。
2. 努力拓展知识结构,提高职业素养。

 任务 2.1 商务谈判准备工作

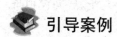

案例 2-1 日本人如何获知大庆油田的秘密

20世纪60年代初期,我国大庆油田的情况在国内外尚未公开。日本人只是有所耳闻,但始终未明底细。1964年4月26日,《人民日报》上出现"大庆精神大庆人"字句,于是日本人判断中国的大庆确有其事。但他们仍不清楚大庆究竟在什么地方。同年7月,《中国画报》刊出一张照片:大庆油田的"铁人"王进喜握着钻机手柄眺望远方。他们根据王进喜的衣着判断,大庆油田是在冬季为-30℃的中国东北地区,位置大致在哈尔滨与齐齐哈尔之间。

3个月后,日本人又在《人民日报》上看到一篇报道,说王进喜到了马家窑。于是日本人找来伪满洲时期的旧地图,发现马家窑是位于黑龙江省海伦市东南的一个村子,在兆安铁路一个小站以东10余千米处。接着,日文版《人民中国》杂志里又有报道说,中国工人阶级发扬了"一不怕苦,二不怕死"的精神,大庆石油设备不用马拉、不用车推,完全靠人肩扛抬运到工地。日本人据此分析出,大庆的石油钻离马家窑并不远,远了的话,工人是扛不动的。1964年年底,当王进喜出席第三届全国人民代表大会的消息见报时,日本人肯定地得出结论:大庆油田出油了,若仍不出油,王进喜也当不了人民代表。

日本人还通过照片中王进喜所握手柄的架势,推断出油井的直径;从王进喜所站的钻井与背后油田间的距离及井架密度和政府工作报告,以当时的石油产量减去原来的石油产量,估算出平时大庆油田的石油产量。在这个基础上,他们很快设计出适合大庆油田操作的石油设备。

当我国政府向世界各国征求开采大庆油田的石油设备设计方案时,其他国家都没有准备,唯独日本人早已准备好了与大庆油田现有情况完全吻合的设计方案,在大庆油田的谈判中,日本人一举中标。

思考:
日本人在大庆油田的谈判中一举中标的主要原因是什么?

2.1.1　商务谈判信息收集

1. 商务谈判信息的作用

不同的谈判信息对于谈判活动的影响是极其复杂的。有的信息直接决定谈判失败,而有的信息只是间接地发挥作用。谈判信息在商务谈判中的作用可以表现在以下方面。

(1) 谈判信息是制定谈判战略的依据。谈判战略是为了实现谈判的战略目标而预先制定的一套纲领性的总体设想。谈判战略正确与否,在很大程度上决定着谈判的得失与成败。一个好的谈判战略方案应当具有战略目标正确可行、适应性强、灵敏度高的特点,这就必须有大量可靠的信息作为依据。知彼知己,百战不殆。在商务谈判中,谁能拥有谈判信息上的优势,掌握对方的真正需要和对方谈判的利益界限,谁就更有可能制定出正确的谈判策略,掌握谈判的主动权。

(2) 谈判信息是控制谈判过程的手段。要对谈判过程做到有效控制,必须先掌握"谈判的最终结果是什么"这一谈判信息,依据谈判战略和谈判目标的要求,确定谈判的正确策略。为了使谈判过程始终指向谈判目标,使谈判能够正常进行,必须有谈判信息作为保证,否则,对任何谈判过程都无法有效地加以控制和协调。

(3) 谈判信息是谈判双方相互沟通的纽带。在商务谈判活动中,尽管谈判的内容和方式各不相同,但它们都是一个相互沟通和磋商的过程。没有谈判信息作为沟通中介,谈判就无法排除许多不确定的因素,就无法进一步磋商,也就无法调整和平衡双方的利益。因此,掌握一定的谈判信息,就能够从扑朔迷离的信息中发现机会与风险,捕捉达成协议的契机,使谈判活动从无序到有序,消除不利于双方的因素,促使双方达成协议。

2. 商务谈判信息的内容

在当今社会,了解信息,掌握知识,已成为人们成功地进行各种活动的保证。谈判正是人们运用信息获取所需事物的一种活动,商务谈判是谈判双方协商、合作的一种经济活动。谈判前对信息的搜集是了解对方意图、确定谈判目标、谈判战略以及制定谈判方案,选择谈判方式的基本前提。所以,谁掌握了信息,谁就掌握了谈判的主动权,有了赢得谈判成功的基本保证。国际著名谈判大师基辛格说:"谈判的秘诀在于知道一切,回答一切。"

1) 环境信息

谈判是在一定的法律制度和某一特定的政治、经济、文化影响下的社会环境中进行的,它们会直接、间接地影响到谈判。英国谈判专家 P.D.V.马什在其所著的《合同谈判手册》中对谈判环境因素做了全面的概括和分析,具体来讲有以下几类。

(1) 政治因素。政治和经济是紧密相连的,政治对于经济具有很强的约束力。任何国家的经济活动都离不开政府的调节和控制。商务谈判中的政治因素是指与商务谈判有关的政府管理机构和社会团体的活动,主要包括政局是否稳定、政府之间的关系、政府对进口商品的控制等。政治因素对商务谈判活动非常重要,它直接决定了商务谈判的行为。比如,如果一个国家政局稳定,政策符合本国国情,它的经济就会发展,就会吸引众多的外国投资者前往投资。否则,政局动荡,市场混乱,人心惶惶,必然产生相反的结果。因此,贸易组织在进行经济往来之前,必须详尽地了解谈判对手的政治环境。

(2) 法律制度。商务谈判不仅是一种经济行为,而且是一种法律行为。因此在商务谈判中,其行为首先必须符合有关的法律规定,才能成为合法行为或有效行为,才能受到国家有关法律的承认和保护。涉外商务谈判中,只有清楚地了解对方国家的法律制度,才能减少商业风险。例如,各国都有贸易出口管制方面的法律法规,但是,各国管制的内容及商品品种却有很大差别。某种商品在某国可能是紧缺物资而限量出口,但在另一国可能是剩余商品,大量出口。了解这些信息,有利于我们选择谈判对手,制定正确的谈判目标,确定谈判的基本策略。

案例 2-2 加蓬的劳动法

中国某工程承包公司在加蓬承包了一项工程任务。当工程的主体建筑完工之后,中方由于不再需要大量的劳动力,便将从当地雇用的大批临时工解雇,谁知此举导致了被解雇工人持续 40 天的大罢工。中方不得不同当地工人进行了艰苦的谈判,被解雇的工人代表让中方按照当地的法律赔偿被解雇工人一大笔损失费,此时中方人员才意识到他们对加蓬的法律太不了解了。

加蓬的劳动法规定:一个临时工持续工作一周以上未被解雇则自动转成长期工,有权获得足够维持两个妻子和三个孩子生活的工资,此外,还有交通费和失业补贴等费用。一个非熟练工连续工作一个月以上则自动转成熟练工,如果连续工作三个月以上则提升为技术工人。工人的工资应随着技术水平的提升而提高。

而该公司的管理人员按照国内形成的对临时工、长期工、非熟练工、熟练工以及技工的理解来处理加蓬的情况,谈判结果可想而知。公司不得不向被解雇的工人支付了大笔失业补贴,总数相当于已向工人支付的工资数额,而且这笔费用由于属于意外支出,并未包括在工程的预算中,全部损失都得由公司自行支付。

思考:
从该例的商务活动中,你认为应该吸取什么教训?

（3）宗教信仰。众所周知，宗教信仰影响着人们的生活方式、价值观念及消费行为，也影响着人们的商业交往。

（4）社会习俗。谈判者必须了解和尊重对方国家或地区的社会风俗习惯，并善于利用这些社会习俗为己方服务。比如，该国家或地区的人们在称呼和衣着方面的社会规范或标准是什么？对谈业务时间有没有固定要求？如在业余时间谈业务，对方会不会反感？社交场合对于携妻相伴有何看法？社交款待、娱乐等活动通常在哪里进行？赠送礼物有哪些习俗？在公共场合，人们对当面批评是否愿意接受？人们如何对待荣誉、名声等问题？妇女在商务活动中的地位如何？等等。这些社会习俗都会影响双方意见交流的方式及所采取的对策，是谈判前必须了解的环境因素之一。

案例 2-3　左手引起的麻烦

国内某厂长去广交会考察，恰巧遇见出口经理和阿联酋客户在热烈地洽谈。见厂长来了，出口经理忙向客户介绍。厂长因右手拿着公文包，便伸出左手握住对方伸出的右手。谁知刚才还笑容满面的客人顿时笑容全无，并且就座后也失去了先前讨价还价的热情，不一会儿便声称有其他约会，匆匆地离开了摊位。因为，在伊斯兰国家，左手是不能用来从事如签字、握手、拿食物等干净的工作的，否则会被看作粗鲁的表现。这次商务谈判失败，就是因为厂长不了解这一文化差异。

（5）商业习惯。谈判准备阶段，必须弄清该国企业的经营制度，有没有真正的权威代表。例如，阿拉伯国家公司大多数是由公司负责人说了算，而日本企业的决策必须经过各级人员互相沟通，共同参与，达成一致意见后再由高级主管拍板。对手企业决策的程序如何？是否做任何事情都要见诸文字？律师的作用如何？有没有商业间谍活动？在工作中是否有贿赂现象，如果有，方式有哪些？这都是必须了解的情况。

一个项目是否可以同时与几家公司谈判，选择最优惠的条件达成交易？如果可以，保证交易成功的关键因素是什么？是否仅是价格问题？在几家公司同时竞争一笔生意时，谈判是最复杂、最艰难的，必须紧紧抓住影响交易成功的关键因素来开展工作，才有成功的希望。

商业谈判的常用语言是什么？如使用当地的语言，有无可靠的翻译？合同文件是否可以用两种语言来表示？两种语言是否具有同等的法律效力？谈判是用语言来进行交流，靠语言来表达意思的，因此，必须选择合适的谈判语言。在最后签订合同时，如果使用第三国文字，那么对双方都是公平的。如果不是这样，一般应规定双方的文字具有同等效力。

（6）财政金融因素。该国的外汇储备情况；该国的外债情况；该国货币是否可以自由兑换，有何限制；该国在国际支付方面的信誉；取得外汇付款是否方便；该国适用的税法；公司在当地赚取的利润是否可汇出境外，有什么规定。

（7）基础设施与后勤供应系统因素。该国的人力、物力、财力情况及当地运输条件、邮电通信状况。

（8）气候因素。气候因素对谈判也会产生多方面的影响。例如，该国的季节特点，雨季的长短，冬季的冰雪霜冻情况，夏季的高温情况、潮湿度情况，以及台风、风沙、地震等情况，都是气候因素。

2）谈判对手信息

企业必须做到知己知彼，才能在商务谈判中立于不败之地。分析谈判对手正是为了知彼,即了解对方的优势和弱点,以便推测其在谈判中的动向和本企业可能遇到的机会与威胁。同时,还可以推测出对方对本企业将要采取的谈判策略的反应,从而使企业制定的谈判策路更符合客观实际。

谈判对手的情报主要包括其发展历史、组织特征、产品技术特点、市场占有率与供需能力、价格水平与付款方式、谈判目标与资信情况,以及参加谈判人员的资历、地位、性格、爱好、谈判风格、谈判作风及模式等。这里主要介绍谈判对手的资信情况、合作欲望及人员情况。

(1) 谈判对手的资信情况。对谈判对手资信情况的调查研究是谈判准备工作中非常重要的一步。如果缺少必要的资信状况分析,谈判对手主体资格不合格或不具备合同要求的基本履约能力,那么所签订的协议就是无效协议或者是没有履行协议的保障,谈判者将会遭受巨大损失。

要调查对方是否具有签订合同的合法资格。对对方法人资格的审查,可以要求对方提供有关文件,如法人注册登记证明、法人所属资格证明、营业执照。详细掌握对方法人的组织性质,是有限责任公司还是无限责任公司,是母公司还是子公司。因为公司组织性质不同,其承担的责任是不一样的。

(2) 谈判对手的合作欲望。这包括对手同我方合作的意图、合作的愿望是否真诚,对我方的信任程度如何,对实现合作成功的迫切程度如何,是否与我国其他地区或企业有过经济往来等。总之,应尽可能多地了解对方的需要、信誉等。对方的合作欲望越强,越有利于谈判向有利于我方的方向发展。

案例 2-4 以静制动

1987 年 6 月,济南市第一机床厂厂长在美国洛杉矶同美国卡尔曼公司进行推销机床的谈判。双方在价格问题的协商上陷入了僵持的状态,这时我方获得情报:卡尔曼公司原与中国台商签订的合同不能实现,因为美国对日、韩、中国台湾地区提高了关税的政策,使得中国台商迟迟不肯发货。而卡尔曼公司又与自己的客户签订了供货合同,对方要货甚急,卡尔曼公司陷入了被动的境地。我方根据这个情报,在接下来的谈判中沉着应对,卡尔曼公司终于沉不住气,购买了 150 台中国机床。

(3) 谈判对手人员情况。这包括谈判对手的谈判班子由哪些人组成,成员各自的身份、地位、年龄、经历、职业、爱好、性格、谈判经验等。另外还需了解谁是谈判中的首席代表,其能力、权限、特长及弱点是什么,此人对此次谈判的态度、倾向意见如何等,这些都是必不可少的情报资料。若谈判对手没有决策权,一般可以无限运用各种策略,而对拥有一定决策权的人员,则应谨慎运用相关策略。如果谈判对手无经验或经验不丰富,策略运用一般以简单为宜;如果谈判对手熟悉并善于运用各种策略,则应综合运用各种策略。因人而异地运用谈判策略,可以使各种策略的运用达到较理想的效果。

案例 2-5 肯尼迪与赫鲁晓夫谈判

1960 年,美国前总统肯尼迪在前往维也纳与苏联部长会议主席赫鲁晓夫谈判之前,通过各种渠道收集了赫鲁晓夫的全部演说和公开声明。他还收集了这位部长会议主席的其他资料,诸如个人经历、业余爱好,甚至早餐嗜好、音乐欣赏趣味等,并精心地进行了研究,从而对赫鲁晓夫的心理状态、思维特点均有所了解。所以，尽管还未见面，肯尼迪一旦说起赫鲁晓夫，也能像对待老朋友那样，如数家珍地说上一大通，以至于两人谈判时，肯尼迪总是胸有成竹，仿佛对赫鲁晓夫下一句要说什么都了如指掌。

这次谈判的结果虽然没有公布于世，但不少观察家分析，在后来的古巴导弹危机中，肯尼迪之所以敢于作出如此强硬的姿态，不仅因为他已经摸透了赫鲁晓夫的脾气，还有那次谈判，赫鲁晓夫败在肯尼迪的手下，对肯尼迪惧怕三分。

3）己方信息

在商务谈判中，要尽可能做到知己知彼。知己，也就是要了解本企业的产品及经营状况，其目的在于正确估计自己的力量，根据形势来确立自己在谈判中的地位和相应对策。己方信息是指谈判者所代表的组织及本方谈判人员的相关信息。主要包括本企业产品及生产经营状况和本方谈判人员情况。如本次交易对己方的重要性，己方在竞争中所处的地位，己方对有关商业行情的了解程度，对谈判对手的了解程度，己方谈判人员的经验等。此外，了解己方在谈判中所拥有的时间也相当重要。

正确地评价自己是确定奋斗目标的基础。对己方各方面条件进行客观的分析，有助于弄清己方在谈判中的优势和薄弱环节，有针对性地制定谈判策略，以便在谈判时能扬长避短。

4）市场行情

在谈判中，只有及时、准确地了解与标的对象有关的市场行情，预测分析其变化动态，才能掌握谈判的主动权。这里所讲的市场行情是广义的，不局限于对价格变化的了解，还包括市场同类商品的供求状况，相关产品与替代产品的供求状况，产品技术发展的趋势，主要竞争厂家的生产能力、经营状况、市场占有率，市场价格变动的比例趋势，有关产品的零配件供应，以及影响供求变化显现与潜在的各种因素。而竞争者的情报主要包括竞争者的推销力量、市场营销状况、价格水平、信用状况等。

一般来讲，了解竞争者的状况是比较困难的，因为无论是买方还是卖方，都不可能完全了解自己的所有竞争对手及其情况。因此，对于谈判人员来说，最重要的是了解市场上占主导力量的竞争者。

3. 商务谈判信息的收集渠道

在激烈的市场竞争中，商务谈判对信息的依赖程度逐渐增强，谈判参与者对信息的搜集成为了解对手、制定谈判计划与谈判策略的前提条件。信息的搜集工作，既要在商务谈判前进行，也要在商务谈判过程中进行，准确、及时、全面、有针对性地搜集信息是谈判信息前期准备的基本原则。

1）实地考察，搜集资料

谈判方亲临对方所在地，通过对其生产状况、设备的技术水平、企业管理状况、工人的劳动技能等各方面的综合观察和分析，以及当地人员的走访，获得有关谈判对手各方面的第一手资料。当然，在实地考察之前应有一定的准备，带着明确的目的和问题，才能取得较好的效果。实地考察时应摆脱思想偏见，避免先入为主，摆正心态。

2）通过各种信息载体搜集公开情报

企业为了扩大自己的经营，提高市场竞争力，总是通过各种途径进行宣传，这些都可以为我们提供大量的信息。如企业的文献资料、统计数据和报表、企业内部报纸和杂志、各类文件、广告、广播宣传资料、用户来信、产品说明和样品等。从对这些公开情报的搜集和研究中,就可以获得所需要的情报资料。因此,平时应尽可能地多订阅有关报纸杂志,并分工由专人保管、收集、剪辑和汇总,以备企业所需。统计资料也是非常重要的材料。统计资料主要包括各国政府、各类组织与行业协会发布的统计资料,也包括各行业、企业的统计年鉴与统计数据。其特点是材料准确、数据信息量大。网络是互联网时代获取信息的重要渠道,通过网络可以在短时间内方便快捷地查询到国内外大量的公司、产品以及市场的信息。

案例 2-6　瑞士作家的秘密

1935年3月20日,有个名叫伯尔托尔德·雅各布的作家在瑞士被德国特务绑架,因为这个人物引起了希特勒的极度恐慌。他曾出版了一本关于德军组织情况的小册子,这本172页的小册子中详细描绘了德军的组织结构、参谋部人员布置、部队指挥官的名字、各个军区的情况,甚至谈到了最新成立的装甲师里的步兵小队。小册子列出了168名指挥官的姓名,并叙述了他们的简历。这些都属于高度军事机密。希特勒勃然大怒,他要求情报顾问瓦尔特·尼古拉上校弄清楚雅各布的材料是从哪里窃取的,上校决定让雅各布本人来解释这个问题,于是便发生了上面这次绑架事件。

在盖世太保的审讯室里,尼古拉抓住雅各布盘问道:"雅各布先生!请告诉我们,您的大作所用材料是从哪里来的?"雅各布的回答却大大出乎他的意料。

"上校先生,我的小册子里的全部材料都是从德国报纸上得来的。比如我写的哈济少将是第17师团指挥官,并驻扎在纽伦堡,是因为当时我从纽伦堡的报纸上看到了一个讣告。这条消息说新近调驻在纽伦堡的第17师团指挥官哈济将军也曾参加葬礼。"雅各布接着说,"在一份乌尔姆的报纸上,我在社会新闻栏里发现了一宗喜事,就是关于菲罗夫上校的女儿和史太梅尔曼少校举行婚礼的消息。这篇报道提到菲罗夫是第25师团第36联队的指挥官。史太梅尔曼少校的身份是信号军官。此外还有从斯图加特前来参加婚礼的沙勒少将,报纸上说他是当地的师团指挥员。"

3）通过各类专门会议搜集信息

商务谈判者可通过各种行业研讨会、论坛、交易会、展销会来获取对手资料。这类会议都是某方面、某组织的信息密集之处,是了解情况的最佳时机。其特点是信息发布及时,动态,站在市场前沿,有价值的信息量大。

4）通过对与谈判对手有过业务交往的企业和人员的调查了解信息

任何企业为了业务往来,都必然要搜集大量的有关资料,以准确地了解对方。因此,同与对手有过业务交往的企业联系,必然会得到大量有关谈判对手的信息资料。而且向与对手打过官司的企业与人员了解情况,会获得非常丰富的情报,他们会提供许多有用的信息,而且是在普通记录和资料中无法找到的事实和看法。

5）其他渠道

获取谈判对手信息也可以通过其他渠道,如专门的信息咨询机构、业内相关人士、媒体人员、竞争对手、中介代理等。当搜集到尽可能多的信息后,要对信息进行汇总、筛选、分析,选取有价值的信息进行记录,为后续的商务谈判打好基础。

案例2-7　彩色胶卷相纸生产技术的调查

我国某一公司拟引进彩色胶卷相纸的生产技术,该公司花了很长时间收集该项技术及价格的资料,但始终不得要领,弄不清准确情报。后来该公司委托香港一家咨询公司,请他们对彩色胶卷相纸生产技术的转让和选购有关设备提出意见。在较短时间内,该咨询公司就提出了咨询报告,对世界上几家有名的经营彩色胶卷相纸的生产厂家,如柯达、爱克发、富士、樱花、依克福、汽巴等公司垄断技术市场情况做了分析,还估计了各公司对技术转让的可能态度,估算了引进项目所需要的投资。这些咨询意见为引进该项技术提供了重要的决策依据。

思考:

该公司选择通过什么渠道获取市场信息?

4. 商务谈判信息的整理

在通过各种渠道收集资料以后,必须对收集来的资料进行整理和分析。整理和分析谈判资料的目的,首先是辨别资料的真实性与可靠性,即去伪存真。其次是在资料具备真实性、可靠性的基础上,结合谈判项目的具体内容,分析各种因素与该谈判项目的关系,并根据它们对谈判的重要性和影响程度进行排序,通过分析制定具体的谈判方案与对策。

信息整理一般分为以下几个阶段。

(1) 筛选阶段。筛选就是检查资料的适用性,这是一个去粗取精的过程。

(2) 审查阶段。审查就是识别资料的真实性、合理性,这是一个去伪存真的过程。

(3) 分类阶段。分类就是按照一定的标准对资料进行分类,使之条理化。

(4) 评价阶段。评价就是对资料进行比较、分析、判断,得出结论,供谈判参考。

案例2-8　掉进陷阱的苏州考察团

苏州某公司听说南非是一个诱人的市场,便希望自己的产品打进南非市场。为了摸清合作伙伴的情况,公司决定组团到南非进行实地考察。到达南非后,对方立即安排他们与南非公司的总经理会面,会面地点被安排在一个富丽堂皇的大饭店里。考察团在电梯门口遇到一位满面笑容的执行员,她将考察团引入一间装修豪华、设施现代化的房间。坐在皮椅上的总经理身材肥胖,手中夹着雪茄,脸上一副自信的表情,谈话时充满了激情。他侃侃而谈公司的情况、经营方略以及公司未来的打算。总经理的介绍和他周围所有的一切都深深打动了考察团,他们深信这是一个可靠的财力雄厚的合作伙伴。

考察团回国后,马上发去了第一批价值100多万美元的货物,然而,该批货物再也没有了音信。公司只好再派人去调查,此时才发现他们掉进了一个精心设计的圈套里。那位肥胖的"总经理"原来是当地的一个演员,在电梯门口招呼他们的女招待才是真正的总经理,而陈设精良的接待室不过是临时租来的房间。待真相大白之后再寻找这家公司,才知道它已宣告破产。

思考:

苏州考察团上当受骗的原因是什么?他们应该如何避免这类事件的发生?

2.1.2 商务谈判人员组织

1. 谈判人员的素质条件

谈判是一项涉及多方面知识的人际交往工作,是一种智慧和能力的较量,只有具备较高素质的人才能胜任。谈判人员的素质条件是筹备和策划谈判谋略的决定性主观因素,它直接影响整个谈判过程的发展,影响谈判的最终结果,最终影响谈判双方的利益分割。一个优秀的商务谈判人员必须具备以下几个方面的素质。

1)良好的职业道德

这是谈判人员必须具备的首要条件,也是谈判成功的必要条件。谈判人员是作为特定组织的代表出现在谈判桌上的,不仅代表组织个体的经济利益,而且在某种意义上还肩负着维护国家利益的义务和责任。因此,作为谈判人员,必须遵纪守法、廉洁奉公,忠于国家和组织,要有强烈的事业心、进取心和责任感,应以国家、企业的利益为重。

2)健全的心理素质

耐心、毅力是一个谈判者应该具备的基本素质。谈判是各方之间精力和智力的较量,较量的环境在不断变化,对方的行为也在不断变化,要在较量中达到特定目标,谈判人员就必须具有健全的心理素质。

健全的心理素质是谈判者主体素养的重要内容之一,表现为谈判者主体应具备坚忍顽强的意志力、高度的自制力和良好的协调能力等。

许多重大艰辛的谈判,就像马拉松运动一样,考验着参与者。谈判者之间的持久交锋,不仅是一种智力、技能和实力的比试,更是一场意志力的较量。

自制力是谈判者在谈判环境发生巨大变化时适时克服心理障碍的能力。作为一个优秀的谈判人员,无论在谈判的高潮阶段还是低潮阶段,都能心静如水,特别是当胜利在望或陷入僵局时,更能够控制自己的情绪。

在谈判中,谈判人员之间的协调行动非常重要。一个好的谈判者,既要尊重他人,虚心听取一切有利于谈判进行和谈判目标实现的合理意见,又要善于解决矛盾冲突,善于沟通、调动他人,使谈判人员为实现谈判目标密切合作、统一行动。

3)合理的学识结构

谈判是人与人之间利益关系的协调磋商过程。商务谈判过程是测验谈判者知识、智慧、勇气、耐力的过程,更是谈判双方才能的较量。在这个过程中,合理的学识结构是讨价还价、赢得谈判的重要条件。合理的学识结构指谈判者必须具备丰富的知识,不仅在横向方面要有广博的知识面,而且在纵向方面要有较深的专业学问,两者构成一个"T"字形的知识结构。

谈判人员应扩大知识视野,深化专业知识,获取有助于谈判成功的广博而丰富的知识,以便在谈判的具体操作中左右逢源,应用自如,最终取得谈判的成功。知识的增长主要靠自己用心积累,要仔细观察,多考虑一些问题,在平时多听、多学、多分析、多实践。日积月累,知识就会丰富起来,就能得心应手地驾驭谈判的过程。当然,一个人不可能事事精通,但只要充分认识到"三人行,必有我师焉""十步之内,必有芳草"的道理,博采众长,就能克服盲目自信的障碍,从而避免给工作造成不必要的损失,最终完美地完成任务。可以说,谦虚好学是任何一个商务谈判者成长的必然要求。

案例 2-9　周总理的外交风采

1954年,周恩来总理出席日内瓦会议时,准备放映新拍摄的悲剧电影《梁山伯与祝英台》招待与会的外国官员和新闻记者。出于帮助外国观众看懂这部电影的目的,有关人员将剧情介绍与主要唱段用英文写成长达16页的说明书,剧名也相应地改为《梁与祝的悲剧》。有关人员拿着说明书样本向总理汇报,满以为会受到表扬,不料却受到了总理的批评。总理认为这样的说明书是不看对象,是"对牛弹琴"。周总理当场设计了一份请柬,请柬上只有一句:"请您欣赏一部彩色歌剧影片《中国的罗密欧与朱丽叶》。"收到这份请柬的外国官员和记者兴趣大增,纷纷应邀出席。电影招待会取得了成功。

4) 谈判人员的能力素养

谈判者的能力是指谈判人员驾驭商务谈判这个复杂多变的"竞技场"的能力,是谈判者在谈判桌上充分发挥作用所应具备的主观条件。它包括:谈判者能够通过观察、思考、判断、分析和综合的过程,从对方的言行和行为迹象中判断真伪,了解对方的真实意图的认知能力;对谈判进度的把握,在各阶段使用不同策略的运筹和计划能力;准确表达与巧妙运用语言的表达能力;处理意外事故、化解谈判僵局、巧妙袭击的应变能力以及创造性思维能力等。

案例 2-10　谈判大师的能力

1991年的一个夜晚,美国著名谈判大师罗杰·道森在家中接到一个电话。对方说自己在科威特石油公司的兄弟被萨达姆扣为人质。电话那边的人想聘请罗杰·道森为谈判顾问,无论花多少钱都愿意赎回他的兄弟。让对方大感意外的是,罗杰·道森说道,不用花一分钱赎金就能救回他的兄弟。"金钱并不能打动萨达姆,我们必须明白萨达姆真正想要什么。"罗杰·道森考虑到海湾战争期间,全世界对萨达姆的印象都很不好,萨达姆当时急需改变这种印象,因此他开始调动新闻媒体来报道这一事件。几经波折之后,罗杰·道森在伊拉克邻国约旦见到了萨达姆,并说服萨达姆在镜头前发表了20分钟的演讲,最后释放了人质。要知道,这是那段时期萨达姆所放出的唯一的人质。

5) 健康的身体素质

谈判的复杂性、艰巨性也要求谈判者必须有一个良好的身体素质。谈判者只有精力充沛、体魄健康才能适应谈判超负荷工作的需要。

此外,在选拔谈判人员时,有两类人不宜选用。第一,不能选用遇事相要挟的人,很多企业的领导人常以某人手里是否有客户、有关系为条件而选用商务人员,实际上这是短视和片面的。这类人常常居功自傲,无限向上级要条件,如果不能如愿,随时可能离去,并将他的客户带走。第二,不能选用缺乏集体精神和易于变节的人。由于商务谈判人员对企业所知甚多,工作性质比较特殊。如果商务谈判人员发展到个人私利第一的程度,领导者很难掌握他,甚至他可能携秘密服务于竞争者。

2. 谈判团队的组织原则

1) 知识互补

知识互补包含两层含义:一是谈判人员各自具备自己专长的知识,都是处理不同问题的专家,在知识方面互相补充,形成整体的优势。二是谈判人员专业知识与工作经验的知识互补。谈判队伍中既有高学历的青年知识学者,也有身经百战、具有丰富实践经验的谈判老手。高学历学者专家可以发挥理论知识和专业技术特长,有实践经验的人可以发挥见多识广、成熟老练的优势。这样知识与经验互补,才能提高谈判队伍整体的战斗力。

2) 性格互补

谈判队伍中的谈判人员性格要互补协调,将不同性格的优势发挥出来,互相弥补其不足,才能发挥出整体队伍的最大优势。性格活泼开朗的人,善于表达、反应敏捷、处事果断,但是性情可能比较急躁,看问题可能不够深刻,甚至会疏忽大意。性格稳重沉静的人,办事认真细致,说话比较谨慎,原则性强,看问题比较深刻,善于观察和思考,理性思维比较明显,但是他们不够热情,不善于表达,反应相对比较迟钝,处理问题不够果断、灵活性较差。如果这两种性格的人组合在一起,分别担任不同的角色,就可以发挥出各自的性格特长,优势互补,协调合作。

3) 分工明确

谈判班子每一个人都要有明确的分工,担任不同的角色。每个人都有自己特殊的任务,不能工作越位,角色混淆。遇到争论不能七嘴八舌地发言,该谁讲就谁讲,要有主角和配角之分,要有中心和外围之分,要有台上和台下之分。谈判队伍要分工明确、纪律严明。当然,分工明确的同时要注意大家都要为一个共同的目标而通力合作,协同作战。

3. 谈判团队的人员配备

谈判人员的组织应包括谈判队伍领导人、熟悉贸易行情的商务人员、知悉有关生产技术的技术人员、财务人员、法律人员以及当语言不通时所需要的翻译等。这些精通本专业的人员组成一个素质过硬、知识全面、配合默契的谈判队伍。每个成员不仅精通自己专业方面的知识,对其他领域知识也比较熟悉。

(1) 谈判队伍领导人。有时也是主谈人,负责整个谈判工作,领导队伍,有领导权和谈判权。

(2) 商务人员。由熟悉商业贸易、市场行情、价格形势的贸易专家担任。要负责合同条款和合同价格条件的谈判,帮助谈判方理出合同文本,负责经济贸易的对外联络工作。

(3) 技术人员。由熟悉生产技术、产品标准和科技发展动态的工程师担任,负责对有关产品技术、产品性能、质量标准、产品验收、技术服务等问题的谈判,也可为价格决策担任技术顾问。

(4) 财务人员。由熟悉财务会计业务知识和金融知识,有较强的财务核算能力的财务人员担任,能对谈判中的价格核算、支付条件、支付方式、结算货币等与财务相关的问题把关。

(5) 法律人员。由精通经济贸易各种法律条款,以及法律执行事宜的专职律师、法律顾问或本企业熟悉法律的人员担任,做好合同条款的合法性、完整性、严谨性的把关工作及涉及法律方面的谈判。

(6) 翻译。由精通外语、熟悉业务的专职或兼职翻译担任,主要负责口头与文字翻译工作,沟通双方意图,运用语言策略配合谈判,在涉外商务谈判中,翻译的水平将直接影响到谈判双方的有效沟通和磋商。

此外,还可配备一些辅助人员,但要适当,尽量避免不必要的人员设置。

案例 2-11　谈判人员的配备

某县一饮料厂欲购买意大利固体橘汁饮料的生产技术与设备。派往意大利的谈判小组包括以下四名核心人员：该厂厂长、该县主管工业的副县长、县经委主任和县财办主任。

思考：

1. 如此安排谈判人员理论上会导致什么样的后果？
2. 如何调整谈判人员，依据是什么？

2.1.3　商务谈判方案的拟定

谈判方案是谈判人员在收集和分析有关信息资料的基础上，对谈判的目标、策略、战术、步骤等所做的设计和规划。谈判方案是谈判者行动的指针和方向，是谈判人员行动的具体纲领，是保证谈判顺利进行的必要条件。拟定谈判方案是谈判准备工作的核心。拟定谈判方案应包括以下几个方面的内容。

1. 确定商务谈判的目标

谈判目标是谈判主题的具体化，即在谈判主题指导下谈判双方（多方）所要实现的具体目的。谈判者根据所掌握的信息，确定一个通过谈判所要达到的目标是谈判前的重要工作。制定谈判方案的核心问题是确定谈判目标。谈判目标的确定，要在综合多方信息、资料的基础上，反复研究确定。商品交易谈判目标一般包括交易额、品质、数量、价格、支付方式、运输、产品规格、商品检验等。

1）确定商务谈判目标应考虑的因素

确定谈判目标是一件很复杂的事情，只有通过对许多因素进行综合分析才能作出判断。

（1）合作伙伴多寡。如果对方是我方唯一选择的合作伙伴，则对方处在十分有利的地位，我方的目标水平就不宜定得太高；反之，如果我们有许多潜在的买主（卖主），那么对方显然处在较弱的地位，则我方的目标水平就可以相应地定得高一些。

（2）合作期限长短。如果长期的业务往来可能性比较大，那么就要着眼于未来，与对方建立友好、持久的关系，对于谈判目标也应本着实事求是的精神来确定合理水平，不能过于苛求。

（3）交易本身的性质及重要程度。在制定具体谈判目标时交易本身的性质及重要程度也是必须考虑的。该交易成交与否对我方意义重大，则力争在一定限度的妥协下达成交易，这时目标就要低一些。

（4）交易时间限制因素。很多交易本身就有时间限制，在时间的压力下，谈判者会妥协或改变主意。所以在事先确定谈判期望值时，也要考虑时间长短。一般有较长时间商谈周旋，可以将目标值定得高一些，否则，就要制定切实可行的目标。

需要强调的是，谈判目标并不总是定得越具体越好。在一开始把目标定得笼统些，可使自己在谈判中保持较大的回旋余地。当谈判出现分歧时，有利于保持灵活性，并能创造性地提出各种替代方案，逐步找到合理的、令双方都满意的交易方案。

2）商务谈判的目标层次

在谈判准备阶段，确定谈判目标需要确定一个目标范围，而不是单一的目标。谈判目标可以分为三个层次，即最优期望目标、可接受目标和最低限度目标。

（1）最优期望目标。最优期望目标，也称最高目标，是目标制定方在谈判中所要追求的最为理想的谈判目标，往往是对方所能忍受的最大限度，也是一个难点。一般是单方面可望而不可即的理想方向，很少有实现的可能性。它不仅是谈判进程开始的话题，也会带来有利的谈判结果。

（2）可接受目标。谈判人员根据各种客观因素，经过科学而周密的论证、预测、决策后，纳入谈判的可行性目标，也是一个较为精确的定值。这个目标是一个诚意或范围，即己方可努力争取或作出让步的范围。谈判中的讨价还价就是在争取实现可接受目标，所以可接受目标的实现，往往意味着谈判取得成功。

（3）最低限度目标。最低限度目标是谈判一方依据多种因素精确核算出的必须达到的最低目的、最低限额的界值，是谈判必须实现的最基本的目标，也是谈判的最低要求。这一目标如果不能实现，宁愿放弃谈判，也不愿接受比之更低的条件。因此，也可以说，最低限度目标是谈判者必须坚守的最后一道防线。

谈判中只有价格这样一个单一目标的情况是少见的，一般情况是存在着多个目标，这时就需要考虑目标的优先顺序。在谈判中存在多重目标时，应根据其重要性加以排序，确定是否所有的目标都要达到，哪些目标可以舍弃，哪些目标可以争取达到，哪些目标又是万万不能降低要求的。最优期望目标、可接受目标和最低限度目标使得谈判目标具有较大的伸缩性，避免了由于僵化、死板导致谈判破裂，保证了一方最基本的利益，并在此基础上争取更好的利益。

案例 2-12　谈判的价格目标确定

日商举办的农业加工机械展销会上，展出的正是国内几家工厂急需的关键性设备。于是某公司代表与日方代表开始谈判。按照惯例，卖方首先报价 1000 万日元。我方马上判断出其价格的"水分"，由于我方对这类产品的性能、成本及在国际市场上销售行情了如指掌，暗示生产厂家并非独此一家。最终我方主动提出休会，给对方一个台阶。当双方重新坐在谈判桌前时，日方主动削价 10%，我方据该产品近期在其他国家的行情，认为 750 万日元较合适，日商不同意，最后我方根据掌握的信息及准备的一些资料，让对方清楚，我方还有其他一些合作伙伴。在我方坦诚、有理有据的说服下，双方最终以 750 万日元握手成交。

在这个案例中，可以看出日方的三个目标层次：最低限度目标为 750 万日元；可接受目标为 900 万日元；最优期望目标为 1000 万日元。

3）谈判目标的估量

商务谈判目标的估量是指谈判人员对所确立的谈判目标在客观上对企业经济利益和其他利益（如新市场区域的开拓、知名度的提升等）的影响及所谈交易在企业经营活动中的地位等所做的分析、估价和衡量，如表 2-1 所示。

表 2-1　谈判目标的估量与评议

谈判目标影响企业利益的因素	项目估量分/分	估分/分	评　　议
该谈判项目是否与本企业经营目标一致	10	10	一致
该项目的交易是否是企业业务活动的主流	10	8	属于企业目前的主要业务活动
该项谈判的交易对本企业现有市场占有率的影响	10	7	这笔交易的达成在一定程度上扩大企业现有市场占有率
该项谈判的交易机会是否是目前最有利的	10	5	经调查近期做这笔交易的有利机会还有一个
该项谈判目标的达成对降低企业经营成本的影响	10	8	有利于降低企业经营成本
预计价格目标的达成其利润率是否符合经营目标利润率	10	10	利润率符合经营目标利润率
达成谈判的交易是否会提高企业的知名度	10	6	能在一定范围内提高企业知名度
总　计	70	54	
估分占项目估量总分的比率	\multicolumn{3}{c}{$(54 \div 70) \times 100\% = 77.14\%$}	

案例 2-13　养老金谈判的失败

　　阿尼尔将接受大世界技术公司的一份新工作。公司给的薪水会逐年增加并重新定级。唯一的缺点是公司不准备将他列入公司的养老金计划，并没有任何解释，但会在另外一个养老金计划中付给他一笔数目相当的钱。他与会计师谈了谈，发现这种方式对他的福利有损失。他以为公司会通融，因而坚持只有参加公司的养老金计划才受聘。大世界技术公司撤回了聘书，因为如果迁就他，就要改变其他人的养老金计划，而公司不打算这样做。由于大世界技术公司没有充分说明情况，谈判破裂了。

　　此次谈判失败的主要原因在于双方对谈判目标的估量。在阿尼尔看来，一份像样的养老金比这份工作的其他方面都重要。而在大世界技术公司这一方，改变养老金的麻烦和花费超过了获得一位优秀人才。

2. 确定商务谈判的时间与地点

1) 确定谈判的时间

　　谈判总是在一定的时间内进行的。这里所讲的谈判时间是指一场谈判从正式开始到签订合同所花费的时间。在一场谈判中，时间有三个关键变数：开局时间、间隔时间和截止时间。

　　（1）开局时间。开局时间是指选择什么时候来进行这场谈判。它的得当与否，有时会对谈判结果产生很大影响。例如，如果一个谈判小组在长途跋涉、喘息未定之时马上投入紧张的谈判中，就很容易因为舟车劳顿而导致精神难以集中，记忆和思维能力下降而误入对方圈套。所以，应对选择开局时间给予足够的重视。

　　一般来说，在选择开局时间时要考虑以下几个方面的因素。

第一,准备的充分程度。俗话说:"不打无准备之仗。"在安排谈判开局时间时也要注意给谈判人员留有充分的准备时间,以免仓促上阵。

第二,谈判人员的身体和情绪状况。谈判是一项精神高度集中、体力和脑力消耗都比较大的工作,要尽量避免在身体不适、情绪不佳时进行谈判。

第三,谈判的紧迫程度。尽量不要在自己急于买进或卖出某种商品时才进行谈判,如果避免不了,应采取适当的方法掩饰这种紧迫性。

第四,谈判对手的情况。不要把谈判安排在让对方明显不利的时间进行,因为这样会招致对方的反对,引起对方的反感。

(2)间隔时间。一般情况下,一场谈判极少是一次磋商就能完成的,大多数的谈判都要经历数次甚至数十次的磋商洽谈才能达成协议。这样,在经过多次磋商没有结果,但双方又都不想中止谈判的时候,一般都会安排一段暂停时间,让双方谈判人员暂作休息,这就是谈判的间隔时间。

谈判间隔时间的安排,往往会对舒缓紧张气氛、打破僵局具有很明显的作用。常常有这样的情况:在谈判双方互不相让、紧张对峙的时候,双方宣布暂停谈判两天。由东道主安排旅游和娱乐节目,在友好、轻松的气氛中,双方的态度和主张都会有所改变。结果,在重新开始谈判以后,就容易互相让步,达成协议。

当然,也有这样的情况:谈判的某一方经过慎重的审时度势,利用对方要达成协议的迫切愿望,故意拖延间隔时间,迫使对方主动作出让步。可见,间隔时间是时间因素在谈判中的又一个关键变数。

(3)截止时间。截止时间就是一场谈判的最后限期。一般来说,每一场谈判总不可能没完没了地进行下去,总有一个结束谈判的具体时间。而谈判的结果却又往往是在结束谈判的前一刻出现。所以,如何把握截止时间以获取谈判的成果是谈判中一种绝妙的艺术。

截止时间是谈判的一个重要因素,它往往决定着谈判的战略。首先,谈判时间的长短,往往迫使谈判者决定选择克制性策略还是速决胜策略。同时,由于必须在一个规定的期限内作出决定,这给谈判者本身带来一定的压力。谈判中处于劣势的一方,通常在限期到来之前,对达成协议承担着较大的压力,通常必须在限期到来之前,在作出让步、达成协议、中止谈判或交易失败之间作出选择。一般来说,大多数谈判者想达成协议,为此,他们唯有作出让步了。

2)确定谈判的地点

商务谈判地点的选定一般有三种情况:一是在己方国家或公司所在地谈判;二是在对方所在国家或公司所在地谈判;三是在双方之外的国家或地点谈判。不同地点均有其各自的优点和缺点,需要谈判者充分利用地点的优势,克服地点的劣势,变不利为有利,变有利为促使谈判成功的因素。

(1)在己方地点谈判。对己方的有利因素。谈判者在家门口谈判,有较好的心理态势,自信心比较强;己方谈判者不需要耗费精力去适应新的地理环境、社会环境和人际关系,从而可以把精力更集中地用于谈判;可以选择己方较为熟悉的谈判场所进行谈判,按照自身的文化习惯和喜好布置谈判场所;作为东道主,可以通过安排谈判之余的活动来主动掌握谈判进程,并且从文化上、心理上对对方施加潜移默化的影响;"台上"人员与"台下"人员的沟通联系比较方便,谈判队伍可以非常便捷地随时与高层领导联络,获取所需资料和指示,谈判人员心理压力相对较小;谈判人员免去车马劳顿,以逸待劳,可以以饱满的精神和充沛的体力去参加谈判;可以节省去外地谈判的差旅费用和旅途时间,提高经济效益等。

对己方的不利因素。由于自身在公司所在地,不易于与公司工作彻底脱钩,经常会由于公司事务需要解决而干扰谈判人员,分散谈判人员的注意力;由于离高层领导近,联系方便,会产生依赖心理,一些问题不能自主决断而频繁地请示领导,也会造成失误和被动;己方作为东道主要负责安排谈判会场以及谈判中的各种事宜,要负责对客方人员的接待工作,安排宴请、游览等活动,所以己方负担比较重。

(2) 在对方地点谈判。对己方的有利因素。己方谈判人员远离家乡,可以全身心投入谈判,避免主场谈判时来自工作单位和家庭事务等方面的干扰;在高层领导规定的范围,更有利于发挥谈判人员的主观能动性,减少谈判人员的依赖性和频繁地请示领导;可以实地考察一下对方公司的产品情况,获取直接信息资料;己方省去了作为东道主所必须承担的招待宾客、布置场所、安排活动等事务。

对己方的不利因素。由于与公司本部相距遥远,某些信息的传递、资料的获取比较困难,某些重要问题也不能及时磋商;谈判人员对当地环境、气候、风俗、饮食等方面出现不适应,再加上旅途劳累、时差不适应等因素,会使谈判人员身体状况受到不利影响;在谈判场所的安排、谈判日程的安排等方面处于被动地位,己方也要防止对方过多安排旅游景点等活动而消磨谈判人员的精力和时间等。

(3) 在双方地点之外的第三地谈判。对双方的有利因素,由于在双方所在地之外的地点谈判,对双方来讲是平等的,不存在偏向,双方均无东道主优势,也无作客他乡的劣势,策略运用的条件相当。

对双方的不利因素。双方首先要为谈判地点的确定而谈判,地点的确定要使双方都满意也不是一件容易的事,在这方面要花费不少时间和精力。

第三地点谈判通常被相互关系不融洽、信任程度不高的谈判双方所选用。

(4) 在双方所在地交叉谈判。有些多轮谈判可以采用在双方所在地轮流交叉谈判的办法。这样的好处是对双方都是公平的,也可以各自考察对方的实际情况,各自都担当东道主和客人的角色,增进双方了解、融洽感情。

3. 确定商务谈判的议程

谈判议程就是关于谈判的主要议题、谈判的原则框架、议题的先后顺序、时间安排和通则议程及细则议程。谈判之初,一般应首先将谈判议程确定下来。谈判议程的商定,实质上也是谈判的内容,因为议程本身如何将会决定谈判者在以后的工作中是否有主动性,将会决定谈判的最终成果。

1) 确定谈判议题

谈判议题就是谈判双方提出和讨论的各种问题。确定谈判议题首先须明确己方要提出哪些问题,要讨论哪些问题。要把所有问题全盘进行比较和分析:哪些问题是主要议题,要列入重点讨论范围;哪些问题是非重点问题;哪些问题可以忽略。这些问题之间是什么关系,在逻辑上有什么联系。此外,还要预测对方会提出什么问题,哪些问题是己方必须认真对待、全力以赴去解决的;哪些问题可以根据情况作出让步;哪些问题可以不予讨论等。

2) 拟定通则议程和细则议程

(1) 通则议程。通则议程是谈判双方共同遵守使用的日程安排,一般要经过双方协商同意后方能正式生效。在通则议程中,通常应确定以下内容。

① 谈判总体时间及分段时间安排。
② 双方谈判讨论的中心议题,问题讨论的顺序。
③ 谈判中各种人员的安排。
④ 谈判地点及招待事宜。

（2）细则议程。细则议程是己方参加谈判的策略的具体安排,只供己方人员使用,具有保密性。其内容一般包括以下几个方面。

① 谈判中统一口径。比如发言的观点、文件资料的说明等,对谈判过程中可能出现的各种情况的对策安排。
② 己方发言的策略。何时提出问题？提什么问题？向何人提问？谁来提出问题？谁来补充？谁来回答对方问题？谁来反驳对方提问？什么情况下要求暂时停止谈判？
③ 谈判人员更换的预先安排。
④ 己方谈判时间的策略安排、谈判时间期限。

4. 制定商务谈判的策略

明确了谈判目标、谈判地点和时间,以及谈判的议程,接下来,就应在谈判计划书中制定相应的谈判策略。商务谈判策略是对谈判人员在商务谈判过程中,为实现特定的谈判目标而采取的一些措施,是各种方式、技巧、战术、手段及其组合运用的总称。有效的谈判策略融合一定的谈判技巧,是科学性、技巧性和创新性的总体反映。在制定谈判策略时,要知己知彼,对双方的优劣势做到心中有数,扬长避短。应该进行换位思考,站在对方的角度考虑己方的提议和方案是否合理。在制定谈判策略时,谈判者应注重满足双方利益的需要,制定双赢的谈判策略。

任务小结

本任务主要介绍了商务谈判的准备工作,包括谈判信息的收集、谈判人员的组织和谈判方案的拟定。

商务谈判信息包括环境信息、谈判对手信息、己方信息和市场行情,可通过实地考察、各种信息载体、各类专门会议、对与谈判对手有过业务交往的企业和人员的调查以及其他渠道收集谈判信息。

商务谈判人员应该具备良好的职业道德、健全的心理素质、谈判人员的能力素养、合理的学识结构和健康的身体素质;谈判团队的组织应该遵循知识互补、性格互补、分工明确的原则;谈判团队应该配备谈判队伍领导人、商务人员、技术人员、财务人员、法律人员和翻译等。

商务谈判方案的拟定包括确定谈判目标、确定谈判的时间和地点、确定谈判的议程和制定商务谈判的策略。

复习思考题

1. 谈判前的信息收集包括哪些内容？
2. 如何搜集谈判对手的信息资料？

3. 优秀的商务谈判人员应具备哪些素质？
4. 谈判方案的主要内容有哪些？
5. 简述商务谈判目标的三个层次及其特点。

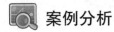
案例分析

案例 2-14　组合炉谈判

我国某冶金公司要从美国购买一套先进的组合炉，派一位高级工程师与美商谈判。为了不负使命，这位工程师做了充分的准备工作，他查找了大量有关冶炼组合炉的资料，花了很大的精力对国际市场上组合炉的行情及这家美国公司的历史和现状、经营情况等了解得一清二楚。谈判开始，美商一开口就要价150万美元。中方工程师列举了各国的成交价格，使美商目瞪口呆，终于以80万美元达成协议。当谈判购买冶炼自动设备时，美商报价230万美元，经过讨价还价压到130万美元，中方仍然不同意，坚持出价100万美元。美商表示不愿继续谈下去了，把合同往中方工程师面前一扔，说："我们已经做了这么大的让步，贵公司仍不能合作，看来你们没有诚意，这笔生意就算了，明天我们回国了。"中方工程师闻言轻轻一笑，把手一伸，做了一个优雅的"请"的动作。美商真的走了，冶金公司的其他人有些着急，甚至埋怨工程师不该抠得这么紧。工程师说："放心吧，他们会回来的。同样的设备，去年他们卖给法国只有95万美元，国际市场上这种设备的价格100万美元是正常的。"果然不出所料，一个星期后美商又回来继续谈判了。工程师向美商点明了他们与法国的成交价格，美商又愣住了，没有想到眼前这位中国商人如此精明，于是不敢再报虚价，只得说："现在物价上涨得厉害，比不了去年。"工程师说："每年物价上涨指数没有超过6％。一年时间，你们算算，该涨多少？"美商被问得哑口无言，在事实面前只好让步。最终双方以101万美元成交。

思考：
1. 中方在谈判中取得成功的原因有哪些？
2. 一个成功的商务谈判者应该注重搜集哪些信息？

实训项目

实训目的：
掌握谈判信息的搜集整理能力。

实训背景：
宁波牛奶集团是一家生产乳制品的地方知名企业。假设你的公司是一家生产包装材料的厂家。公司准备派你开发宁波市场，希望能成为宁波牛奶集团公司的供货商。你的公司并没有与该公司发生过业务关系，对该公司并不了解。宁波是你公司准备新开拓的市场，拿下这家集团公司的订单对你的公司意义重大。

假设你的生产成本是5000元/吨，市场平均价格是5700元/吨。

实训要求：
1. 以小组为单位，通过中国乳制品协会了解近几年乳制品行业的发展状况、行业的行规、惯例等，顺便查询该企业是否为该协会会员。如果是，尽可能查询更多的信息资料，如年产量、年产值等。

2. 通过近几年的《宁波市政府工作报告》及《浙江省统计年鉴》了解浙江省近几年的经济发展状况,特别是与乳制品生产相关的制造业数据。通过《浙江省统计年鉴》查询浙江省乳制品年产量、年产值等。

任务2.2 模拟谈判

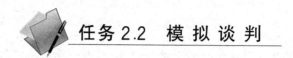

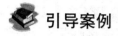

引导案例

案例2-15 模拟谈判带来的成功

美国一家生产成套设备的跨国公司生产了一种编号为"500"型的新设备,投放市场后,销售势头看好。其原因是,说明书上说明每小时的运转速度可以达到1300转,但很多客户在实际使用中大大超过了1300转,甚至达到了1800转,这样投入产出比大大地提高了,所以深受客户的欢迎。在超高速运转下,大多数设备情况良好,只有少数设备出现了故障。

负责技术设计的副总经理琼斯主张明确规定每小时运转速度不得超过1300转,否则一旦产品普遍发生故障,将对公司的声誉造成极坏的影响,当然也有损于(推出这种产品的)琼斯的事业和前途。负责销售的副总经理帕克认为,一旦明文规定每小时运转速度不得超过1300转,必然影响销售,不利于与同行其他产品的竞争,何况机器的故障报修率并没有达到不可容忍的程度。当然,这种明文规定也会有损帕克的销售事业。双方意见相左,相持不下。当时他们俩都受到总经理的青睐,谁的意见占上风,某种程度上决定将来谁来接替总经理。所以双方决定举行内部谈判。

为了达到谈判的目的,琼斯事先做了扎实的调查研究工作。不仅如此,他还举行模拟谈判,派人扮演帕克等对手,派人站在帕克的立场上提出并考虑种种设想,模拟对手作出可能的种种反驳。他特别冷静地思考和检查本方作出的设想和帕克可能作出的设想,加以探讨和辩论。通过模拟谈判,琼斯发现,在本方的设想中,至少有三个方面存在问题。

(1)琼斯设想销售经理帕克感兴趣的只是向手下灌输最蛊惑人心的销售神话,这是不符合事实的。

(2)琼斯发现,他对谈判的策划都建立在这种设备每小时运转速度超过1300转后一定会出问题之上,这也是不符合事实的。

(3)在模拟谈判前,琼斯一直认为,技术设计方面的一切专门知识,非自己负责的部门莫属。换句话说,帕克等人对技术一窍不通,这更成问题。

同时,琼斯通过模拟谈判,预计到帕克可能会说琼斯的技术设计部门对公司的销售业务的来龙去脉和存在的问题毫不关心、一无所知等。

在模拟谈判的基础上,肯定了可行的方案和策略,对有问题的地方做了必要的修改和补充。所以在后来举行的正式谈判中,局面基本上按照琼斯的预计发展,他一直主动地控制谈判的进程,占有绝对的优势。最后谈判通过了琼斯设想的方案,他赢得了圆满成功。

思考：

琼斯是如何组织模拟谈判的？此模拟谈判起到什么作用？

在现代企业的商务谈判中，特别是重大的、关系到企业根本利益的活动中，模拟谈判的地位日益受到重视。模拟谈判是指正式谈判开始以前，企业组织有关人员（既可以是谈判小组的成员，也可以是企业内部的其他人员）对本场谈判进行的预演或彩排。它的目的是通过模拟对手在既定场合下的种种表现和反应，从而来检查业已制定好的谈判方案在实施中可能产生的效果，以便及时进行修正和完善。模拟谈判是正式谈判前的"彩排"，是商务谈判准备工作的最后一项内容。

2.2.1 模拟谈判的作用

1. 提高应对困难的能力

模拟谈判可以使谈判者获得实际性的经验，提高应对各种困难的能力。很多成功谈判的实例和心理学研究成果都表明，正确的想象练习不仅能够提高谈判者的独立分析能力，而且在心理准备、心理承受、临场发挥等方面都很有益处。在模拟谈判中，谈判者可以一次又一次地扮演自己，甚至扮演对手，从而熟悉实际谈判中的各个环节。这对初次参加谈判的人来说尤为重要。

2. 检验谈判方案是否周密可行

谈判方案是在谈判小组负责人的主持下，由谈判小组成员具体制定的。它是对未来将要发生的正式谈判的预计，本身就不可能完全反映出正式谈判中出现的一些意外事情。同时，谈判人员受到知识、经验、思维方式、考虑问题的立场、角度等因素的局限，谈判方案的制定就难免会有不足之处和漏洞。事实上，谈判方案是否完善，只有在正式谈判中才能得到真正检验，但这毕竟是一种事后检验，往往发现问题为时已晚。模拟谈判是对实际正式谈判的模拟，与正式谈判比较接近。因此，能够较为全面严格地检验谈判方案是否切实可行，检查谈判方案存在的问题和不足，及时修正和调整谈判方案。

3. 锻炼谈判人员的实战能力

模拟谈判的对手是自己的人员，对自己的情况十分了解，这时站在对手的立场上提问题，有利于发现谈判方案中的错误，并且能预测对方可能从哪些方面提出问题，以便事先拟定出相应的对策。对于谈判人员来说，能有机会站在对方的立场上进行换位思考，是大有好处的。正如美国著名企业家维克多·金姆说的那样："任何成功的谈判，从一开始就必须站在对方的立场来看问题。"这样角色的扮演，不但能使谈判人员了解对方。也能使谈判人员了解自己，因为它给谈判人员提供了客观分析自我的机会，注意到一些容易忽视的失误。例如，在与外国人谈判时使用过多的本国俚语，缺乏涵养的面部表情，争辩的观点含混不清等。

2.2.2 模拟谈判的拟定假设

要使模拟谈判做到真正有效，还有赖于拟定正确的假设条件。

拟定假设是指根据某些既定的事实或常识，将某些事务承认为事实，不管这些事务现在及将来是否发生，都视其为事实进行推理。依照假设的内容，可以把假设条件分为三类，即对客观世界的假设、对谈判对手的假设和对己方的假设。

在谈判中,常常由于双方误解事实真相而浪费大量的时间,也许曲解事实的原因就在于一方或双方假设的错误。因此,谈判者必须牢记,自己所做的假设只是一种推测,如果把假设奉为必然去谈判,将是非常危险的。

拟定假设的关键在于提高假设的精确度,使之更接近事实。为此,在拟定假设条件时要注意以下四点。

(1) 让具有丰富谈判经验的人做假设,这些人身经百战,提出假设的可靠度高。

(2) 必须按照正确的逻辑思维进行推理,遵守思维的一般规律。

(3) 必须以事实为基准,所拟定的事实越多、越全面,假设的准确度就越高。

(4) 要正确区分事实与经验、事实与主观臆断,只有事实才是靠得住的。

2.2.3 模拟谈判的方法

1. 全景模拟法

全景模拟法是指在想象谈判全过程的前提下,企业有关人员扮成不同的角色所进行的实战性排练。这是最复杂、耗资最大但也往往是最有效的模拟谈判方法。这种方法一般适用于大型的、复杂的、关系到企业重大利益的谈判。在采用全景模拟谈判法时,应注意以下两点。

(1) 合理地想象谈判全过程。如谈判的气氛,对方可能提出的问题,己方的答复,双方的策略、技巧等问题。合理的想象有助于谈判的准备更充分、更准确。所以,这是全景模拟法的基础。

(2) 尽可能地扮演谈判中所有会出现的人物。这有两方面含义:一方面是指对谈判中可能会出现的人物都有所考虑,要指派合适的人员对这些人物的行为和作用加以模仿;另一方面是指主谈人员(或其他在谈判中准备起重要作用的人员)应该扮演一下谈判中的每一个角色。

2. 讨论会模拟法

讨论会模拟法类似于"头脑风暴法"。它分为以下两点。

(1) 企业组织参加谈判人员和一些其他相关人员召开讨论会,请他们根据自己的经验,对企业在本次谈判中谋求的利益、对方的基本目标、对方可能采取的策略、己方的对策等问题畅所欲言。不管这些观点、见解如何标新立异,都不会有人指责。有关人员只是真实地记录,再把会议情况上报领导,作为决策参考。

(2) 请人针对谈判中种种可能发生的情况、对方可能提出的问题等提出疑问,与谈判组成员一一加以解答。

3. 列表模拟法

列表模拟法是最简单的模拟方法,一般适用于小型、常规性的谈判。通过对应表格的形式在表格的一方列出己方经济、科技、人员、策略等方面的优缺点和对方的目标及策略;在另一方则相应罗列出己方针对这些问题在谈判中所应采取的措施。这种模拟方法的最大缺陷在于它实际上还是谈判人员的一种主观产物。

2.2.4 模拟谈判的总结

模拟谈判的目的在于总结经验,发现问题,提出对策,完善谈判方案。所以,在模拟谈判告一段落后,必须及时、认真地回顾在谈判中我方人员的表现,如对对手策略的反应机敏程度、团队协调配合程度等一系列问题,以便为真正的谈判奠定良好的基础。

模拟谈判的总结应包括以下内容。

(1) 对方的观点、风格、精神。
(2) 对方的反对意见及解决办法。
(3) 自己的有利条件及运用状况。
(4) 自己的不足及改进措施。
(5) 谈判所需情报资料是否完善。
(6) 双方各自的妥协条件及可共同接受的条件。
(7) 谈判破裂与否的界限等。

可见,只有通过总结,才能积累经验,吸取教训,完善谈判的准备工作。

任务小结

本任务主要介绍了模拟谈判的作用、拟定假设、方法和总结。

模拟谈判是指正式谈判开始之前,企业组织有关人员(既可以是谈判小组的成员,也可以是企业内部的其他人员)对本场谈判进行的预演或彩排,起到提高应付困难的能力、检验谈判方案是否周密可行和锻炼谈判人员的实战能力的作用。模拟谈判主要分为全景模拟法、讨论会模拟法和列表模拟法。

复习思考题

1. 模拟谈判的作用是什么?
2. 模拟谈判主要有哪些方法?

案例分析

案例 2-16　日内瓦会议前的谈判

1954年,我国派出代表团参加日内瓦会议。因为是新中国成立以来第一次与西方打交道,没有任何经验。在代表团出发前,进行反复的模拟练习。由代表团的同志为一方,其他人分别扮演西方各国的新闻记者和谈判人员,提出各种问题"刁难"代表团的同志。在这种对抗中,及时发现问题,及时予以解决。经过充分的准备,我国代表团在日内瓦会议期间的表现获得了国际社会的一致好评。

思考:
1. 我国在谈判前进行的反复模拟练习起到什么作用?
2. 如果你是该模拟谈判中的一员,你会提出哪些问题?

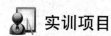 **实训项目**

实训目的：

掌握组织模拟谈判能力。

实训背景：

20世纪80年代，中国香港的丝绸市场长期以来是中国内地、日本、韩国、中国台湾和中国香港几大制造商的天下。然而中国内地生产的丝绸产品由于花色品种和质量等问题在香港的市场份额大幅度下降。企业的生存面临着极大的挑战。为改变这一不利状态，绍兴丝绸厂的范厂长决定开发新产品，拓展新市场，向欧美市场进军。在经过一番周密的市场调研后，绍兴丝绸厂根据消费者的喜好、习惯和品位及新的目标市场的特点和文化背景，开始小批量地生产各种不同花色、不同风格、不同图案的丝绸产品，力求满足不同层次、不同背景的人群需要。

在一个凉爽的秋天，一个叫爱德华·尼古拉的美国女商人来到了绍兴丝绸厂。范厂长在厂里的样品展览室接见了她。尼古拉仔细研究完展览室的样品后脸上露出了满意的神色。这时她突然转向范厂长并提出她打算预定其中的7种款式，她的报价是每码3.50美元。听到尼古拉的报价后，范厂长并没有对她的报价作出正面回答，而是报出了同类产品在意大利、法国和其他欧洲国家以及美国的价格，接着他报出了每码5.36美元的价格。听到这个价格，尼古拉大叫起来，每码5.36美元是中国香港的零售价格，如果她以此价格成交，她的老板一定不满意。范厂长信心十足地回答，这个价格的确是中国香港的零售价格，但是目前香港市场上没有这样的产品。事实上，这个价格是产品的成本价，因为工厂所进的丝绸价格是每码5美元，印染加工费是每码0.36美元。而同类产品在欧洲市场上可以卖到每码30美元。范厂长进一步强调，因为这是第一次与她做生意，建立友谊和关系是第一位的，因此他的报价是不赚钱的。

尼古拉再也沉不住气了，不断提高自己的报价，从4美元到4.2美元，再到4.3美元，最后提到4.6美元。范厂长只是微笑不语，最后他让尼古拉回去再考虑考虑，并说中国有一句俗话："买卖不成友谊在。"尼古拉没有多说什么，她钻进汽车离去了。三天后尼古拉发来电报，希望与范厂长再谈谈。

实训要求：

以4人为一组，其中两人作为卖方，另外两人作为买方。从谈判的第二阶段开始继续谈判，达成最终协议。

学习情境 三

商务谈判心理

学习目标

知识目标
1. 了解商务谈判心理的概念。
2. 理解商务谈判心理的意义和特点。
3. 熟悉商务谈判心理禁忌。
4. 了解商务谈判需要和动机的概念及类型。
5. 掌握商务谈判中发现谈判对手需要的方法。
6. 掌握商务谈判中激发和明确对手动机的方法。

能力目标
1. 能够在商务谈判中避免心理禁忌。
2. 能够针对谈判需要制定商务谈判策略。

素质目标
1. 在与人交流协商时养成良好的心理素质。
2. 在谈判过程中建立双赢理念。

任务 3.1　商务谈判心理概述

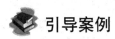
引导案例

案例 3-1　雕刻品的价格谈判

三家日本公司的老板同一天到江西省某工艺雕刻厂订货，其中一家资本较为雄厚的大商社要求原价包销该厂的工艺品。由此这家工艺雕刻厂与三家商社在价格上展开谈判。在这场谈判中，工艺雕刻厂首先查阅了日本市场的资料，明白了日本商社主要是因为本厂的木材质量上乘、技艺高超，制造出的产品质量高于别国产品质量而来订货的。于是该厂先不理那家大商社，而是先与小商社谈判，把产品与其他国家的产品做比较，在此基础上，该厂将产品当金条一样争价钱、论成色，使其价格达到理想的高度。工艺雕刻厂首先与小商社拍板成交，让那家大商社产生即将失去货源的危机感。对方不但更急于订货，而且想垄断货源，于是大批订货,以至于订货数量超过该厂现有生产能力的好几倍。

该厂利用产品质量优势争价格,先与小商社谈判,造成大商社的危机感,采用了"待价而沽"和"欲擒故纵"的谈判策略。另外,该厂积极抓住两家小商社求货心切的心理,使价格达到了理想的高度,之后又利用大商社的急切心理,为谈判成功赢得了筹码。

思考:

这则故事说明了什么?说一下你对谈判心理的认识。

人的心理影响人的行为。商务谈判心理对商务谈判行为有重要影响。认识和掌握商务谈判心理在商务谈判中的作用,对于培养良好的商务谈判心理,准确地运用商务谈判的心理技巧有着十分重要的意义。谈判是人们彼此交换思想的一种活动,而思想则是人们心理活动的反应和结果。人们在谈判桌上的提议,所发表的意见,所采取的策略和方针,乃至最后的决定,无一不是人们心理活动的结果。心理是人大脑的功能,心理能动地反映客观世界。谈判者的心理,既是谈判者个人心理素质的表露,又是谈判者在谈判过程中对于各种现象、条件的主观能动的反映。因此,要使谈判获得成功,就必须研究谈判者的谈判心理。研究和掌握谈判的心理,一方面有助于在谈判中把握对方的心理活动,从而占得主动和优势;另一方面有助于适时地调整和控制本方谈判人员的心理活动和心理状态,使之保持最佳的水平。

3.1.1 商务谈判心理的概念

心理是人脑对客观现实的主观能动的反映。人的心理活动一般有感觉、知觉、记忆、想象、思维、情绪、情感、意志、个性等。人的心理是复杂多样的,人们在不同的专业活动中,会产生各种与不同活动相联系的心理。

商务谈判心理是指在商务谈判活动中谈判者的各种心理活动。它是商务谈判者在谈判活动中对各种情况、条件等客观现实的主观能动的反映。譬如,当谈判人员在商务谈判中第一次与谈判对手会晤时,对手彬彬有礼、态度诚恳、易于沟通,就会对对方有好的印象,对谈判取得成功抱有希望和信心。反之,如果谈判对手态度狂妄、盛气凌人,难以友好相处,谈判人员就会对其留下坏印象,从而对谈判的顺利开展有顾虑。

3.1.2 商务谈判心理的意义

商务谈判既是商务问题的谈判,又是心理的较量。它不仅被实际商务条件所左右,也受到商务谈判心理的影响。在商务谈判中,运用谈判心理知识对谈判进行研究,分析"对手的言谈举止反映什么""其有何期望""如何恰当地诱导谈判对手"等,对成功地促进谈判很有必要。掌握商务谈判心理现象的特点,认识商务谈判心理发生、发展、变化的规律,对于商务谈判人员在商务谈判活动中养成优良的心理素质,保持良好的心态,正确判断谈判对手心理状态、行为动机,预测和引导谈判对手的谈判行为,有着十分重要的意义。

此外,商务谈判的虚虚实实、真真假假的心理策略对谈判的成果影响很大。对商务谈判心理的熟悉,有助于提高谈判人员谈判的艺术性,从而可以灵活有效地处理好各种复杂的谈判问题。研究和掌握商务谈判心理,对于商务谈判有以下几个方面的作用。

1. 有助于培养谈判人员良好的心理素质

谈判人员良好的心理素质是谈判取得成功的重要基础条件。谈判人员相信谈判成功的坚定信心,对谈判的诚意,在谈判中的耐心等都是保证谈判成功不可或缺的心理素质。良好的心理素质是谈判者抗御谈判心理挫折的条件和铺设谈判成功之路的基石。谈判人员加强自身心理素质的培养,可以提高谈判的心理适应能力。谈判人员对商务谈判心理有正确的认识,可以有意识地培养和提高自身优良的心理素质,摒弃不良的心理行为习惯,从而把自己造就成从事商务谈判方面的人才。商务谈判人员应具备的基本心理素质有以下几个方面。

1) 自信心

自信心就是相信自己的实力和能力。它是谈判者充分施展自身潜能的前提条件。缺乏自信往往是商务谈判遭受失败的主要原因。没有自信心,就难以勇敢地面对压力和挫折。面对艰辛曲折的谈判,只有具备必胜的信心,才能促使谈判者在艰难的条件下通过坚持不懈的努力走向胜利的彼岸。自信不是盲目的唯我独尊。自信是在充分准备、充分占有信息和对谈判双方实力科学分析的基础上对自己有信心,相信自己要求的合理性、所持立场的正确性及说服对手的可能性。这样才有惊人的胆魄,才能做到大方、潇洒、不畏艰难、百折不挠。

2) 耐心

商务谈判的状况各种各样,有时是非常艰难曲折的,商务谈判人员必须做好抗御挫折和打持久战的心理准备。因此,耐心及容忍力是必不可少的心理素质。耐心是谈判抗御压力的必备品质和谈判争取机遇的前提。在一场旷日持久的谈判较量中,谁缺乏耐心和耐力,谁就将失去在商务谈判中取胜的主动权。有了耐心可以调控自身的情绪,不被对手的情绪牵制和影响,使自己能始终理智地把握正确的谈判方向。有了耐心可以使自己能有效地注意倾听对方的诉说,观察了解对方的举止行为和各种表现,获取更多的信息。有了耐心有利于提高自身参加艰辛谈判的韧性和毅力。耐心也是对付意气用事的谈判对手的策略武器,它能收到以柔克刚的良好效果。此外,在僵局面前,也一定要有充分的耐心,以等待转机。谁有耐心,沉得住气,谁就可能在打破僵局后获取更多的利益。

3) 诚意

一般来讲,商务谈判是一种建设性的谈判,这种谈判需要双方都有诚意。具有诚意,不但是商务谈判应有的出发点,也是谈判人员应具备的心理素质。诚意是一种负责的精神、合作的意向,是诚恳的态度,是谈判双方合作的基础,也是影响、打动对手心理的策略武器。有了诚意,双方的谈判才有坚实的基础;才能真心实意地理解和谅解对方,并取得对方的信赖;才能求大同存小异取得和解和让步,促成上佳的合作。要做到有诚意,在具体的活动中,对于对方提出的问题,要及时答复;对方的做法有问题,要适时恰当地指出;自己的做法不妥,要勇于承认和纠正;不轻易许诺,承诺后要认真践诺。诚意能使谈判双方达到良好的心理沟通,保证谈判气氛的融洽稳定,能排除一些细枝末节的干扰,能使双方谈判人员的心理活动保持在较佳状态,建立良好的互信关系,提高谈判效率,使谈判向顺利的方向发展。

2. 有助于揣摩谈判对手心理,实施心理诱导

谈判人员对商务谈判心理有所认识,经过实践锻炼,可以通过观察分析谈判对手言谈举止,揣摩和弄清谈判对手的心理活动状态,如其个性、心理追求、心理动机、情绪状态等。谈判人员在谈判过程中,要仔细倾听对方的发言,观察其神态表情,留心其举止包括细微的动作,以了解谈判对手心理,了解其深藏于背后的实质意图和想法,识别其计谋或攻心术,防止掉入对手设置的谈判陷阱并正确作出自己的谈判决策。

人的心理与行为是相联系的,心理引导行为。而心理是可诱导的,通过对人的心理诱导,可引导人的行为。英国哲学家弗朗西斯·培根在其《谈判论》中指出:"与人谋事,则需知其习性,以引导之;明其目的,以劝诱之;谙其弱点,以威吓之;察其优势,以钳制之。"培根此言对于从事商务谈判至今仍有启发。了解谈判对手心理,可以针对对手不同的心理状况采用不同的策略。了解对方人员的谈判思维特点、对谈判问题的态度等,可以开展有针对性的谈判准备和采取相应的对策,把握谈判的主动权,使谈判向有利于我方的方向转化。比如,需要是人的兴趣产生和发展的基础,谈判人员可以观察对方在谈判中的兴趣表现,分析和了解其需要所在;相反,也可以根据对手的需要进行心理诱导,激发其对某一事物的兴趣,促成商务谈判的成功。

3. 有助于恰当地表达和掩饰我方心理

商务谈判必须进行沟通。了解商务谈判心理,有助于表达我方心理,可以有效地促进沟通。如果对方不清楚我方的心理要求或态度,必要时我方可以通过各种合适的途径和方式向对方表达,以有效地促使对方了解并重视我方的心理要求或态度。作为谈判另一方,谈判对手也会分析研究我方的心理状态。我方的心理状态往往蕴含着商务活动的重要信息,有的是不能轻易暴露给对方的。掩饰我方心理,就是要掩饰我方有必要掩饰的情绪、需要、动机、期望目标、行为倾向等。在很多时候,这些是我方在商务谈判中的核心机密,失去了这些秘密也就失去了主动。这些秘密如果为对方所知,就会成为助长对方滋生谈判诡计的温床。商务谈判的研究表明,不管是红白脸的运用、撤出谈判的胁迫、最后期限的通牒、拖延战术的采用等,都是与一方了解了另一方的某种重要信息为前提,与一方对另一方的心理态度有充分把握有关,因而对此不能掉以轻心。

为了不让谈判对手了解我方某些真实的心理状态、意图和想法,谈判人员可以根据自己对谈判心理的认识,在言谈举止、信息传播、谈判策略等方面施以调控,对自己的心理动机(或意图)、情绪状态等做适当的掩饰。如在谈判过程中被迫作出让步,不得不在某个已经决定的问题上撤回。为了掩饰对这个问题上让步的真实原因和心理意图,可以用类似"既然你在交货期方面有所宽限,我们可以在价格方面作出适当的调整"等的言辞加以掩饰。如我方面临着时间压力,为了掩饰我方重视交货时间的这一心理状态,可借助多个成员提出不同的要求,以扰乱对方的视线,或在议程安排上有意加以掩饰。

4. 有助于营造谈判氛围

研究和掌握商务谈判心理还有助于谈判人员处理与对方的交际与谈判,形成一种良好的交际和谈判氛围。为了使商务谈判能顺利地达到预期的目的,需要适当的谈判氛围的配合。适当的谈判氛围可以有效地影响谈判人员的情绪、态度,使谈判顺利推进。一个商务谈判的高手,也是营造谈判氛围的高手,会对不利的谈判气氛加以控制。对谈判气氛的调控往往根据双方谈判态度和采取的策略、方法而改变。一般来说,谈判者都应尽可能地营造出友好和谐的谈判气氛以促成双方的谈判。但适当的谈判氛围,并不一定都是温馨和谐的气氛。出于谈判利益和谈判情境的需要,必要时也会有意地制造紧张甚至不和谐的气氛,以对抗对方的胁迫,给对方施加压力,迫使对方作出让步。

3.1.3 商务谈判心理的特点

与其他的心理活动一样,商务谈判心理有其心理活动的特点以及规律性。一般来说,商务谈判心理具有内隐性、相对稳定性、个体差异性等特点。

1. 商务谈判心理的内隐性

商务谈判心理的内隐性是指商务谈判心理是藏之于脑、存之于心，别人是无法直接观察到的。但尽管如此，由于人的心理会影响人的行为，行为与心理有密切的联系，因此，人的心理可以反过来从其外显行为加以推测。例如，在商务谈判中，对方作为购买方对所购买的商品在价格、质量、售后服务等方面的谈判协议条件都感到满意，那么在双方的接触中，谈判对方会表现出温和、友好、礼貌赞赏的态度和行为举止；如果很不满意，则会表现出冷漠、粗暴、不友好、怀疑甚至挑衅的态度和行为举止。掌握其中的规律，就能较为充分地了解对方的心理状态。

2. 商务谈判心理的相对稳定性

商务谈判心理的相对稳定性是指人的某种商务谈判心理现象产生后往往具有一定的稳定性。例如，商务谈判人员的谈判能力会随着谈判经历的增多而有所提高，但在一段时间内却是相对稳定的。正是由于商务谈判心理具有相对稳定性，我们才可以通过观察分析去认识它，而且可以运用一定的心理方法和手段去改变它，使其有利于商务谈判的开展。

3. 商务谈判心理的个体差异性

商务谈判心理的个体差异性是指因谈判者个体的主客观情况的不同，谈判者个体之间的心理状态存在着一定的差异。商务谈判心理的个体差异性，要求人们在研究商务谈判心理时，既要注重探索商务谈判心理的共同特点和规律，又要注意把握不同个体心理的独特之处，以有效地为商务谈判服务。

案例 3-2　令人心怡的销售

有一天，一位女士从对面的福特汽车销售商行出来，走进了乔·吉拉德的汽车展销室。她说自己很想买一辆白色的福特车，就像她表姐开的那辆。但是福特车行的经销商让她过一个小时之后再去，所以她先到这里来瞧一瞧。"夫人，欢迎您来看我的车。"吉拉德微笑着说。女士兴奋地告诉他："今天是我 55 岁的生日，我想买一辆白色的福特车送给自己作为生日礼物。""夫人，祝您生日快乐！"吉拉德热情地祝贺道。随后，他轻声地向身边的助手交代了几句。

吉拉德领着这位夫人从一辆辆新车面前慢慢走过，边看边介绍。在来到一辆雪佛兰轿车前时，他说："夫人，您对白色情有独钟，瞧这辆双门式轿车，也是白色的。"就在这时，助手走了进来，把一束玫瑰花交给了吉拉德。他把这束漂亮的花送给夫人，再次对她的生日表示祝贺。那位夫人感动得热泪盈眶，非常激动地说："先生，太感谢您了，已经很久没有人给我送过礼物了。刚才那位福特车的经销商看到我开着一辆旧车，一定以为我买不起新车。所以在我提出要看一看车时，他就推辞说需要出去收一笔钱，我只好上您这儿来等他。现在想一想，也不一定非要买福特车不可。"后来，这位女士就在吉拉德那里买了一辆白色的雪佛兰轿车。

乔·吉拉德认为，卖汽车，人品重于商品。一个成功的汽车销售商，肯定有一颗尊重普通人的爱心，他的爱心体现在他的每一个细小的行为中。在本案例中，可以看到吉拉德注重每一个细节，对这位女士的服务细心周到，送玫瑰花也恰到好处，使这位女士从内心感动，营造了良好的谈判氛围,使这位女士放弃原来想买福特车的计划,转而买了吉拉德销售的雪佛兰轿车。这才是这次谈判成功的关键。

3.1.4 商务谈判心理禁忌

谈判是一项艰巨、复杂的脑力劳动。在这个过程中,谈判人员的心理状态对谈判的结局产生重要的影响。良好的心理素质是谈判取得成功的重要条件。商务谈判不是"对敌斗争",是寻求"合作",是谋求"双赢"。谈判双方由于利益上的相互依存和利益上的相互抗衡关系,使得谈判人员心理上要承受很大的压力。他们需要随时就某个谈判事项的具体典型特征和实质进展作出分析与判断。即使在谈判局势发生激烈变化,甚至在出现谈判僵局的情况下,也要控制自身的情绪与行为,以适当的语言和举止来说服和影响对方。商务谈判的禁忌是多方面的,下面将从两大方面分别阐述商务谈判的心理禁忌。

1. 一般谈判心理禁忌

1) 戒轻

在商务谈判中,有的谈判者轻易暴露所卖产品的真实价格,轻信对方的强硬态度,没有得到对方切实的交换条件就轻易作出让步,遇到障碍轻易放弃谈判。"轻"的弊病:一是"授人以柄",二是"示人以弱",三是"假人以痴",这些都是自置窘境的心理弊病。

2) 戒急

在商务谈判中,有的谈判者急于表明自己的最低要求,急于显示自己的实力,急于展示自己对市场、对技术、对产品的熟悉,急于显示自己的口才等。这些行为都很容易暴露自己,易陷于被动地位。

3) 戒俗

戒俗就是小市民作风。在商务谈判中,有的谈判者因对方有求于他就态度怠慢;有的谈判者因有求于对方就卑躬屈膝。这些行为可能会使谈判者既失去谈判的利益,又失去谈判者的尊严。

4) 戒狭

心理狭隘的人不适合介入谈判。在商务谈判中,有的谈判者把个人感情带入谈判中,或自己的喜怒哀乐受人感染;或脾气急躁,容易被激惹;或太在乎对方的言语、态度。这种谈判者一般都是"成事不足,败事有余"。

5) 戒弱

俗话说:"未被打死先被吓死就是弱。"在商务谈判中,有的谈判者过高地估计对手的实力,不敢与对方的老手正面交锋、据理力争;有的谈判者始终以低姿态面对对手,虚弱之态可掬,忠厚之状可欺。

2. 专业谈判心理禁忌

1) 忌缺乏信心

在激烈的商务谈判中,特别是同强者的谈判中,如果缺乏求胜的信心,是很难取得谈判成功的。"高度重视—充分准备—方法得当—坚持到底",这是取得谈判胜利的普遍法则。在谈判中,谈判各方为了实现自己的目标,都试图调整自己的心理状态,从气势上压倒对手。所以,成功的信念是谈判者从事谈判活动必备的心理要素,谈判者要相信自己的实力和优势,相信集体的智慧和力量,相信谈判方的合作意愿,具有说服对方的信心。自信心的获得是建立在充分调研的基础上,而不是盲目的自信,更不是固执自己错误的自信。

2)忌热情过度

严格来讲,谈判是一件非常严肃的事情,它是企业实现经济利益的常见业务活动。在进行商务谈判时,适度的热心和关怀会使对方乐意和你交往,但过分热情,就会暴露出你的缺点和愿望,给人以有求于他的感觉。这样就削弱了己方的谈判力,提高了对手的地位,本来比较容易解决的问题可能就要付出更大的代价。因此,对于谈判者而言,在商务谈判中应注意把握热情的"度"。如果己方实力较强,对于对方的提案,不要过于热心,只要表示稍感兴趣,就会增加谈判力量。相反,如果己方实力较弱,则应先缓和一下两者之间的冷漠感,同时表现出热情但不过度,感兴趣却不强求,不卑不亢,泰然处之,从而增加谈判力量。

3)忌举措失度

在商务谈判中,各种情形复杂多变,难以预料。当出现某些比较棘手的问题时,如果没有心理准备,不知所措,就会签订对自己利益损害大的协议,或者处理不当,不利于谈判的顺利进行。有为一点小事纠缠不清的,有故意寻衅找事的。此时,谈判当事人应保持清醒的头脑,沉着冷静,随机应变,分析其原因所在,找出问题的症结。如果是对方蛮不讲理,肆意制造事端,就毫不客气,以牙还牙,不让对方得逞,以免被对方的气势所压倒。在不同的谈判场合会遇上各种对手,碰到不同的情况,不知所措只会乱了自己,帮了对手。所以,谈判者一定要学会"临危而不乱,遇挫而不惊"。

案例 3-3 破裂的谈判

2011 年 3 月 24 日,百度文库与国内出版界代表为解决侵权而进行的正式谈判宣告破裂。会后,一位参与谈判的百度方代表向记者表示了"遗憾",并称百度为此次谈判作出了巨大努力,但版权方提出的条件过于"苛刻"。但在由磨铁图书总裁沈浩波、万榕书业总经理路金波、读客图书董事长华楠等组成的出版界谈判代表看来,百度公司并未体现出应有的诚意。"以儿戏待之",路金波在会后这样表示,双方在对于百度文库侵权的事实、逻辑、法律与解决之道等诸多关键点上存在不可弥合的差异,终致无功而返。例如,百度提出的解决方案是应用其开发的新技术系统清除文库中网友已经上传的侵权作品;版权方则认为这是对权利人的"绑架",应先赔偿已被侵权的版权费用,而后以"先审核、后使用"的原则运营百度文库。对此,双方无法达成一致。

根据出版界代表此前透露的打算,一旦谈判破裂,中国文字著作权协会将寻求更有社会影响力的人士来继续维权,并同时组织网络作家和律师组成维权团队。沈浩波则隔空向百度总裁李彦宏"喊话"。破裂结果传出后,百度公司公关在回复记者的邮件中重申百度的企业宗旨不会改变:"未来,百度仍然会坚持我们的理念,帮助人们便捷地获取信息,找到所求。"一位百度高层人士在接受记者采访时所说的话中透露出玄机:"我们只是与路金波、沈浩波谈崩了,他们并不能代表中国所有的作家和写作人,我们会与其他版权方保持良好的沟通与运作。"

4)忌失去耐心

耐心是在心理上战胜谈判对手的一种战术,它在商务谈判中表现为不急于求得谈判的结果,而是通过自己有意识的言论和行动,使对方知道合作的诚意与可能。谈判是一种耐力的竞赛和比拼,没有耐力素质的人不宜参与谈判。耐心是提高谈判效率、赢得谈判主动权的一种手段,让对方了解自己,又使自己详尽地了解对手。只有双方相互了解、彼此信任的谈判才能获得成功,所以,耐心是商务谈判过程中一个不可忽视的制胜因素。

案例 3-4　中美经贸谈判

中美经贸谈判要达成协议没那么简单和容易,需要彼此多一些诚意,多一分耐心。坐下来谈是好的开始,经贸领域存在的问题,需要双方坐下来就其中的症结进行仔细地分析和讨论。只有找到病因才能对症下药,否则就会出现"误诊"和误判,不但治不好病还会延误"病情"。由此,药下得越猛后果可能就越严重,这是双方都要认识到的问题。不听对方意见而预设立场,就会是各说各话、"对牛弹琴",不但无法扩大共识,还会加大矛盾和分歧,那样就背离了谈判磋商的初衷。但是,欲速则不达,双方的经贸问题不是一天形成的,寄希望于一两天谈判就把所有问题解决是不现实的。急躁不能解决问题,足够的诚意和耐心是达成共识的前提和基础。因此,我们要想足困难,做好打持久战的准备,守住底线和红线。当然,只要不突破底线、不踩红线,我们就可以灵活处置,以利益换利益,争取实现互利共赢。

5)忌掉以轻心

谈判永远不可以掉以轻心。谈判获胜前不能掉以轻心,获胜后更不能掉以轻心。否则,要么是功败垂成,要么是成而树敌。在商务谈判中,一方设置陷阱的情况经常发生,有些商家在提出条件时含而不露,故意掩盖事情的真相。如果谈判者不能及时发现问题,很容易被迷惑,为合同的履行埋下祸根。一旦情况发生了变化,对方以各种理由不执行协议,将导致谈判前功尽弃。

6)忌假设自缚

主观臆断是一般人的通病。作为谈判者就是要冒风险,突破过去经验,对臆测提出质疑,作些新的尝试。尽量先去试验一下自己的猜测是否正确,让自己走到经验之外,而不是固守着落伍的方式做事情。

任务小结

本任务主要介绍了商务谈判心理的概念、特点、意义和禁忌。

谈判心理不仅影响谈判者的行为活动,也直接关系到谈判协议的达成和合同的履行。谈判者在谈判桌上必须随时注意己方和谈判对手的心理变化,以便把握谈判的节奏,取得谈判的成功。正如一位谈判专家所言:谈判人员必须十分注意捕捉对方思维过程的蛛丝马迹,以便及时了解对方需求动机的线索;必须仔细倾听对方的发言,注意观察对方的每一个细微的动作。由此可见谈判心理研究的重要性。

复习思考题

1. 商务谈判心理的特点是什么?
2. 研究商务谈判心理的作用有哪些?
3. 简述商务谈判的心理禁忌有哪些?

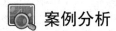 案例分析

案例3-5 一场斗智斗勇的较量

甲方：中国甲厂　　　　　　　　　　　　　　乙方：美国乙公司

中国甲厂因为扩大生产的需要，决定向美国乙公司购进6台卷簧机、4台测试仪、2台双面磨床设备，想借此提高自身的产品质量，打入美国市场。因为该笔订单较大，美方也非常想做成这笔生意。同年11月中旬，中国甲厂的徐厂长到美国乙公司进行考察，双方经过讨价还价，最后与乙公司谈定以520万美元价格购买6台卷簧机、4台测试仪、2台双面磨床设备，并相约年底由乙公司派代表到中国甲厂签订正式合同。

甲厂的徐厂长回国后，经过更为详细地调研和专家论证，认为花520万美元引进这12台设备价格有点偏高。但由于引进这套设备双方已经敲定意向性价格，估计难以变动。甲厂徐厂长决定在第二轮谈判中要从增加设备方面入手，以弥补可能的利益损失。

同年12月17日，美方乙公司的总经理史密斯先生和助手麦克尔如约来到甲厂，与徐厂长开始了紧张的第二轮谈判。徐厂长鉴于上次的教训，这次做了充足的准备工作，除了对国际市场行情做了更为充分地调研之外，还对乙公司和史密斯的情况和谈判特点做了相应地了解。谈判刚开始，经验丰富、老练精明的史密斯就吹响了决战的号角，气势逼人。他的目的就是速战速决，尽快签订合同，以保住前面的既得利益。徐厂长对此状况早有准备，他接过合同文本，并不急于翻看，而是把它放在一边，让史密斯先生意识到似乎马上签字是不太可能的。于是推磨式的谈判开始了，直到中午，史密斯终于让步了，他希望下午能够签字。

午饭后，徐厂长亮出了底牌，抛出了一系列新的条件。史密斯听后，拒绝签订合同，和他的助手两人便欲起身告辞。徐厂长及时展开心理战，谈判一直拖延到下午6点，双方仍未达成协议。关键是那两台总价值32万美元的双面磨床，史密斯无论如何也不愿作出让步。晚上8点，双方在客人下榻的饭店继续谈判，你来我往地争论，一直到次日凌晨3点，谈判仍然在僵局之中。次日早晨，史密斯让助手来敲徐厂长助手的房门，希望上午再谈一次。徐厂长听到这个消息，十分兴奋，这说明史密斯先生不愿意放弃这笔生意，谈判应坚持住自己的立场，寸步不让。在上午的谈判中，史密斯只答应增加1台双面磨床，但徐厂长仍坚持自己的立场，谈判仍然没有结果。午饭时，史密斯先生和麦克尔只是闷头喝酒，行李已搬到汽车上了。徐厂长与客人握手告别送他们上汽车。这时，徐厂长的助手心里十分紧张，悄悄拉了一下徐厂长的胳膊。因为他知道，如果不签这个合同项目，申请下来的拨款就不算数了。徐厂长表面仍然泰然自若，对客人微笑着说："再见！"

就在汽车引擎发动的那一瞬间，史密斯先生突然说："徐厂长，您如果能够上车送我们去机场，也许我们还可以再谈谈。"徐厂长不动声色地说："如果您真想谈，就请下车。去机场的时间还来得及。"史密斯经理无可奈何地下了车，不到2个小时，双方就在合同上按照徐厂长的要求签了字。

思考：

1. 中方徐厂长是如何在此次商务谈判中捕捉对方心理的？
2. 谈判人员的心理素质是如何在该谈判中表现出来的？谈判人员应该从该谈判中吸取哪些经验？

3. 根据谈判所提供的资料,如果你是谈判人员,你将从哪些方面进行改进?

实训项目

实训目的:

加深学生对商务谈判心理的认识并学会运用这些原则,使学生意识到商务谈判中心理活动对商务谈判的影响。

实训背景:

元旦快要到了,学校学生会准备组织一次大型文艺沙龙活动,活动费用大概 1.6 万元,校学生会准备邀请移动公司、联通公司、电信公司、发烧友音乐吧进行赞助。以宿舍为单位,分别扮演校学生会、移动公司、联通公司、电信公司、发烧友音乐吧进行谈判。在谈判中,双方侧重于面部表情、手势等肢体语言的运用。

实训要求:

1. 指导教师布置学生开展实训,以宿舍为单位进行分组,教师负责主持并担任谈判首席代表。
2. 实训组各选择一个角色进行讨论和设计方案。
3. 根据角色分工,抽签进行谈判。
4. 各实训组对本次实训进行总结和点评。

任务 3.2　商务谈判需要和动机

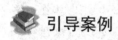

引导案例

案例 3-6　中国尊重东盟在 RCEP 谈判中的核心地位

商务部在 2019 年 7 月 4 日下午召开例行新闻发布会,新闻发言人高峰发布近期商务领域重点工作情况,并现场回答媒体提问。

2019 年 6 月 25 日至 7 月 3 日,《区域全面经济伙伴关系协定》(RCEP)第 26 轮谈判在墨尔本举行。各方在召开贸易谈判委员会全体会议的同时,举行了货物贸易、服务贸易、投资、原产地规则、贸易救济、金融、电信、知识产权、电子商务、法律与机制等相关工作组的会议,谈判取得了积极的进展。

下一步,RCEP 第 27 轮谈判将于 7 月 22 日至 7 月 31 日在中国河南省郑州市举行,并将于 8 月 2 日至 8 月 3 日在北京举行部长级会议。中方作为主办方,将继续尊重并支持东盟在 RCEP 谈判中的核心地位,积极发挥"促谈、促合、促成"的作用,推动会议取得积极成果,为年底结束谈判做好准备。

思考:

中国主办 RCEP,东盟各国参与谈判的需求是什么?

商务谈判需要引发动机,动机驱动行为。商务谈判需要是商务谈判行为的心理基础。

商务谈判人员必须抓住"需要—动机—行为"的这一联系对商务谈判活动进行分析,从而准确地把握商务谈判活动的脉搏。

3.2.1 商务谈判需要

商务谈判人员在商务谈判中存在着一定的商务谈判需要。需要是人们对客观事物的某种欲望,是活动的内在驱动力。不同的人有不同的需要。商务谈判需要是一种较为特殊的需要,它对商务谈判具有决定性的影响。因此,必须加以重视。

1. 商务谈判需要的含义

需要是人缺乏某种东西时产生的一种主观状态,是人对一定客观事物需求的反映,也是人的自然和社会的客观需求在人脑中的反映。客观需求可以是人体的生理需求,如一个人长时间在酷热的阳光下活动,出汗过多,体内水分失调,口干舌燥,就会通过神经传达到大脑,使人产生喝水的需要。客观需求也可以是外部的社会需求,一个从事某个方面专业活动的人,如果缺乏必备的专业知识,其活动就难以顺利开展。只有补充了必备的专业知识,他才能顺利地开展活动,这就是一种社会需求。这种社会需求一旦被这个人所接受,就会转化为对专业知识学习的需要。

需要有一定的事物对象,它或者表现为追求某事物、避开某事物意念,停止某活动而获得新的情境的意念,需要有周而复始的周期性。它随着社会的进步,一般由低级到高级,简单到复杂,物质到精神,单一到多样而不断地发展。有了以上的认识,就可以对商务谈判需要的含义作出概括。商务谈判需要就是商务谈判人员的谈判客观需求在其头脑的反映。

谈判人员作为社会的一个特定群体,其需要有其特殊之处。在许多场合,谈判人员不是代表个人,而是代表组织参加谈判,在寻求个人需要满足的同时,还要寻求群体或组织需要的满足。这样,谈判需要可以说是谈判人员个人需要与群体需要、组织需要的集合,而且在许多情况下,谈判人员所代表的群体需要、组织需要的满足应摆在优先的地位。作为一个组织的谈判代表,从职业道德来看,应当经过自己的努力,尽力实现群体需要、组织需要的满足,而不应寻求从对手那里满足不正当的个人私欲。

2. 马斯洛需要层次理论

人的需要是多种多样的,一般有自然性需要、社会性需要、物质性需要和精神性需要等。根据美国人本主义心理学家马斯洛需要层次论的观点,人有五个层次的需要。马斯洛认为,五种需要是高低之分,并按从低到高的次序逐级发展,每期都有一种需要占主导地位。

1) 生理需要

人都有以饮食满足饥渴、穿戴抵御寒冷、休息减除疲劳的最本能的生理需要,这也是人类为维持和发展生命所必需的最原始、最根本的需要。

2) 安全需要

安全需要就是人类希望保护自身的肉体和精神不受威胁,保证安全的欲望,是人降低生活不确定性,对安全稳定和秩序的心理需求。它表现为希望生命不受伤害、职业得到保障、健康得到维护、财产不受损失和免受不公正待遇等方面的需要。

3) 社交需要

社交需要是追求社会交往中人际关系的需要。它表现为两方面的内容:一个是爱的需要,也就是希望得到并给予友谊、关怀、忠诚和爱护,希望得到爱并给予别人爱;另一个是归属的需要,也就是人有一种要求归属于团体的愿望,希望成为其中的一员,得到关怀和照顾,增强力量感和信心。社交需要是一种较为细腻而微妙的需要,其具体的需要如何与人的个性、心理特性、经历、文化教养、生活习惯、宗教信仰等都有关系。

4) 尊重的需要

尊重的需要包括受人尊重和自尊两方面。受人尊重指人希望有地位、有威望,得到别人的好评、尊敬和信赖;自尊指人希望在各种不同的情境中,有胜任自身角色的能力,有自信心。

5) 自我实现的需要

自我实现的需要是最高层次的需要,它是指实现个人理想、抱负,发挥个人的能力到最大程度,完成与自己的能力相称的一切事情的需要。也就是说,人必须从事称职的工作,这样才会使他们感到最大的快乐。马斯洛提出,为满足自我实现需要所采取的途径是因人而异。自我实现的需要是在努力实现自己的潜力,使自己越来越成为自己所期望的人物。

3. 商务谈判需要的类型

商务谈判的物质性需要是资金、资产、物质资料等方面的需要,精神性需要是尊重、公正、成就感等方面的需要。与谈判对手进行谈判,应注意对方物质方面的需要,但同时也不能忽视对方对尊重、独立自主、平等方面的需要。与马斯洛需要层次论的需要类型相一致,商务谈判人员也有以下相应的需要。

商务谈判人员有较强的安全需要。出于信用安全的考虑,谈判人员通常乐意与老客户打交道;在与新客户打交道时往往会心存顾忌,对其主体资格、财产、资金、信誉等状况会较为关注。

谈判人员一般都有很强的尊重需要。谈判人员得不到应有的尊重往往会导致谈判破裂。有强烈尊重需要的人,当自尊心受到伤害而感觉到没面子时,在心理防卫机制的作用下,很可能会出现攻击性的敌意行为,或者是不愿意继续合作,这会给谈判带来很大的障碍。

此外,商务谈判人员也有社交、自我实现等方面的需要。值得注意的是,商务谈判需要不仅表现为谈判人员个人的需要,也表现为谈判主体群体或组织的需要。这是商务谈判需要表现得较为特殊的地方。例如,一个参加谈判的企业,也有其自身的高低层次的需要。为了企业的生存,企业必须维持起码的原材料、劳动力,这是最低层次的需要;企业也有安全保障,在交易活动中树立良好信誉与形象,赢得信任、尊重、好感,努力实现企业的愿景并赢得认可、赞誉等的需要。

4. 商务谈判需要的影响因素

人的需要引发人的行为动机,从而驱动人的行为。商务谈判人员在商务谈判中注重研究谈判对手的需要、动机心理,把握其行为的规律性,就会掌握谈判的主动权。通常,谈判者当前的主导需要、需要急切程度、需要满足的可替代性等因素,都影响着谈判者的行为。分析谈判者需要(特别是对手需要)时要考虑到这些因素,需根据其具体情况采取相应的谈判对策。

1) 主导需要因素

任何人或组织,在某一时期一般都会有某一种或几种需要是占主导地位的需要,即主导需要。在商务谈判中,要注意分析对手在不同时期、不同条件下存在的主导需要,据此采取灵活的反应和对策。

了解谈判对手的主导需要,可以根据其主导需要采取相应的策略,刺激其欲望,激发其动机,诱导其谈判心理。可据此设计报价或还价,使报价或还价在照顾我方利益的同时仍具有有效满足对方主导需要的吸引力、诱惑力,使对方始终保持谈判的热情和积极性。

了解谈判对手的主导需要,在必要的时候,可针对对方的需要采取适当的措施,使其需要得到一定的满足,促使谈判能有效地减少或排除障碍,适时地推进。例如,考虑到谈判对手的主导需要是交易上的安全需要。作为卖方可向买方显示产品的可靠性,作出有关销售和服务方面的承诺;作为买方要提供信用证明和采取适当措施确保贷款支付等信用的履行,想办法解除对手这方面的心理顾虑,取得他们的信任。

2) 需要急切程度因素

在了解了对方的需要之后,要进一步了解其需要的急切程度。一方的需要越迫切,就越想达成谈判协议。当某种需要对象对需要者来说非常有价值而急需得到时,需要者往往会不惜代价得到它。例如,谈判对方如果在短期内迫切需要原材料、货源或设备来组织生产经营,优先考虑的是能不能尽快地获得这些东西,特别关注的是供货状况、交货期,而不是价格的高低,甚至略高的价格也可以接受。低层次的物质性需要未得到满足的谈判者与此类需要已得到满足,并较注重高层次的精神需要的谈判者的行为表现相比,往往有很大的不同。"饥者不择食",人或组织在谈判中的行为也存在类似的情况。

3) 需要满足的可替代性因素

如果谈判一方只能选取一种需要对象(如谈判标的物)满足需要,同时受制于唯一的谈判对手,仅此一家,别无选择。需要满足的可替代性较弱,则成交的可能性就大。需要满足的可替代性较强,可以"货比三家",有较好的需要替代对象,与某一谈判方达成谈判协议的确定性就小。

5. 对方商务谈判需要的发现

所有谈判都是在人与人之间进行的。要了解对方在想什么,在谋求什么,就必须运用各种方法和技巧,去发现他的需要,即如何彼此沟通。精明老练的谈判家总是十分注意捕捉对方思想过程的蛛丝马迹,以追踪揭示对方动机的线索。

(1) 适时提问。获得信息的一种手段就是提问。提问是表达思想的窗口,在适当的场合可以向对方提问。例如,你希望通过这次谈判得到什么,你期待的是什么,你想要达到什么目的等问题。通过这种直截了当的试探,除了能得到信息,还能发现对方的需要,知道对方追求的是什么,并能以此来主导以后的谈判。在谈判中适当地进行提问,是发现对方需要的一种手段。但在提问中应该注意三点,即提出什么问题,如何表达问题,何时提出问题。此外,对方对这些问题有什么反应,也是一个重要的考虑因素。

(2) 恰当叙述。恰当的叙述不仅能控制谈判的进展,而且能把己方想让对方知道的信息传递出去。不管怎样叙述,都要力求完全控制情绪。当然,不必忌讳有感情因素的叙述,但目的是有力地推动谈判,而不是中断谈判。美国谈判专家马基雅弗利有一句忠告:"以我所见。一个老谋深算的人应该对任何人都不说威胁之词,威胁会使他更加谨慎,辱骂会使他更加恨你,并使他更加耿耿于怀地设法伤害你。"

正确的叙述,选词、造句和文法上都要十分讲究。要在言出之前,再三思考,每句话都要深思熟虑，审慎斟酌，千万不能信口开河。叙述之前要知己知彼，叙述时要明了概括、措辞得当。

（3）悉心聆听。悉心聆听对方所说的每个字，注意他的措辞和表达方式，以及他的语气、声调。所有这些都能提供线索，可以让人发现对方隐蔽的需要。"听其言而观其行"。这是分析对方、了解对方、洞察对方心理活动的好方法。一个善于听和乐于听的富有经验的谈判老手，也一定是能全面了解情况、驾驭谈判形势的人。有时可以根据对方怎么说，而不是根据他说什么，去发现对方态度的变化。假定谈判一直顺利进行，气氛融洽，大家都相互直呼其名，却突然变为以姓氏相称，这可能是气氛转为紧张的兆头，甚至意味着僵局的开始。

（4）注意观察。为了了解对方的意愿和需要，不仅要注意聆听对方的言辞，而且要注意观察对方的举止。例如，在一次气氛友好的会谈中，如果突然有人往椅背上一靠，粗鲁地叉起双臂，你马上会意识到麻烦发生了。举止非常重要，它传达着许多微妙的意思，有种种心理上的含义和暗示。要注意观察对方的举止，从中发现其思路，掌握谈判的脉络。

"举止"一词就其广泛的意义而言，不只是指一般的身体动作，咳嗽、面部表情、手势、眨眼等，也能提供无言的信息。从面部表情上看，脸红、肌肉绷紧、烦躁不安、过分专注、强笑、冷笑，或者只是默默地凝视，所有这些都反映出一个人的情绪紧张。当然，有时也会碰到那种毫无表情的"扑克面孔"。这种极其缺乏表情的神态表明，此人一点儿也不愿意让别人知道他的感情。然而尽管有这张假面具，我们还是可以千方百计地觉察到他的意图。

眨眼是一种使眼膜湿润排除落入眼内的细小灰尘的保护性反应。然而研究表明，人们在发怒或激动的时候，眨眼的频率就会提高。正常的眨眼几乎不为人所觉察，但在其成为一种特别的举动时，频繁而又急速的眨眼就会引起人们的注意。这种反常的举止总是和内疚或恐惧的情感有关，常被用作一种掩饰的手段。

手势可以有意识地代替语言，特别是在不允许用语言表达或语言本身不能表达的时候，更是如此。例如，律师想在陪审团面前表示对法官的异议，士兵想对顶头上司表明自己有不同的意见都可以通过手势。但是，手势的表达有时过于外露。其泄露的内容也许会超出你本身想要表达的意思。警察们声称，他们能在聚会中根据大家的手势对某人流露出来的极度尊敬，找出这伙人的首领。

咳嗽常常也有其含义。有时它是紧张不安的表现，谈判人员借此稳定情绪，以使自己能继续讲下去。有时，它被用来掩饰谎话。有时，倘若有人自吹自擂、狂妄自负，听的人会以此来表示怀疑或惊讶。

总之，老练的谈判家始终不会让对方逃过自己的眼睛和耳朵。如果你在谈判中充分注意对方的姿势和举动带来的信息，你在谈判中获得成功的可能性就越大。需要理论犹如一条主线，贯穿于一切谈判中。只有善于发现需要、利用需要，才能成为一名老练的谈判者。

6. 针对谈判需要制定商务谈判策略

美国谈判学会会长尼尔伦伯格指出，要善于利用人类的需要来进行成功的谈判。他把谈判者的基本需要理论用于实际，归纳出六种类型的谈判策略或方法。按照使谈判成功的控制力量的大小排列这六种策略。

（1）谈判者顺从对方的需要。谈判者在谈判中站在对方的立场上，设身处地替对方着想，从而使谈判成功。这种方法最易促使谈判成功。需要的层次越高，谈判成功的难度就越大，谈判者对谈判能否成功的控制力也越小。

(2) 谈判者使对方服从其自身的需要。这种类型策略的谈判，双方都得到利益，每一方都是胜者。例如，商店营业员普遍对顾客使用这种策略，采取各种办法满足顾客需要，从而更好地推销商品。

(3) 谈判者同时服从对方和自己的需要。这是指谈判双方从彼此共同利益出发，为满足双方的共同需要进行谈判，采取符合双方需要与共同利益的策略。这种策略在商务谈判中被普遍用于建立各种联盟，共同控制生产或流通。例如，美国四家企业为了确保其电气设备的高额利益，缔结秘密协议，固定产品价格，操纵市场，控制竞争，即属于此类。又如，甲乙双方的贸易谈判，甲方要求将交货日期、品质、数量、规格、价值写入合同中，而乙方则要求合同签订后交付20%的预订金等。尽管双方曾进行过多次贸易，但双方这样做都是出于安全和保障的需要。

案例3-7 多方共赢的谈判

国家医疗保障局与人力资源社会和保障部印发《关于将2019年谈判药品纳入〈国家基本医疗保险、工伤保险和生育保险药品目录〉乙类范围的通知》，公布谈判药品准入结果。国家医疗保障局医药服务管理司司长熊先军指出，本次谈判共涉及150个药品，包括119个新增谈判药品和31个续约谈判药品。119个新增谈判药品谈成70个，价格平均下降60.7%。经过本轮调整，2019年《国家基本医疗保险、工伤保险和生育保险药品目录》共收录药品2709个，与2017年版相比，调入药品218个，调出药品154个，净增64个。

"本次谈判是我国建立医保制度以来规模最大的一次。"熊先军介绍说，此次谈判坚持基本的功能定位，坚持公开、公平、公正的专家评审制，按照"尽力而为、量力而行"的要求，确立了"突出重点、补齐短板、优化结构、鼓励创新"的调整思路。在确保基金可承受的前提下，充分发挥国家医疗保障局统筹管理城乡医保的体制优势、政策优势、市场优势，与相关企业进行谈判并达成了协议。为了确保本次谈判工作的科学性和可操作性，国家医疗保障局还专门成立了医保药品谈判工作组。工作组成员之一、吉林省社会医疗保险管理局副局长刘宏亮坦言，在谈判过程中，既要考虑群众期待和基金承受能力，又要考虑药品企业生存利益和研发成本，每一分钱都是争取的焦点。

专家普遍认为，谈判结果落地后，意味着2019年国家医保药品目录调整工作全面完成。此举不仅有利于减轻广大参保人员药品费用负担，而且有利于提升医保资金的使用效益和医保制度的公平性。同时，还能促进我国医药产业创新发展，实现了"多方共赢"。

(4) 谈判者违背自己的需要。这是指谈判者为了争取长远利益的需要，抛弃某些眼前利益或无关紧要的利益和需要而采取的一种谈判策略。谈判者为了达到某种目的而不惜损害自己的需要，这并不是一种非理性行为，而是出于深思熟虑的实现预期目标的有效谈判手段。例如，某些商业企业有意识地违背自身收入增长的需要，采取薄利多销的经营手段吸引顾客，扩大影响，从而为自己争取长期的更大利益做准备。

(5) 谈判者损害对方的需要。这是指谈判者只顾自己的需要和利益，不顾他人的需要和利益，尔虞我诈、你死我活的一种谈判策略。在谈判中采用这种策略的一方往往处于强者的主动地位，但更多的结果是导致谈判破裂。

(6) 谈判者同时损害对方和自己的需要。这是谈判者为了达到某种特殊的目的，抛弃谈判双方利益需要的办法，这也是一种双方"自杀"的办法。例如，商品交易中，竞争双方展开价格战,都甘愿冒破产的危险,竞相压低价格,以求打败对手,此类场合采取的就是这种策略。

上述六种策略都显示了谈判者如何满足自己的需要。从第(1)种到第(6)种,谈判的控制力量逐渐减弱,谈判中的危机逐渐加重。

3.2.2 商务谈判动机

动机是促使人去满足需要的行为的驱动力,或者说是推动一个人进行活动的内部原动力。它是引起和维持一个人的活动并将活动导向某一目标,以满足个体某种需要的念头、愿望、理想等。

1. 谈判动机的含义

商务谈判动机是促使谈判人员去满足需要的谈判行为的驱动力。动机的产生决定于两个因素:内在因素和外在因素。内在因素是指需要,即因个体对某些东西的缺乏而引起的内部紧张状态和不舒服感,需要产生欲望和驱动力,引起活动。外在因素包括个体之外的各种刺激,即物质环境因素的刺激和社会环境因素的刺激。如商品的外观造型,幽雅的环境,对话者的言语、神态表情等对人的刺激。

动机与需要既相互联系,又有区别。需要是人的行为的基础和根源,动机是推动人们活动的直接原因。当人的需要具有某种特定目标时,需要才能转化为动机。一般来说,当人产生某种需要而又未得到满足时,会产生一种紧张不安的心理状态,在遇到能够满足需要的目标时,紧张的心理状态就会转化为动机,推动人们去从事某种活动,向目标前进。当人达到目标时,紧张的心理状态就会消除,需要也得到满足。动机的表现形式是多种多样的,可以表现为意图、信念、理想等形式。需要是谈判的心理基础。没有需要就没有谈判,需要是谈判的原动力。

2. 商务谈判动机的类型

动机有生理性动机、社会性动机等种类。商务谈判的具体动机类型有以下四种。

(1) 经济型动机。此类动机是指谈判者对成交价格等经济因素很敏感,十分看重经济利益,谈判行为主要受经济利益所驱使。

(2) 冲动型动机。此类动机是指谈判者在谈判决策上表现出冲动,谈判决策行为受情感等刺激所诱发。

(3) 疑虑型动机。此类动机是指谈判者的谈判行为受疑心和忧虑的影响,由此引发的谨小慎微的谈判行为。

(4) 冒险型动机。此类动机是指谈判者喜欢冒险去追求较为完美的谈判成果而形成的谈判动机。

3. 商务谈判动机的激发

在谈判中为了增加自己一方的谈判力,或者为了削弱对方的谈判力,人们可以使用各种方法来激发对方的愿望。其中最常用的方法有诱导谈判对手或对手的支持者,向对方展示所提供方案的诱人之处,获取第三方对所提供的具有诱惑力的方案的支持,限定获得所提供好处的时间。

(1) 诱导谈判对手或对手的支持者。诱导对方或对方的支持者的目的是通过给对方一些诱人的条件或利益等好处来引起对方的注意、激发对方的兴趣,并借此来说服对方与自己就感兴趣的内容进行谈判。例如,在商品促销活动中,商家常用的诱导消费者的方式有降价、打折、买一送一等。精明的促销者总能想出各种办法来吸引潜在消费者的注意并激发他们的兴趣。

(2) 向对方展示所提供方案的诱人之处。通过向对方展示自己的方案的诱人之处或"卖点",使对方知道并相信自己所提供的方案的确具有吸引力。这一步是第一步的继续,可以借此说服对方接受自己的方案并最终达到目的。

(3) 获取第三方对所提供的具有诱惑力的方案的支持。当有第三方表示支持自己的方案时,第三方的支持会提高自己的信用度,并可通过他的榜样带动其他人效仿。人们一般更信任自己的朋友、同事以及所熟悉的人,或者即便是陌生人但如果他们属于同一群体也会产生信任感。广告中经常使用的说服技巧即用消费者现身说法,从消费者的角度说明某种产品的好处。一些制药商用患者本人的例子说明某种药物的疗效,患者服用该药后效果如何显著,以此来说服其他病人,这些都是第三方支持的例证。公众人物,如著名的歌星、演员、运动员等都扮演过第三方的角色。

(4) 限定获得所提供好处的时间。"过了这村儿就没这店儿",这句俗语提醒人们好处不可能一直存在。商务谈判人员也应该让对方知道自己所提供的好处不是永远存在的,是有时间限制的,人们必须在规定的时间内与提供利益的一方谈判,否则将过期作废。时间限定或最后期限好似一个助推器,可以起到督促人们立刻采取行动的作用。因为如果没有时间限定,人们等待观望的态度最终会使他们的热情消失殆尽。精明的商家往往在促销价格提示的后面加上日期限定,因为消费者的热情一般是即时的和短期的,随着时间的推移,看到诱人条件时所产生的冲动也会消逝。一般来说,时间越短,效果越好。

4. 明确对方谈判动机的方法

在商务谈判过程中,判断对方的动机应该"处事识为先而后断之",尽量避免臆测。臆测指在某一客观条件下,人的主观猜想、揣测。人们做任何事情,往往喜欢臆测,把臆测当作事实,形成主观断想,"情况不明决心大,知识不多办法多",只见树木不见森林,往往得出的结论与实际情况不相符而带来谈判损失。知觉是感觉的复合,知觉是来源的第一印象,即谈判双方第一次见面给对方留下的看法,第一印象对谈判的结果产生着巨大的影响。知觉的特点:谈判者对谈判对手提供的各种信息会根据个人经验、身份、地位等需要进行取舍。例如,技术专家往往注意设备的性能和质量,由于谈判双方因初次相见会有思路上的差异,经过双方的接触由不适应到逐步适应,对谈判会产生错误的感受,如先入为主、晕轮效应。

洞察力在心理学上作为观察力、注意力来研究。知天知地胜乃无穷。兵书上料敌中的分析推断方法:"以己度敌,反观而求,平衡推导,观往验收,察迹映物,投石问路,顺藤摸瓜,按脉诊痛。"良好的观察力有以下基本特征:观察的客观性,不能以假当真,以偏概全,否则就会作出错误的判断;观察的敏锐性,要迅速抓住那些反映事物的本质,而又不易察觉的现象;观察的准确性,观察事物要全神贯注,深入细致,追本求源;观察的全面性,既要看到正面,又要看到反面,既要看到现状,又要看到历史,不能盲人摸象;观察的反复性,事物是运动发展变化的,观察要经过反复多次才能完成,如竺可桢的"物候学",观察牵牛花破晓开放,大雁秋去春来,得出生物活动的节律性与时间季节相关。

谈判不仅是语言的交流,同时也是行为的交流。谈判进入交锋阶段,除了听和说的表达方式之外,还会通过各种行为表达内心的思想。因此,谈判不仅需要语言技巧,而且需要非语言技巧,即通过察言观色来揣摸对方。不过,人的内心活动及外在表现是相当复杂的,特别是各种习惯性动作和姿态的含义往往会因人而异。你可以仔细观察对方的举止言谈,捕捉其内心活动的蛛丝马迹;也可以揣摸对方的姿态神情,探索引发这类行为的心理因素。运用这种方法,不仅可以判断对方的思想,决定己方对策,同时可以有意识地运用行为语言传达信息,促使谈判朝着有利于己方的方向发展。俗话说:"内有所思,外有所表。"在谈判过程中,对方有时陷入思考状态,只要仔细观察,就可以通过外在特征,看出对方的内心活动。

案例 3-8 中国古代的观人术

问之以言,以观其详。即向对方多谈问题,从中观察对方知道多少。现代社会中的招聘面试就是采用这种方法,可知其真情,探其内心。

穷之以辞,以观其变。即不断盘问,越问越深,越问越广,观察对方的反应如何。虚言以对的人,眼珠会滴溜乱转,前言不搭后语,自相矛盾。

与之间谍,以观其诚。暗中派间谍引诱,看其是否忠或仁。

明白显问,以观其德。即坦率地说出秘密,借以观察人的品德。听到秘密就转告第三者的人是不宜深交的,能保守秘密的人也是一个重视责任与荣誉的人。

使之以财,以观其廉。贪财占便宜,财物金钱不清白的人不可委以重用。

试之以色,以观其贞。

告之以难,以观其勇。分配给他困难的工作,借以观察他的胆识、勇气。

醉之以酒,以观其态。酒后吐真言。

将对手参谈人员进行分析也非常重要,尽可能详细地了解对方参加谈判人员的个人情况。比如了解对方的性格、爱好和专长,掌握他们的职业经历以及处理问题的风格方式等。

 任务小结

本任务主要介绍了商务谈判需要的含义、类型、影响因素,针对谈判需要制定谈判策略,商务谈判动机的含义、类型、激发和明确对方谈判动机的方法。

商务谈判需要引发动机,动机驱动行为。商务谈判需要是商务谈判行为的心理基础。动机是促使人去满足需要行为的驱动力。或者说是推动一个人进行活动的内部原动力,它引起和维持一个人的活动,并将活动导向某一目标,以满足个体某种需要的念头、愿望和理想等。商务谈判人员必须抓住"需要—动机—行为"的这一联系去对商务谈判活动进行分析,从而准确地把握商务谈判活动的脉搏。

复习思考题

1. 商务谈判需要的影响因素是什么?
2. 简述针对谈判需要制定商务谈判的策略。
3. 激发商务谈判动机的方法有哪些?

案例分析

案例 3-9　谈判识为先

在某次交易会上,我方外贸部门与一客商洽谈出口业务。在第一轮谈判中,客商采取各种招数来摸我方外贸部门的底,罗列过去行情,故意压低购货的价格。我方立即中止谈判,搜集相关的信息,了解到日本一家占据全球较大市场份额的同类产品供应商因发生重大事故处在停产状态,也了解到该产品可能有新的重要用途。我方外贸部门经过对这些信息仔细分析之后,明确了对方的需求和动机,继续开始谈判。我方根据掌握的信息,告诉对方:我方的货源不多,产品的需求很大,日本厂商不能供货。对方立刻意识到我方对这场交易背景的了解程度,甘拜下风。在经过简短交涉之后,接受了我方的价格,购买了大量该产品。

思考:
中方外贸部门是如何在此次商务谈判中认识对方谈判动机的?

实训项目

实训目的:
使学生充分认识商务谈判,分析对方需求和动机的重要性。

实训背景:
将案例 3-9 作为背景材料。

实训要求:
1. 指导教师布置学生开展实训,4 人一组进行分组。
2. 各小组以案例 3-9 作为背景材料,讨论如果自己是外贸部门的谈判人员,将从哪些方面进行改进。
3. 各实训组对本次实训进行总结和点评。

学习情境 四

商务谈判沟通

 学习目标

知识目标

1. 理解商务谈判语言的重要作用、类别和运用策略。
2. 掌握商务谈判语言沟通中的倾听、陈述、提问、回答、拒绝、说服的六大技巧。
3. 掌握商务谈判非语言沟通的作用、特点、形式与技巧。

能力目标

1. 能根据商务谈判目标和环境，合理运用语言沟通的六大技巧。
2. 能够合理运用各类非语言沟通技巧。

素质目标

1. 在商务谈判沟通中能够关注对方，通过语言、非语言途径获取对方的真实意图。
2. 有意识地控制自己的语言、动作、神态，做好谈判中的自我管理。
3. 能够运用语言、非语言沟通技巧，在谈判沟通中做到准确传递信息、表达思想、沟通情感。

 任务 4.1　商务谈判语言

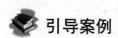 **引导案例**

案例 4-1　松下先生在寒暄中失去先机

日本松下电器公司创始人松下幸之助先生刚"出道"时，曾被对手以寒暄的形式探测了自己的底细，因而使自己产品的销售大受损失。

当他第一次到东京，找批发商谈判时，刚一见面，批发商就友善地对他寒暄说："我们第一次打交道吧？以前我好像没见过你。"批发商想用寒暄托词，来探测对手究竟是生意场上的老手还是新手。松下先生缺乏经验，恭敬地回答："我是第一次来东京，什么都不懂，请多关照。"正是这番极为平常的寒暄答复却使批发商获得了重要的信息：对方原来只是个新手。批发商问："你打算以什么价格卖出你的产品？"松下先生又如实地告知对方："我的产品每件成本是 20 元，我准备卖 25 元。"

批发商了解到松下先生在东京人地两生,又暴露出急于要为产品打开销路的愿望。因此趁机杀价:"你首次来东京做生意,刚开张应该卖得更便宜些。每件20元,如何?"结果没有经验的松下先生在这次交易中吃了亏。

思考:

在松下先生这次吃亏的经历中,你有什么感悟?请思考一下语言沟通在商务谈判活动中有哪些作用?

商务谈判的过程是谈判者的语言交流过程,语言在商务谈判中犹如桥梁,占有重要的地位,它往往决定了谈判的成败。因而在商务谈判中如何恰如其分地运用语言技巧谋求谈判的成功,是商务谈判者必须考虑的问题。

4.1.1 语言技巧在商务谈判中的地位和作用

美国企业管理学家哈里·西蒙曾说:"成功的人都是出色的语言表达者。"商务谈判的过程是谈判双方运用各种语言进行洽谈的过程。在这个过程中,商务谈判对抗的基本特征,如行动导致反行动、双方策略的互含性等都通过谈判语言集中反映出来。因此,语言技巧的效用往往决定着双方的关系状态,决定谈判的成功与否。其地位和作用主要表现在以下几个方面。

1. 语言技巧是商务谈判成功的必要条件

在商务谈判中,同样一个问题,恰当地运用语言技巧可以使对方听起来饶有兴趣,而且乐于合作;否则可能让对方觉得是陈词滥调,产生反感情绪,甚至导致谈判破裂。面对冷漠的或不合作的强硬对手,通过超群的语言及艺术处理,能使其转变态度,这无疑是商务谈判的成功迈出了关键一步。因此,成功的商务谈判有赖于成功的语言技巧。

2. 语言技巧是处理谈判双方人际关系的关键环节

商务谈判对抗的行动导致反行动这一特征,决定了谈判双方的语言对彼此的心理影响及其对这种影响所作出的反应。在商务谈判中,双方人际关系的变化主要通过语言交流来体现,双方各自的语言都表现了自己的愿望、要求。当这些愿望和要求趋向一致时,就可以维持并发展双方良好的人际关系,进而达到皆大欢喜的结果;反之,可能解体这种人际关系,严重时导致双方关系的破裂,从而使谈判失败。因此,语言技巧决定了谈判双方关系的建立、巩固、发展、改善和调整,从而决定了双方对待谈判的基本态度。

3. 语言技巧是阐述己方观点的有效工具,也是实施谈判技巧的重要形式

在商务谈判过程中,谈判双方要把己方的判断、推理、论证的思维成果准确无误地表达出来,就必须出色地运用语言技巧这个工具。同样,要想使自己实施的谈判策略获得成功,也要出色地运用语言技巧。

4.1.2 商务谈判语言的类别

商务谈判语言各种各样,从不同的角度,可以分出不同的语言类型。

1. 按语言的表达方式分类

按语言的表达方式分为有声语言和无声语言。

（1）有声语言是指通过人的发音器官来表达的语言，一般理解为口头语言。这种语言借助于人的听觉交流思想、传递信息。

（2）无声语言是指通过人的形体、姿势等非发音器官来表达的语言，一般解释为行为语言。这种语言借助于人的视觉传递信息和态度。

在商务谈判过程中巧妙地运用这两种语言，可以产生珠联璧合、相辅相成的效果。

2. 按语言表达特征分类

按语言表达特征分为专业语言、法律语言、外交语言、文学语言、军事语言。

（1）专业语言。专业语言是指有关商务谈判业务内容的一些术语，不同的谈判业务有不同的专业语言。例如，产品购销谈判中有供求市场价格、品质、包装、装运、保险等专业术语；在工程建筑谈判中有造价、工期、开工、竣工、交付使用等专业术语。这些专业语言具有简单明了、针对性强等特征。

（2）法律语言。法律语言是指商务谈判业务所涉及的有关法律规定用语，不同的商务谈判业务要运用不同的法律语言。每种法律语言及其术语都有特定的含义，不能随意解释使用。法律语言具有规范性、强制性和通用性等特征。通过法律语言的运用可以明确谈判双方的权利、义务、责任等。

（3）外交语言。外交语言是一种弹性较大的语言，其特征是模糊性、缓冲性和幽默性。在商务谈判中，适当运用外交语言既可满足对方自尊的需要，又可以避免失礼；既可以说明问题，还能留退路。但过分使用外交语言，会使对方感到缺乏合作诚意。

（4）文学语言。文学语言是一种富有想象的语言，其特点是生动活泼、优雅诙谐、适用面宽。在商务谈判中恰如其分地运用文学语言，既可以生动明快地说明问题，还可以缓解谈判的紧张气氛。

（5）军事语言。军事语言是一种带有命令性的语言，具有简洁自信、干脆利落等特征。在商务谈判中，适时运用军事语言可以起到坚定信心、稳住阵脚、加速谈判进程的作用。

4.1.3 正确运用谈判语言技巧的原则

成功的谈判都是谈判双方出色运用语言艺术的结果，把握谈判中语言技巧的运用原则，才能更好地发挥语言优势，在谈判进程中赢得主动。

1. 客观性原则

谈判语言的客观性是指在商务谈判中，运用语言技巧表达思想、传递信息时，必须以客观事实为依据，并且运用恰当的语言，向对方提供令人信服的依据。这是一条最基本的原则，是其他一切原则的基础。离开了客观性原则，即使有三寸不烂之舌，或者不论语言技巧有多高，都只能成为无源之水、无本之木。

坚持客观性原则，从供方来讲，主要表现在：介绍本企业情况要真实；介绍商品性能、质量要恰如其分，如可附带出示样品或进行演示，还可以客观介绍一下用户对该商品的评价；报价要恰当可行，既要努力谋取己方利益，又要不损害对方利益；确定支付方式要充分考虑到双方都能接受、双方都较满意的结果。

从需方来说，谈判语言的客观性主要表现在：介绍自己的购买力不要水分太大；评价对方商品的质量、性能要中肯，不可信口雌黄、任意褒贬；还要充满诚意，如果提出压价，其理由要有充分根据。

如果谈判双方均能遵循客观性原则,就能给对方真实可信和以诚相待的印象,就可以缩小双方立场的差距,使谈判的可能性增加,并为今后长期合作奠定良好的基础。

2. 针对性原则

谈判语言的针对性是指根据谈判的不同对手、不同目的、不同阶段的不同要求使用不同的语言。简言之,就是谈判语言要有的放矢、对症下药。提高谈判语言的针对性,要求做到以下几个方面。

(1) 根据不同的谈判对象,运用不同的谈判语言风格。不同的谈判对象,其身份、性格、态度、年龄、性别等均不同。在谈判时,必须考虑这些差异。从谈判语言技巧的角度看,这些差异分析得越细,洽谈效果就越好。

(2) 根据不同的谈判话题,运用不同的语言。

(3) 根据不同的谈判目的,运用不同的谈判语言。

(4) 根据不同的谈判阶段,运用不同的谈判语言。

如在谈判开始时,以文学、外交语言为主,有利于联络感情,创造良好的谈判氛围。在谈判进程中,应多用商业法律语言,并适当穿插文学、军事语言。以求柔中带刚,取得良效。谈判后期,应以军事语言为主,附带商业法律语言,以定乾坤。

3. 逻辑性原则

谈判语言的逻辑性是指商务谈判语言要概念明确、谈判恰当,推理符合逻辑规定,证据确凿、说服有力。

在商务谈判中,逻辑性原则反映在问题的陈述、提问、回答、辩论、说服等各个语言运用方面。陈述问题时,要注意术语概念的同一性,问题或事件及其前因后果的衔接性、全面性、本质性和具体性。提问时要注意察言观色、有的放矢,要注意和谈判议题紧密结合在一起。回答时要切题,一般不要答非所问,说服对方时要使语言、声调、表情等恰如其分地反映人的逻辑思维过程。同时,还要善于利用谈判对手在语言逻辑上的混乱和漏洞,及时驳倒对手,增强自身语言的说服力。

提高谈判语言的逻辑性,要求谈判人员必须具备一定的逻辑知识,包括形式逻辑和辩证逻辑。同时还要求在谈判前准备好丰富的材料,进行科学整理,然后在谈判席上运用逻辑性强和论证严密的语言表述出来,促使谈判工作顺利进行。

4. 规范性原则

谈判语言的规范性是指谈判过程中的语言表述要文明、清晰、严谨、准确。

(1) 谈判语言必须坚持文明礼貌的原则,必须符合商界的特点和职业道德要求。无论出现何种情况,都不能使用粗鲁的语言、污秽的语言或攻击辱骂的语言。在涉外谈判中,要避免使用意识形态分歧大的语言,如"资产阶级""剥削者""霸权主义"等。

(2) 谈判所用语言必须清晰易懂。口音应当标准化,不能用地方方言或黑话、俗语之类与人交谈。

(3) 谈判语言应当注意抑扬顿挫、轻重缓急,避免吞吞吐吐、词不达意、嗓音微弱、大吼大叫,或感情用事等。

(4) 谈判语言应当准确、严谨,特别是在讨价还价等关键时刻,更要注意一言一语的准确性。在谈判过程中,由于一言不慎导致谈判走向歧途,甚至导致谈判失败的事例屡见不鲜。因此,必须认真思索,谨慎发言,用严谨、精练的语言准确地表述自己的观点和意见。

上述语言技巧的四个原则,都是在商务谈判中必须遵守的,其旨意都是为了提高语言技巧的说服力。在商务谈判的实践中,不能将其绝对化,单纯强调一个方面或偏废其他原则,须坚持上述四个原则的有机结合和辩证统一。只有这样,才能达到提高语言说服力的目的。

4.1.4 商务谈判中语言运用常见的问题

1. 感情运用不当,夸大事实

在商务谈判的过程中,当事人双方应以诚相待,在建立良好信任的基础上展开合作谈判关系,最终解决分歧,达成一致。但在事实案例中,不难发现其中的某一方为了达到利益需求而盲目投其所好,过分夸大事实,胡编乱凑,捕风捉影,为的只是使自己充分地迎合对方的要求。而这样往往会让对方觉得不真实,而使自己在谈判中失败。

2. 话题过于广泛,缺乏针对性

商务谈判中,谈判语言有针对性才能对准目标,有的放矢,切中要害。而在商务谈判过程中,很多人往往忽视了这最重要的一点,可能是一时兴起,也可能是被对方的语言所迷惑,而被对方牵头鼻子走。这样的情景看上去谈判者好像自己感觉良好,认为自己和对方已经建立起良好的关系,却忽视了自己的最终目的。

3. 谈判过程条理不清,缺乏逻辑性

谈判者在谈判开始之初,就应该准备好自己的谈判步骤,这样有利于逐步深入,在谈判过程中了解对方的意图,并且及时更换策略,最终达到目的。有些谈判人员却忽视了语言逻辑条理性的重要性,在谈判过程中没有抓住重点,而且话题具有跳跃性。甚至重复已经达成一致的话题,这样不仅可能暴露自己的弱点,而且会乱了阵脚,使对方趁机而入,不可能说服对方,最终导致谈判失败。

4. 语言运用不规范

谈判中最忌讳随意表达自己的看法,或者说没有把握住语言传达给人的感觉。谈判人员过于口语性的表达会让人觉得这不是生意而是一场游戏,或者让对方对自己的公司实力产生怀疑而终止合作关系,更糟糕的是他会抓住自己的弱点而使自己无反击之力。常见的如整个过程中语调没有变化,这样会让人心烦意乱,而且不能突出重点。还有的如语调过大,方言口音过重,乱用比喻,用词不准确等都可能导致谈判失利。

4.1.5 商务谈判中的语言运用策略

1. 以礼待人

一位谈判老手曾说:"多数交易是50%的感情,50%的经济学。"很多时候,在谈判中占主导地位的是关系,而不是交易本身。而建立良好合作关系的第一步即本着追求合作共赢的思想,以礼待人。正如谈判专家科恩·赫伯特所说,成功的谈判"并非一方独得而赢,而是双方各有所得而赢"。

礼貌用语的具体策略有以下几点。

1) 间接提问

间接提问使表达更客气,更礼貌。在商务谈判中,提问几乎贯穿谈判的全过程,大多数的提问都是说话人力求获得信息,有益于说话人的。这样,根据礼貌等级,提问越间接,表达越礼貌。

2) 设身处地

这种语言表达是通过表示理解和关心对方的问题,来改善谈判气氛的巧妙用法。从语用学的角度看,在谈判气氛紧张或缺乏信任的条件下,说话人巧妙使用这种表达来理解对方的处境时,易于赢得对方的心理认同,可在一定程度上防止谈判破裂,从而易于达成协议。

3) 委婉表达。

商务谈判中有些话虽然正确,但对方却觉得难以接受。如果把言语的"棱角"磨去,也许对方就能从情感上愉快地接受。因此,在商务谈判中,需要使用委婉语来达到特殊的语用效果。比如,少用"无疑、肯定、必然"等绝对性词语,改用"我认为、也许、我估计"等词。若拒绝别人的观点,则少用"不、不行"等直接否定,可以找托词,比如"这件事,我没有意见,可我得请示一下领导。"

2. 巧妙应答

对于谈判过程中对方提出的问题,有时不便向对方传输自己的信息,对一些问题不愿回答又无法回避,此时就更需要一些应答技巧,为自己解围。巧妙的回答甚至能活跃会场气氛,有利于谈判的顺利进行。

1) 模糊用语

可以闪烁其词,避重就轻,以模糊应对的方式解决。模糊语言一般分为两种表达形式:一种是用于减少真实值的程度或改变相关的范围,如有一点、几乎、基本上等。另一种是用于说话者主观判断所说的话或根据一些客观事实间接所说的话,如恐怕、可能对我来说、我们猜想、据我所知等。

2) 含蓄幽默

商务谈判的过程也是一种智力竞赛、语言技能竞争的过程,在这种谈判语用行为中,含蓄和幽默有时往往会交织在一起。幽默的话语有助于创造和谐的谈判气氛;可以传递感情,暗示意图;可以使批评变得委婉友善,增强辩论的力量,避开对方的锋芒;是紧张情境中的缓冲剂;同时可以为谈判者树立良好的形象。

3) 条件式回答

当对方提出非分要求时,拒绝并不是唯一的方式。可以先答应对方的要求,但一定要限定一个对方不可能接受的条件,这种反击会让对方知难而退,自己不战而胜。

3. 绵里藏针

1) 恭维有道

从语用策略讲,通过赞美有可能探测对方的谈判意图,获得相关信息;从心理策略讲,赞美可以缩短谈判双方的心理距离,融洽谈判气氛,有利于达成协议。但是赞美并不是一种容易驾驭的谈判战略,以下几点需要重视。

(1) 从态度上要真诚,尺度上要做到恰如其分,如果过分吹捧,就会变成一种嘲讽。

(2) 从方式上要尊重谈判对方人员的个性,考虑对方个人的自我意识。

(3) 从效果上要重视被赞美者的反应。如果对方有良好反应,可再次赞美,锦上添花;如果对方显得淡漠或不耐烦,则应适可而止。

2) 激将法

诸葛亮计激周瑜,此计谋故事见于《三国演义》第四十三回"诸葛亮舌战群儒,鲁子敬力排众议"和第四十四回"孔明用智激周瑜,孙权决计破曹操"。激将法实质就是针对项目主要负责人或者主谈,让对方主将激动而丧失理智。"激点"是对方关注的自我表现的方面,如能力大小、地位高低、名誉好坏等。表达方式要因人而异,一般态度要真诚,语气要友好,最好站在对方立场思考问题,甚至表现出无法理解对方处境的感情。

(1) 激将的对象一定要有所选择。一般来说,商务谈判中可以对其采用激将法的对象有两种:第一种是不够成熟,缺乏谈判经验的谈判对手。这样的对手往往有自我实现的强烈愿望,总想在众人面前证明自己,容易为言语所动,这些恰恰是使用激将法的理想的突破口。第二种是个性特征非常鲜明的谈判对手。对自尊心强、虚荣心强、好面子、爱拿主意的谈判对手都可使用激将法,鲜明的个性特征就是说服对手的突破口。

(2) 使用激将法应在尊重对手人格尊严的前提下,切忌以隐私、生理缺陷等为内容贬低谈判对手。商务谈判中选择"能力大小""权力高低""信誉好坏"等去激对手,往往能取得较理想的效果。

(3) 使用激将法要掌握一个度,没有一定的度,激将法收不到应有的效果。超过限度,不仅不能使谈判朝预期的方向发展,还可能产生消极后果,使谈判双方产生隔阂和误会。

(4) 不露声色往往能使对方不知不觉地朝自己的预期方向发展。如果激将法使用得太露骨,被谈判对手识破,不仅达不到预期的效果,使我方处于被动地位,而且可能被高明的谈判对手所利用,反中他人圈套。

(5) 激将是用语言,而不是态度。用语要切合对方特点,切合目标,态度要和气友善。态度蛮横不能达到激将的目的,只能激怒对方。

当然,作为一个优秀的谈判人员,不但要善于使用激将技巧,而且要善于识破激将法,在商务谈判中沉着应付,不为对手所激。

谈判是智力、技能竞争的过程,而语言艺术的巧妙应用无疑将为一场谈判加上成功的砝码。语言运用更多的时候是综合运作,相互配合。语言的艺术必将为谈判锦上添花,为营造双赢发挥作用。

 任务小结

本任务主要内容是在整体上对商务谈判语言进行介绍。

商务谈判语言各种各样,按语言的表达方式分为有声语言和无声语言;按语言表达特征分为专业语言、法律语言、外交语言、文学语言、军事语言等。正确运用谈判语言技巧要坚持客观性、针对性、逻辑性、规范性的原则。商务谈判中应避免,如感情运用不当,夸大事实;话题过于广泛,缺乏针对性;谈判过程条理不清,缺乏逻辑性;语言运用不规范等问题。在语言运用方面,有以礼待人、巧妙应答、绵里藏针等策略。

复习思考题

1. 商务谈判语言沟通的类型有哪些?

2. 正确运用商务谈判语言有哪些原则？
3. 商务谈判语言运用中有哪些策略？

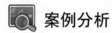案例分析

案例4-2 不同的听众，不同的理解

小丽公司门口有一家宠物店，她看到宠物店中有一只小狗，经过一番讨价还价，小丽把小狗买了下来带回家。

小丽晚上给二姐打电话，告诉她自己买了一只小狗。二姐非常高兴，马上询问狗是什么颜色，多大了，可爱吗。

之后大姐打电话来听到小狗的叫声，就问狗是否很脏，咬人吗，有没有打预防针。

同样是对于一条狗的理解，然而不同人的反应的确差别很大。二姐从小就喜欢狗，所以一听到狗，在她的脑海中肯定会描绘出一副可爱的小狗的形象。而大姐的反应却是关心狗是否会给家人带来麻烦，在脑海中也会浮现出一副"肮脏凶恶的狗"的形象。

同样的一件事物，不同的人对它的概念与理解的区别非常大。当你说出一句话，你认为已经表达清楚了，但是不同的听众会有不同的反映。

思考：

请结合这个案例，分析一下在商务谈判活动中如何更好地沟通。

实训项目

实训目的：
掌握商务谈判语言的应用。

实训背景：
从熟悉的书籍、小说或影视作品中截取与商务谈判语言运用相关的片段。

实训要求：
以讲故事或视频的形式在班级内点评分享。

任务4.2 商务谈判语言沟通技巧

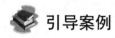引导案例

案例4-3 汽车销售员的失败

某日，一对夫妇走进某品牌汽车4S店，他们经过几款车后径直走向一款黑色轿车。接待他们的销售人员立刻意识到他们的价值，于是热情地、滔滔不绝地用比较专业的术语向他们介绍本款车的结构和性能。顾客只是不停地点头，并不时地说："是吗？谢谢。"销售人员感觉自己介绍得很好。可这对夫妇听完后就借故离开了4S店。他们边走边谈论着，女顾客

说:"刚才的销售人员说了些什么呀,我怎么听不明白呢,感觉不如前一个4S店的销售人员说得明白,这家店不太正规!"

思考:

本案例中,4S店销售人员失败的原因是什么?对我们有什么启示?

4.2.1 倾听的技巧

古希腊哲学家苏格拉底说:"上天赐给人两只耳朵两只眼睛,却只有一张嘴,就是要人多听多看少说。"卡耐基说:"如果希望成为一个善于谈话的人,那就先做一个善于倾听的人。"寥寥数语,形象而深刻地说明了倾听的重要性。

了解和把握对方观点与立场的主要手段和途径就是听。实践证明,只有在清楚地了解对方观点和立场的真实含义之后,才能准确地提出己方的方针和策略。从心理学的日常生活经验来看,当我们专注地倾听别人讲话的时候,就表示我们对讲话者所表达的观点很感兴趣或者很重视,从而给对方以一种满足感,这样就在双方之间产生一定的信赖感。因此,作为商务谈判人员,一定要学会如何"听",在认真、专注地倾听的同时,应积极地对讲话者的语言作出反应,以便获得较好的倾听效果。

1. 有效倾听的技巧

1)要创造良好的谈判环境,使谈判双方能够愉快地交流

人们都有这样一种心理,即在自己所属的领域里交谈,无须分心于熟悉环境或适应环境。如果能够进行主场谈判最理想的,因为这种环境下会有利于己方谈判人员发挥较好的谈判水平。如果不能争取到主场谈判,至少也应选择一个双方都不十分熟悉的中性场所,这样也可避免由于"场地优势"给对方带来便利和给己方带来的不便。

2)要专心致志、集中精力地听

专心致志地倾听,要求谈判人员在听对方发言时要特别聚精会神,同时,还要配以积极的态度去倾听。

为了专心致志,就要避免出现心不在焉、"开小差"的现象发生。因为对方的发言只说一遍,如果你没有认真听,就失去了一次的机会。所以即使自己已经熟知的话题,也不可充耳不闻,万万不可将注意力分散到研究对策问题上。因为这样非常容易出现万一讲话者的内容为隐含意义时,你没有领会到或理解错误,造成事倍功半的效果。

集中精力地听,是倾听艺术最基本、最重要的问题。作为一名商务谈判人员,应该养成耐心地倾听对方讲话的习惯,这也是一个合格的谈判人员个人修养的标志。在商务谈判过程中,当对方的发言有时我们不太理解甚至难以接受时,千万不可表示出拒绝的态度,因为这样做对谈判非常不利。

可以通过记笔记来集中精神。通常,人们即时记忆并保持的能力是有限的,为了弥补这一不足,应该在听讲时做大量的笔记。俗话说得好,"好记性不如烂笔头"。记笔记的好处在于,一方面,可以帮助自己回忆和记忆,而且有助于在对方发言完毕之后,就某些问题向对方提问。同时,还可以帮助自己做充分的分析,理解对方讲话的确切含义与精神实质。另一方面,通过记笔记,给讲话者的印象是重视其讲话的内容。当停笔抬头望向讲话者时,又会对其产生一种鼓励的作用。因为谈判过程中,人的思维在高速运转,大脑接受和处理大量的信

息,加上谈判现场的气氛又很紧张,所以只靠记忆是做不到的,如表 4-1 所示。

表 4-1　倾听的积极心态与建议

积极的倾听心态	有效倾听的建议
不拒绝	重复字句
不选择	概括内容
不推断	勿构思应答
不偏见	勿急不可待回答
—	勿打断别人

3) 要克服先入为主的倾听做法

先入为主的倾听者自以为知道对方接下来会说什么,往往会扭曲说话者的本意,忽视或拒绝与自己心愿不符的意见。这种做法不是从谈话者的立场出发来分析对方的讲话,而是按照自己的主观想法来听取对方的谈话。其结果往往是听到的信息变形地反映到自己的脑中,导致本方接受的信息不准确、判断失误,从而造成行为选择上的失误。将讲话者的意思听全、听透是倾听的关键。

4) 要学会约束自己、控制自己的言行

不要轻易插话,打断对方的讲话,也不要自作聪明地妄加评论。通常人们喜欢听赞扬的语言,不喜欢听批评、对立的语言。当听到反对意见时,总是忍不住要马上批驳,似乎只有这样,才说明自己有理。还有的人过于喜欢表露自己。这都会导致与对方交流时,过多地讲话或打断别人讲话。这不仅会影响对方对自己的印象,也会影响自己倾听的效果,如表 4-2 所示。

表 4-2　倾听的好习惯与坏习惯

倾听的好习惯	倾听的坏习惯
了解对方心理	喜欢批评,打断对方
注意力集中	注意力不集中
创造谈话兴趣	表现出对话题没有兴趣
观察对方身体语言	没有眼神的交流
辨析对方意思并反馈	只为了解事实而听
敞开心扉	思想封闭
听取对方的全部意思	很少给讲话者反馈

5) 避免"只见树木或只见森林"

有一句习语叫作"只见树木不见森林"。有时候人们过于关注细节,以至于看不到一个情景的整体含义或背景信息。有些说话者就是我们理解的"只见树木"的人。他们喜欢具体、翔实的解释。他们可能会通过简单命名或无序地描述其特征来解释一个复杂的情景。其他说话者是那些看到"森林"的人。当他们解释复杂情景时,他们喜欢先给出一个总结性的、抽象的、概览式的观点。

好的解释通常包括以上两种类型,大的"森林"提供上下话语的整体含义,具体的"树木"提供说明性的细节。

作为一个好的倾听者,应该明确说话者总体背景和具体的细节。切不可以偏概全、断章取义,仅抓住说话者的其中一句话、甚至一个敏感词不放,而忽略了对方的整体意思的理解;也不能听话只听大概,失去了对细节的关注。

2. 倾听时三种不同的回应方式

1) 鼓励,以行动促进对方表达意愿

眼耳并用,对方发言时要目光直视对方,做到耳到、眼到,使说话者感受到被关注;表现出对对方发言内容感兴趣,可以用点头、微笑等方式回应说话者,鼓励并暗示对方继续讲下去。

2) 询问,以探索的方式获得更多的信息

倾听时经常会出现没听清楚,对说话者表述不能准确理解等情况。虽然我们强调不要随意打断对方,但不能完全掌握说话者的意思是达不到倾听的目的的。

不要随意打断说话者,可以在其说话的间歇先征得其同意,再做适当的询问。询问可以礼貌地请对方就某个问题进一步解释。例如,"关于××问题我没太听明白,您能再解释一下吗?""您能给我举一个具体的例子吗?"。而不应在此表达自己的看法,甚至提出反对意见。

3) 重述

用于讨论结束的时候,确定没有误解对方的意思。反馈要掌握说话者话中的含意,不"加油添醋",也不要曲解。

用简单的语句回应对方的陈述,重复讲话人的话,把"我"改成"你",用自己的语言解释讲话人的意思,确定对话双方对这些话语的理解是一致的。

总之,如果我们对对方的讲话听得越详尽、全面,反驳起来就越准确、有力。相反,如果对方谈话的全部内容和动机尚未全面了解时,就急于反驳,不仅使自己显得浅薄,而且常常会使己方在谈判中陷入被动,对谈判十分不利。因此不管是轻视对方,还是急于抢话和反驳,都会影响倾听效果,必须加以注意。

4.2.2 陈述

商务谈判中,陈述是双方基于自己的立场、观点等,通过述说来表达对各种问题的具体看法,或对客观事物的具体阐述,以便让对方有所了解。谈判者能否正确有效地运用述说的功能,把握陈述的要领,将会直接影响谈判的效果。

1. 陈述的原则

从谈判的角度考虑,叙述问题、表达意见应当态度诚恳,观点明确,层次清楚,语言通俗。通常在陈述中应遵循以下原则。

(1) 用语准确、明白。

(2) 主题应明确,语言要婉转。

(3) 提出的数值要准确。

(4) 重视会议结束时的发言。

(5) 必要时可重复。

2. 陈述应注意的问题

在陈述的过程中,谈判者要注意以下几个方面的问题。

(1) 不要拐弯抹角回不到主题。

(2) 第一次就要说对。

(3) 以肯定性措辞表示不同意。

(4) 切莫以否定性话语结束会谈。

(5) 避免使用含上、下限的数值。

3. 陈述的技巧

1) 情理法

情理法是一种有情有理、情理融合的陈述方式,能增加感情色彩,并伴之以理服人,从而达到以情感人,使倾听者深受感染并在内心产生共鸣,常常会收到奇特的效果。

2) 实物法

实物法即谈判者在陈述过程中辅以实物(包括图表、模型等),以增加直观效果,从而增强陈述的真实感和说服力,以收到良好的效果。

3) 对比法

对比法是指把两种互相对立的事物放在一起,使两者相映相衬。在正与反的对比中使己方的观点更鲜明、突出,从而引起对方的注意,留下强烈的印象。

4) 提炼法

提炼法是指把述说内容进行加工提炼后,总结成言简意赅的字句,以强化听者的记忆。

5) 细节法

细节法是指在过程中对人物、景物、事件、场面的某些细节作出具体描绘的述说。运用细节法,可以让对方如临其境,感受深切。

6) 递进法

递进法是指先提出问题,然后逐层分析问题,最后得出结论的讲述方法。这种方式摆事实,讲道理,逐层深入,具有脉络层次清晰、逻辑严密、说服力强的优点。

4.2.3 提问的技巧

商务谈判中,提问是了解对方的想法和意图,掌握更多信息的重要手段和重要途径。

1. 提问的时机要恰当

1) 在对方发言完毕之后提问

在对方发言的时候一般不要急于提问,因为打断别人的发言是不礼貌的,容易引起对方的反感。可以先认真聆听,发现对方的问题,应该记录下来,待对方发言完毕后再提问。

2) 在对方发言停顿或间歇时提问

如果对方发言不得要领、纠结细节或离题太远而影响到谈判的进程,那么就可以借机提问,这是掌握谈判进程、争取主动的必然要求。例如,当对方停顿时可以借机提问:"您刚才说的意思是?"或者"细节问题我们以后再谈,现在请您谈谈您的主要观点好吗?"

3) 在自己发言前后提问

谈判中,当轮到己方发言的时候,可以在谈己方的观点之前对对方的发言进行提问,不必要求对方回答,而是自问自答。这样可以争取主动,防止对方接过话茬,影响己方的发言。在充分表达己方观点后,为了使谈判沿着己方的思路发展,通常要进一步提问,让对方回答。

2. 提问的要领

1) 要预先做好充分的准备

谈判的时候,应该对对手的叙述时没有提到或没有解释清楚的东西列举清单,这样提问时才能有的放矢。不要问得漫无边际,以免引起对手的误解。准备好的问题最好是对手不能立刻想到答案的问题,这样就可以让对手措手不及,己方收到出其不意的效果。

2) 不得强行提问

如果对手的回答不完整或避而不答,这时就不要追问,而是要有耐心和毅力,等待时机继续追问。这样做尊重对方,不致引起对方的厌烦而不愿回答。

3) 提出问题后闭口不言,等待对手回答

因为问题是己方提出的,对方有义务回答问题或打破沉默。如果对方不回答或不打破沉默,说明对方此时已陷入弱势。

4) 提问的障碍

提问缺乏准备、目的性不强等都会造成提问中的障碍,应有意识地避免。

5) 不该问的问题不要问

谈判中不应询问有关对方私生活的问题,有关宗教党派等的问题;对女士不可以直接询问年龄;不要提出怀疑对方品格、带有敌意的问题;不要过多地谈论与谈判无关的问题,如表 4-3 所示。

表 4-3 提问的障碍与不该问的问题

提问的障碍	不该问的问题
缺乏充分准备	对方私生活、工作、收入、家庭情况
目的性不强	女士年龄
自卑心理	宗教、党派的问题
强烈的表现欲	怀疑对方品格的问题
不善于将问题与人恰当分开	带有敌意的问题
未理解问题的实质	过多与谈判内容无关的问题
面子观念的影响	—
外行	—

3. 提问的方式

1) 选择式提问

选择式提问是就两种或多种答案征询对方的意见,让对方根据自己意愿,自主地选择答案。这种提问方式能表达对对方的尊重,有助于形成一个平等、友好的谈判氛围。比如:

"您认为我们先谈什么好?规格、品质,还是交货期?"

"这台仪器是用锂电池还是用感光电池驱动的?"

"贵公司的样品一般是通过普通邮包、航空邮件,还是国际速递寄给客户的?"

2) 澄清式提问

澄清式提问或称直接式提问,就是通过己方的提问,使对方作出直截了当的明确回答。其好处在于方向明确、节省时间,一般用于需要确切地知道与对方有关的某些情况或想法,而对方又有义务与责任提供时。比如:

"您刚才说我们的合同条款有含混不清之处,请举个例子,好吗?"

3) 探索式提问

探索式提问是旨在与对方探索新问题、新方法的问句,针对双方所讨论的问题要求进一步引申或说明。它不仅起到探测、挖掘更多信息的作用,而且显示出发问者对问题的重视。比如:

"我们负责运输,贵方在价格上是否再考虑考虑?"

"假如采用新方案,您觉得怎么样?"

4) 多层次提问

多层次提问即在一个问句中包含了多种主题。比如:

"施工现场的水质、电力、运输和资源的情况怎么样?"

"请您把合作中的谈判、签约、履约过程简单介绍一下怎么样?"

5) 诱导式提问

这种问句旨在开渠引水,具有强烈的暗示性,使对方在思考与回答时受到启发,从而理解与赞同己方观点。比如:

"交货不符合合同规定是要承担违约责任的,您说是不是?"

4.2.4 回答的技巧

人际交往中,有问必有答。要能够有效地回答问题,就要预先明确对方可能提出的问题。在谈判前,一个优秀的谈判者往往会自己先针对谈判假设一些难题来思考。在商务谈判中,谈判者所提问题往往千奇百怪、五花八门,多是对方处心积虑、精心设计之后才提出的,可能含有谋略、圈套。如果对所有的问题都直接回答未必是一件好事,所以回答问题必须要运用和掌握一定的技巧。

1. 换位思考

在商务谈判中,谈判者提出问题的根本目的往往多种多样,动机也比较复杂。如果没有弄清对方的根本意图就按照常规作出回答,效果往往不佳,甚至会中对方的圈套。问答的过程中,有两种心理假设:一种是问话人的;另一种是答话人的。答话人应换位思考,依照问话人的心理假设回答,而不要考虑自己的心理假设。

2. 点到为止

答复者经常将对方提的问题缩小范围,或者不做深层次的答复,以达到某种特殊的效果。不做彻底的回答的另外一个方法是闪烁其词。比如你是个推销员,正在推销一台洗衣机,上门的人问你价钱多少。你明知一提价钱,他很可能会因为不便宜而"砰"地关上门。于是你不能照实回答,你可以闪烁其词地说:"先生,我相信你会对价格很满意的。请让我把这台洗衣机和其他洗衣机不同的特殊性能说明一下好吗?我相信你会对它感兴趣的。"

3. 避实就虚

谈判中有时会遇到一些很难答复或不便确切答复的问题,你可以采取含糊其辞、模棱两可的方法作答,也可以把重点转移。这样,既避开了提问者的锋芒,又给自己留下了一定的余地,实为一箭双雕之举。

在谈判中,当对方询问我方是否将产品价格再压低一些时,我方可以答复:"价格的确是大家非常关心的问题,不过,请允许我问一个问题……"

4. 淡化兴致

提问者如果发现了答复者的漏洞,往往会刨根问底地追问下去。所以,答复问题时要特别注意不让对方抓住某一点继续发问。假如你在答复问题时确实出现了漏洞,也要设法淡化对方追问的兴致,可以这样答复对方:"这个问题容易解决,但现在还不是时候。""现在讨论这个问题为时还早。""这是一个暂时无法回答的问题。"

5. 思而后答

一般情况下,谈判者对问题答复得好坏与思考的时间成正比。正因为如此,提问者不断地追问,迫使你在对问题没有进行充分思考的情况下仓促作答。经验告诉我们,此时一定要保持清醒的头脑,沉着稳健,谨慎从事,不慕所谓"对答如流"的虚荣。当问题很难回答时,你可通过点烟、喝水、整理一下桌上的资料等动作来延缓时间,考虑一下对方的问题;也不必顾忌对方的追问,而是转告对方对这个问题必须认真思考,因而需要充分的时间。

6. 笑而不答

谈判者有回答问题的义务,但并不等于谈判者必须回答对方所提的每一个问题,特别是对某些不值得回答的问题,可以委婉地加以拒绝。例如,在谈判中,对方可能会提些与谈判主题无关或关系不大的问题。回答这种问题不仅是浪费时间,而且会扰乱你的思路。甚至有时对方有意提一些容易激怒你的问题,其用意在于使你失去自制力。答复这种问题只会损害自己,因此可以一笑了之。

7. 借故拖延

在谈判中,当对方提出问题而你尚未思考出满意答案并且对方又追问不舍时,你可以用资料不全或需要请示等借口来拖延答复。例如,你可以这样回答:"对您所提的问题,我没有第一手资料来答复。我想您是希望我为您作详尽圆满的答复的,但这需要时间,您说对吗?"不过,拖延答复并不是拒绝答复。因此,谈判者要进一步思考如何来回答问题。

4.2.5 拒绝的技巧

商务谈判中,不免会出现拒绝对方的情况,但是拒绝并非生硬地回绝对方,而是要运用一定的语言技巧。拒绝是谈判的一种手段,最终是为谈判成功服务的,拒绝并非表示谈判破裂,而是争取更多的利益。当遇到老朋友、老熟人、老客户时,该拒绝的时候又不好意思拒绝,这时最好恰当地运用语言技巧。下面介绍几种谈判中常见的拒绝技巧。

1. 预言法

心理学家证明,人都有看透别人、了解别人的嗜好,但是又不喜欢被别人看穿内心,往往会做与自己内心相反的行为来伪装自己,科学上称为"文饰心理"。这种现象在那些自尊心极强、爱挑毛病的人身上表现得特别明显。对付这种人就适合用预言法。就是表面让对方觉得你不希望他出现那种行为,而那种行为的反方面正是你希望看到的。

案例 4-4　会"卖关子"

一主管想给一工厂提供一种新设备,他与厂长谈判时,故意将新设备图纸放在怀里而不提新设备的事,而是跟厂长聊其他的。然后不小心把图纸掉到地上了。厂长很好奇,问那是什么。主管就模模糊糊地搪塞。厂长非要看。主管说:"这是给其他工厂准备的,你们厂不需要。"厂长更加好奇,一再要求看看。然后主管就很"无奈"将地那台设备卖给他了,而厂长也得意地笑了。

2. 问题法

问题法就是对对方的要求提出一系列的问题,这样对手就明白了我方并非是任人欺骗。无论对方承认与否,都足以表明我方觉得对方要求太高,这样拒绝对方的要求就比较委婉。这种方法对于那些只顾自己利益,不顾对方死活而提出高要求的对手很有效。但要注意,在提一系列问题的时候要注意语气。不要带有挖苦、嘲弄或教训的语气提问。否则就会激怒对方,增加新的对立成分。

3. 转折法

转折法渗透了说服的原理,就是拒绝之前不亮出自己的观点,而是从对方的观点中找出共同点,加以肯定赞美或站在第三者的立场表示对对方的理解,从而减少对方的对抗心理,然后委婉地陈诉己方的观点以拒绝对方的要求。

4.2.6　说服的技巧

实际生活中往往会遇到这样的情况:同样的问题,让不同的人去做说服工作,会收到不同的效果,可见说服工作是一种艺术。谈判中的说服工作十分重要,往往贯穿谈判的始终。那么谈判者应当如何说服对方呢?

1. 说服的条件

说服不同于压服,也不同于欺骗,成功的说服结果必须要体现双方的真实意见。谈判中说服对方时要做到有理、有力、有节。这些说明要说服对方,不仅要有高超的说服技巧,还必须运用自己的态度、理智、情怀来征服对方。这就需要掌握说服对方的基本条件。

(1)要有良好的动机。

(2)要有真诚的态度。

(3)要有友善的开端。

(4)要有灵活的方式。

2. 说服的原则

想要取得好的说服效果,要坚持以下原则。

(1)取得他人的信任。

(2)先易后难,步步为营。

(3)先直言利,后婉言弊。

(4) 强调互利,激发认同。

(5) 抓住时机,实例举证。

(6) 尽量简化接纳提议的手续。

(7) 耐心说理,变换角度。

(8) 多言事实,少说空话。

(9) 投人所好,取我急需。

(10) 及时总结,作出结论。

3. 说服的技巧

谈判中常常会出现观点不一致的情况,这时就需要运用说服技巧以促成谈判。下面介绍一些比较普遍、常用的说服技巧。

(1) 下台阶法。当对方自尊心很强时不愿承认错误从而导致你的说服无济于事,首先不妨给对方台阶,说出他正确的地方令对方感到欣慰,这样对方觉得没丢面子而乐意听取你善意的说服。

(2) 等待法。有时候对手可能已经慢慢地接受了你的观点,但是不愿承认,你可以沉默,等待一下,让对手自己想想。

(3) 感化。首先用坦诚的态度和诚恳的语言打动对方;其次语气要温和,不做无谓争论;最后少说多听,在对方发言时不要打岔。

(4) 制造僵局。该技巧要慎用。只有当己方处境有利时,或事先设计好推出僵局的计策,抑或对方相信是他们制造僵局的情况下才适合用。这时对方为打破僵局就会慢慢让步。

(5) 出其不意。在谈判的过程中突然改变己方的方法、观点和提议,让对方惊奇和震惊。

案例 4-5　说服罗斯福总统

第二次世界大战期间,一些美国科学家试图说服罗斯福总统重视原子弹的研制,以遏制法西斯德国的全球扩张战略。他们委托总统的私人顾问、经济学家萨克斯出面说服总统。但是,不论是科学家爱因斯坦的信,还是萨克斯的陈述,总统一概不感兴趣。为了表示歉意,总统邀请萨克斯次日共进早餐。

第二天早上,一见面,罗斯福就以攻为守地说:"今天不许再谈爱因斯坦的信,一句也不谈,明白吗?"萨克斯说:"英法战争期间,在欧洲大陆上不可一世的拿破仑在海上屡战屡败。这时,一位年轻的美国发明家富尔顿来到了这位法国皇帝面前,建议把法国战船的桅杆砍掉,撤去风帆,装上蒸汽机,把木板换成钢板。拿破仑却想:船没有帆就不能行走,木板换成钢板就会沉没。于是,他二话没说,就把富尔顿轰了出去。历史学家们在评论这段历史时认为,如果拿破仑采纳了富尔顿的建议,十九世纪的欧洲史就得重写。"

萨克斯说完,目光深沉地望着总统。罗斯福总统默默沉思了几分钟,然后取出一瓶拿破仑时代的法国白兰地,斟满了一杯,递给萨克斯,轻缓地说:"你胜利了。"萨克斯顿时热泪盈眶,他终于成功地运用实例说服总统作出了美国历史上最重要的决策。

任务小结

本任务主要介绍了谈判中的语言沟通技巧。

商务谈判的语言沟通涉及倾听、陈述、提问、回答、拒绝、说服六个方面。倾听要专注积极,要给予对方回应;陈述时叙述问题、表达意见应当态度诚恳,观点明确,层次清楚;提问要预先做好充分的准备,会使用选择式、澄清式、探索式、多层次、诱导式提问;回答,常用技巧有换位思考、点到为止、避实就虚、淡化兴致、思而后答、笑而不答、借故拖延;拒绝方法有预言法、问题法、转折法;说服不同于压服,也不同于欺骗,成功的说服结果必须要体现双方的真实意见,要做到有理、有力、有节。

 复习思考题

1. 如何运用商务谈判语言中倾听的技巧?
2. 商务谈判中如何进行陈述?
3. 商务谈判中提问有哪些方法?
4. 商务谈判中回答有哪些技巧?
5. 商务谈判中如何拒绝对方?
6. 商务谈判中如何说服对方?

案例分析

案例 4-6　提问的技巧

销售代表小王:"那么,你同意要获得利润,最重要的是靠经营管理有方了?"

客户:"对。"

小王:"专家的建议是否也有助于获得利润呢?"

客户:"那是当然。"

小王:"过去我们的建议对你们有帮助吗?"

客户:"有帮助。"

小王:"考虑到目前的市场情况,技术改革是否利于企业产品竞争力的提高?"

客户:"应该是有利于。"

小王:"如果把产品的最后加工再做得精细一点,是否有利于提高你们产品的销量呢?"

客户:"是的。"

小王:"如果你们按照我们的方法进行实验,并且对实验的结果感到满意,你们是不是下一步就准备采用我们的方法?"

客户:"对。"

小王:"那么我们先签个协议,可以吗?"

客户:"可以。"

思考:

讨论案例分析中小王运用了哪种提问方法,他是如何运用的?

实训项目

实训目的：
练习沟通语言技巧的应用。

实训背景：
你来比画我来猜。

实训要求：
1. 教师准备多组词汇，可涉及生活用品、食品、运动、动植物、明星等范畴。
2. 各组选派两名同学参加，一名同学比画，另一名同学猜。
3. 限时 3 分钟，猜对最多的团队获胜。
4. 讨论总结在游戏中沟通技巧的运用，班级分享。

任务 4.3　商务谈判非语言沟通

引导案例

案例 4-7　不用说话也能成交

小丽是一名新入职的销售人员，今天，公司的销售经理李经理教了小丽一个销售小技巧。李经理边演示边说："当已经基本确定顾客会购买我们产品的时候，你可以不必直白地去问顾客要不要买，那样可能会把顾客吓走，而是通过一些动作暗示、试探。比如把合同放在顾客身边的桌上、把打开笔帽的笔放在旁边。顾客一般就会很自然地拿起合同阅读，顾客如果决定购买了往往就会不自觉地拿起笔来。你再顺势推动，这样我们的成交工作就很容易地达成了。"

思考：
在案例中销售经理李经理传授的推销技巧给你什么样的启示？如何更好地把这样的技巧运用到商务谈判工作中呢？

商务沟通是指商务组织为了顺利地经营并取得经营的成功，为求得长期的生存发展，营造良好的经营环境，通过组织大量的商务活动，凭借一定的渠道，将有关商务经营的各种信息发送给商务组织内外既定对象，并寻求反馈以求得商务组织内外的相互理解、支持与合作的过程。据研究，高达 93％ 的沟通是非语言的，其中 55％ 是通过面部表情、形体姿态和手势传递的，38％ 是通过音调传递的，足可见非语言沟通在商务谈判中的重要性。

非语言沟通是指使用除语言符号以外的各种符号系统，包括形体语言、副语言、空间利用以及沟通环境等进行沟通。在沟通中，信息的内容部分往往通过语言来表达，而非语言则作为提供解释内容的框架，来表达信息的相关部分。

4.3.1 商务谈判非语言沟通的作用

非语言沟通的功能作用就是传递信息、沟通思想、交流感情。归纳起来有以下五个方面。

(1) 使用非语言沟通符号来重复语言所表达的意思,或来加深印象的作用;具体如人们使用自己的语言沟通时,附带有相应的表情和其他非语言符号。

(2) 替代语言,有时候某一方即使没有说话,也可以从其非语言符号上,比如面部表情上看出他的意思。这时候,非语言符号起到代替语言符号表达意思的作用。

(3) 非语言符号作为语言沟通的辅助工具,又作为"伴随语言",使语言表达得更准确、有力、生动、具体。

(4) 调整和控制语言,借助非语言符号来表示交流沟通中不同阶段的意向,传递自己的意向变化的信息。

(5) 表达超语言意义,在许多场合非语言要比语言更具有雄辩力。高兴的时候开怀大笑,悲伤的时候失声痛哭,当认同对方时深深地点头,都要比语言沟通更能表达当事人的心情。

4.3.2 商务谈判非语言沟通的主要特点

1. 无意识性

例如,与自己不喜欢的人站在一起时,保持的距离比与自己喜欢的人要远些;有心事时,不自觉地就给人忧心忡忡的感觉。

正如弗洛伊德所说,没有人可以隐藏秘密,假如他的嘴唇不说话,则他会用指尖说话。一个人的非语言行为更多的是一种对外界刺激的直接反应,基本都是无意识的反应。

2. 情境性

与语言沟通一样,非语言沟通也应用于特定的语境中,情境左右着非语言符号的含义。相同的非语言符号,在不同的情境中会有不同的意义。同样是拍桌子,可能是"拍案而起",表示怒不可遏;也可能是"拍案叫绝",表示赞赏至极。

3. 可信性

当某人说他毫不畏惧的时候,他的手却在发抖,那么我们更相信他是在害怕。英国心理学家阿盖依尔等人的研究,当语言信号与非语言信号所代表的意义不一样时,人们相信的是非语言所代表的意义。

由于语言信息受理性意识的控制,容易作假,人体语言则大都发自内心深处,极难压抑和掩盖。

4. 个性化

一个人的肢体语言,同说话人的性格、气质是紧密相关的。爽朗敏捷的人同内向稳重的人的手势和表情肯定是有明显差异的。每个人都有自己独特的肢体语言,它体现了个性特征,人们经常从一个人的形体表现来解读他的个性。

4.3.3 非语言沟通的形式与技巧

1. 时空语言

任何谈判沟通总是在一定的时间和空间内进行的。因此,时间和空间也就成为沟通过程不可分割的组成部分,而且人们总是自觉地利用时空因素来沟通有关信息。

(1)时间控制。谈判沟通时间的选择,谈判间隔的长短,沟通次数的多少,以及赴会的迟早,往往显露出行为主体的品性与态度。

(2)空间控制。如果说时间的利用主要是传达行为主体自身的信息,那么,空间的利用则主要显示双方彼此间的关系。

2. 无声语言

身体语言,即以身体动作等特征表达出来的意义信息系统。比如,面部表情、手势、姿势、抚摩和拥抱等身体接触的方式。它们可以代替自然语言,辅佐深层次意义的表达,流露真实的感情。

1)面部语言

实验证明,人的面部表情是内在的,有较一致的表达方式。因此,面部表情多被人们视为一种"世界语"。

(1)目光语。目光语的作用主要体现在以下几点。

① 协调作用,可以用目光征询对方意见,协调立场,以达到内心的交流。

② 表达情感,比如,怒目圆睁、含情脉脉。

③ 指示方向,是指眼光所到之处,就是想说之物,或者让对方发言,或者让对方沉默。

④ 反映对方的语言和行为。如沉着的眼神表示冷静、有把握、肯定;弥散的眼神代表对方紧张、慌张、反应迟钝等。

视线接触的方向很有讲究。说话人的视线往下(即俯视),一般表示"爱护、宽容";视线平行接触(即正视),一般多为"理性、平等"之意;视线朝上接触(即仰视),一般体现"尊敬、期待"的语义。

瞳孔的变化是指接触时瞳孔的放大与缩小。瞳孔的变化是非意志所能控制的。在高兴、肯定和喜欢时,瞳孔必然放大,眼睛会很有神;而当痛苦、厌恶和否定时,瞳孔会缩小,眼睛会无光。眼睛是心灵的窗户,目光的接触也是灵魂的接触。读懂对方的眼神,也就读懂了他的内心世界。

(2)眉与嘴。在面部表情中,应注意脸部肌肉、眉、嘴的变化。我们常说的面红耳赤、满面春风、面善、面目可憎、笑靥动人等都是面部表情的具体表现。谈判时,面部表情最好亲切自然,同时注意观察对手的表情。

眉毛反映许多情绪。当人们表示感兴趣或疑问的时候,眉毛会上挑;当人们赞同、兴奋、激动时,眉毛会迅速地上下跳动;处于惊恐或惊喜的人,他的眉毛会上扬;而处于愤怒、不满或气恼时,眉毛会倒竖;当窘迫、讨厌和思索的时候,往往会皱眉。

嘴巴的动作同样反映人的内心。嘴巴紧闭而且不敢与他人目光相接触,可能心中藏有秘密,此时不愿透露;嘴巴不自觉地张着,并呈倦怠状,说明他可能对自己和对所处的环境感到厌倦;咬嘴唇,表示内疚;当对对方的谈话感兴趣时,嘴角会稍稍往后拉或向上拉。值得注意是,在英语国家,用手遮住嘴,有说谎之嫌。中国人在对人讲话时,为了防止唾沫外溅或口气袭人,爱用手捂住嘴,很容易使英语国家的人认为他们在说谎话。人们的喜、怒、哀、乐等心理往往通过面部表情反映出来,主要表现为笑、哭、木、呆等。

2）肢体语言

（1）手臂语。站立或走路时,双臂背在背后并用一只手握住另一只手掌,表示有优越感和自信心。如果握住的是手腕,表示受到挫折或感情的自我控制;如果握住的地方上升到手臂,就表明愤怒的情绪更为严重。手臂交叉放在胸前,同时两腿交叠,常常表示不愿与人接触;而微微抬头,手臂放在椅子上或腿上,两腿交于前,双目不时观看对方,表示有兴趣来往。双手放在胸前,表示自己诚实、恳切或无辜。如果双手手指并拢放置于胸前的前上方呈尖塔状,则通常表明充满信心。

（2）手势语。手势是身体动作中最核心的部分。

手势可以是各民族通用的,如摇手表示"不"。手势也会因文化而异,如在马路上要求搭便车时,英国、美国、加拿大等国家的人是面对开来的车辆,右手握拳,拇指跷起,向右肩后晃动。但在澳大利亚和新西兰,这一动作往往会被看作不雅之举。

在人们的日常生活中,有两种最基本的手势:手掌朝上,表示真诚或顺从,不带任何威胁性;手掌朝下,表明压抑、控制,带有强制性和支配性。手势语不仅丰富多彩,而且没有非常固定的模式。由于沟通双方的情绪不同,手势动作各不相同,采用何种手势,都要因人、因物、因事而异。

（3）腿部语。站立时两腿交叉,往往给人一种自我保护或封闭防御的感觉;相反,说话时双腿和双臂张开,脚尖指向谈话对方,则是友好交谈的开放姿势。架腿而坐,表示拒绝对方并保护自己的势力范围;而不断地变换架脚的姿势,是情绪不稳定或焦躁、不耐烦的表现。在讨论中,将小腿下半截放在另一条腿的上膝部,往往会被人理解为辩论或竞争性姿势;女性交叉上臂并架脚而坐,有时会给人以心情不愉快甚至是生气的感觉。笔直站立,上身微前倾,头微低,目视对方,表示谦逊有礼,愿意听取对方的意见。坐着的时候无意识地抖动小腿或脚后跟,或用脚尖拍打地板,表示焦躁、不安、不耐烦,或为了摆脱某种紧张感。

（4）体触语。体触是借身体间接触来传达或交流信息的行为,是人类的一种重要的非语言沟通方式。其影响因素有性别、社会文化背景、触摸的形式及双方的关系等。体触行为有握手、拥抱、碰撞等。由于体触行为进入了最敏感的近体交际的亲密距离,容易产生敏感的反应。特别在不同的文化背景中,体触行为有其不同的含义,因此在沟通中要谨慎对待。

3. 类语言

一般包括声音要素和功能性发音。前者如音质、音量、音调、节奏等辅助性语言,后者则指无固定词义的发音,如哭、笑、叹息、呻吟等。它们能够弥补语言表达感情的不足,增加了语言的特殊意义。

1）语速

语速对表达效果影响很大。语速过快,对方听不清楚,表现出紧张、激烈的情绪,会让对方感到压力;语速过慢,又会使对方难辨主次,而且犹豫、沉重。在谈判中说话过快或过慢都是不好的。应该合理变换语速,有些话说得快些,有些话说得慢些,快慢结合,这样才能充分调动对方,吸引对方。

2）节奏

节奏是音量的大小、强弱，音调的高低升降，音速的快慢缓急等音速组合的有秩序、有节拍变化、有规律的声音。节奏过于缓慢，很难引起对方的注意和兴趣，常使对方分心；节奏过快，很难使人立即接受并理解其真正的含义，给信息沟通带来麻烦。

所以节奏技巧的处理是有张有弛，有扬有抑。该平和的地方就放慢节奏，娓娓道来；该展示气度胸怀时，就要有高屋建瓴的气势，使整席话就如同一首好听的歌一样和谐。

3）重音

重音就是说话时着重突出某个字、词以示强调。一般来说，重音有以下三种类型。

（1）逻辑重音。根据谈判者目的不同而强调句子中不同的词语。例如：

<u>我们</u>不相信贵方会这样做。

我们不相信<u>贵方</u>会这样做。

我们不相信贵方会<u>这样</u>做。

（2）语法重音。根据一句话的语法结构规律而说成重音。定语、状语常是语法重音。

（3）感情重音。为了表达思想感情，谈判者在一句话、几句话，甚至一段话中对某些音节加重音量。

4）停顿

停顿是因内容表达和生理、心理的需要而在说话时所做的间歇。谈判者为了表示某种特定的意思而有意安排的停顿，可以引起对方的注意，强调我方的重点，达到"此时无声胜有声"的境界。一般来说，停顿可以分为四种。

（1）语法停顿。语法停顿是指按照标点符号所做的间歇。诸如遇到句号、逗号、顿号、分号等都可做或长或短的停顿。

（2）逻辑停顿。逻辑停顿指为了突出强调某一事物或显示某一语音而做的停顿。逻辑停顿有时打破标点符号的局限，在无标点处停顿。这种情况一般与逻辑重音相配合。

（3）感情停顿。感情停顿指由感情需要而做的停顿，受感情支配，有丰富的内在含义和饱满的真情实感，多用来表达沉吟思考、情感激动、恼怒愤慨等情感。

（4）生理停顿。生理停顿指说话时在长句子中间合适的地方顿一顿、换一口气。

在谈判过程中，谈判者可以用停顿来突出、强调自己的观点或意图，吸引对方的注意力；也可以通过恰当的停顿，给对方留下一定的思考时间，促使对方更充分、深入地分析、思考这些话的内涵，便于接受己方的观点，达到对所讨论问题的共识。

总之，语音的停顿、升降、快慢并不是相互孤立的。它们是密切联系、相互渗透、同时出现的。它们的使用也必须从谈判语言运用的实际出发，灵活地加以变化，从而有效地增强语言的说服力和感染力，促进谈判双方间的相互沟通。

在商务谈判工作中我们会遇到各种各样的人物、各种各样的情况，这都需要我们根据沟通目的、沟通对象、沟通环境的不同，采取合适的方式进行沟通。商务谈判沟通能力是我们职业素养、专业知识、经验阅历的综合体现，需要我们在今后的学习和工作中不断地思考、不断地总结、不断地提高完善。

任务小结

本任务主要介绍了谈判中的非语言沟通技巧。

商务谈判非语言沟通具有无意识性、情境性、可信性、个性化的特征。非语言沟通包括时空语言、无声语言、类语言。时空语言,谈判中对时间和空间的控制是谈判的重要组成部分。无声语言包括面部表情,如目光视线、脸部肌肉、眉、嘴的变化;肢体语言如手臂语、手势、腿部语、体触语等。类语言如语速、节奏、重音、停顿的运用等。

复习思考题

1. 商务谈判中有哪些非语言沟通方式?
2. 非语言沟通有哪些特征?
3. 什么是时空语言?
4. 如何运用无声语言?
5. 什么是类语言?

案例分析

案例 4-8 沟通不仅在语言上

一位英国商人在伊朗做生意,经过几个月的唇枪舌剑,最终签订了正式合同。他签完合同后,转向他的伊朗同事做了一个大拇指朝上的动作。他这个举动立刻引起一阵骚动,对方总裁立即拂袖而去。这个英国人还"丈二和尚摸不着头脑",他的伊朗同事也因尴尬而难以启齿。

实际上理由很简单,大拇指朝上在英国表示"好""不错"的意思,但是在伊朗文化中表示"不满意",甚至"卑鄙下流"的意思。当这个英国人知道真相后,感慨地说:"这是我一生中最尴尬的时刻,我感觉自己像孩子一样在没有节制地胡言乱语。虽然我的伊朗同事原谅了我的无知,但原先建立起来的良好关系已经不复存在了。这是我一生中都需要记住的教训。"

思考:
这位英国商人的教训给了我们什么启示?

实训项目

实训目的:
锻炼在沟通中非语言的应用与观察能力。

实训背景:
传话小游戏。

实训要求:
1. 以小组为单位,小组成员依次排列好,向后转。
2. 小组第一名同学接受传话题目,以非语言形式传递给第二名同学,然后第二名同学传递给第三名,以此类推。
3. 以各小组最终传递的准确度排名。
4. 班级讨论非语言沟通的技巧心得。

学习情境 五

商务谈判礼仪

 学习目标

知识目标

1. 掌握商务谈判基本礼仪,如着装、言谈举止、手势、目光等方面的要求。
2. 掌握商务谈判会面中接待、介绍、握手、名片、送客等技巧。
3. 掌握商务谈判中会场准备、签约仪式等方面的要求。

能力目标

1. 能够合理运用商务谈判基本礼仪。
2. 能够合理运用商务谈判会面礼仪。
3. 能够进行会场布置、签约仪式安排。

素质目标

1. 在商务谈判沟通中能够自觉地运用各项礼仪要求,从自我形象到言谈举止中做到优雅大方,处处体现出较高的个人素质。
2. 能够根据谈判需求,组织人员,合理分工。

 任务5.1 商务基本礼仪

我们应该如何理解"礼仪"这个词呢?

"礼"表示尊重,所谓"礼者敬人也"。在人际交往中,既要尊重别人,也要尊重自己。但是如果我们只是内心尊重,有时候对方是无法感受到的,所以这种尊重需要恰当地表现出来。"仪"就是恰到好处地向别人表示尊重的形式。

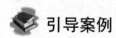 **引导案例**

案例5-1 55387定律

决定第一印象的诸多因素中,55%来源于人的外表穿着,包括服装款式、颜色,和呈现出来的气质等;38%来源于人的肢体动作、语调和语气;只有7%来源于人的谈话内容。55387定律表明,对每个人的判断与认识有超过一半的印象是由人的外表形象决定的。因此,生活、工作以及社交中每个人的外表就显得非常重要。

在商务谈判工作中,礼仪同样具有重要的作用。大方得体、热情周到的接待能让客户感受到我们的真诚,有利于拉近双方距离,创造良好的谈判氛围;得体的言谈举止,能给对方留下良好的印象,有利于塑造企业形象;商务谈判中难免会有冲突,规范的礼仪有利于双方沟通感情,建立长久的友谊。

因此,在商务谈判过程中始终都要非常注重礼仪。

5.1.1 商务谈判服饰礼仪

服饰覆盖了人体近90%的面积,当我们还没有看清一个人的容貌,来不及揣测对方心理状态的时候,这个人的服饰往往已经给我们重要的提示。服饰是指衣服及其装饰,它包括衣服和装饰两个部分。

1. 女士仪容重在"雅"

商务场合女士的仪容应突出"雅",妆容配合气质,典雅不失清新,亮丽而不俗气,不要过分追求时髦和奇特。

(1) 公司员工统一制服。
(2) 佩戴工作牌于胸前,随时接受客户的监督和检查。
(3) 不得佩戴装饰性很强的项链、耳环、装饰物、标记和吉祥物。
(4) 工作服要洗烫整洁,不能悬挂笔,口袋不能放手机等用品。
(5) 穿裙装时,必须穿连裤丝袜,切忌脱丝(包里可随时准备一双新丝袜)。
(6) 穿黑色中跟皮鞋,不得穿拖鞋及松糕鞋。

案例 5-2　女士着装五不准

发型发式。女士的发型发式应该美观大方,需要特别注意的是,在选择发卡、发带的时候,样式应该庄重大方。

面部修饰。女士在正式的商务场合,面部修饰应该以淡妆为主,不要浓妆艳抹,但也不能不化妆。

着装修饰。女士在商务着装的时候总体要求是干净整洁。同时,要严格地区分职业套装、晚礼服及休闲服。在着正式的商务套装的时候,应该避免穿无领、无袖,或者领口开得太低、太紧身的衣服,衣服的款式要尽量合身,以便活动。

丝袜及皮鞋。女士在选择丝袜及皮鞋的时候,需要注意丝袜的长度一定要高于裙子的下摆,同时在选择皮鞋时应尽量避免鞋跟过高、过细。

必备物品。商务礼仪的目的是为了体现出对他人的尊重,女士在选择佩戴物品的时候,修饰物应该尽量避免过于奢华。

2. 男士仪容重在"洁"

男士仪容应突出一个"洁"字,头发、面容、手部、服装、皮鞋等整洁无污渍、无异味。

(1) 身着公司统一制服、领带。
(2) 佩戴工作牌于胸前,随时接受客户的监督和检查。
(3) 不得佩戴装饰性很强的装饰物、标记和吉祥物。

(4) 服装及领带要熨烫整齐，不得有污损。

(5) 领带打好后，其箭头长度以刚好到达皮带扣为宜。

(6) 衬衫袖口应扣上，衬衫下摆应束在裤内。

(7) 西裤的长度以着鞋后距地面1厘米为宜。

5.1.2 商务谈判仪态礼仪

1. 站姿

1) 女士站姿要"优雅"

(1) 抬头、挺胸、收腹。

(2) 双脚并拢；或脚尖呈V字形分开，脚跟并拢，呈丁字步站立。

(3) 双手自然下垂于身体两侧或在身前交叠。

(4) 仪态自然、轻松、优美、挺拔。

2) 男士站姿要"端正"

(1) 头摆正，双眼平视前方，微收下颌，面带微笑，动作平和自然。

(2) 脖颈挺拔，肩放平，双肩舒展，保持水平并稍微下沉。

(3) 两臂自然下垂，手指自然弯曲。

(4) 身体直立，身体重心放在两脚之间。

(5) 挺胸，伸直背肌，双肩尽量展开。收腹、立腰，臀部肌肉收紧，重心从身体的中心稍向前方，并尽量提高，有向上升的感觉。

(6) 双腿直立，膝盖放松，大腿略微收紧。双膝和双脚并齐，两脚跟、脚尖并拢，身体重心落于前脚掌。

3) 站姿注意事项

(1) 不可两腿交叉站立。

(2) 不准将手插在腰间。

(3) 不可双手插于衣裤袋中。

(4) 两臂交叉，表明对他人采取的是审视或排斥的态度。

(5) 女士不要分开双脚站立，男士两脚间距不要大于双肩。

(6) 不可交叉腿斜靠在马路旁的树干、招牌、墙壁、栏杆上。

(7) 不可不停地摇摆身子，扭捏作态。

(8) 不可与他人勾肩搭背地站着。

(9) 不可膝盖伸不直，及踝关节交叉站立。

(10) 多人站位阵型也很重要，避免让人误会：两人呈八字形站立，表明允许第三人加入他们的势力范围；三人呈门字形站立，表明可容纳第四人。

2. 坐姿

人们在生活中经常采用坐姿，良好的坐姿能体现气质和美，中国古代对坐姿十分讲究。要求坐姿与周围环境协调一致，与自己的身份相应相称。若处于庄严环境，则整理风纪，正襟危坐；若处于宴请场合，则尽量身体前倾，方便进餐；若人在休闲之时，身体方可稍向后坐。

1）就座

入座时，走到座位前，转身后把右脚向后撤半步，轻稳坐下。然后把右脚与左脚并齐，坐在椅上，上体自然挺直，头正，表情自然亲切，目光柔和平视，嘴微闭，两肩平正放松，两臂自然弯曲放在膝上，也可以放在椅子或沙发扶手上，掌心向下，两脚平落地面。起立时，右脚先后收半步，然后站起。

一般来说，在正式社交场合，要求男士两腿之间可有一拳的距离，女士两腿并拢无空隙。两腿自然弯曲，两脚平落地面，不宜前伸。在日常交往场合，男士可以跷腿，但不可跷得过高或抖动；女士大腿并拢，小腿交叉，但不宜向前伸直。

要想坐姿更加优美，入座时就要轻柔和缓，就座时不可以扭扭歪歪，两腿过于叉开，不可以高跷起二郎腿，若跷腿则悬空的脚尖应向下。坐下后不要随意挪动椅子，腿脚不停地抖动。女士着裙装入座时，应用手将裙装稍拢一下，不要坐下后再站起来整理衣服。在正式场合与人会面时，不可以一开始就靠在椅背上。就座时，一般坐椅子的 2/3，不可坐满椅子，也不要坐在椅子边上过分前倾。

2）离座

（1）礼貌声明：离开座椅时，身边如果有人在座，应该用语言或动作向对方先示意，随后再站起身来。

（2）注意次序：和别人同时离座，要注意起身的先后次序。要优先尊长，即地位低于对方时，应该稍后离座。地位高于对方时，可以首先离座。双方身份同等时，可以同时起身离座。无论如何，抢先离座都是失态的表现。

（3）动作轻缓：离座时要注意礼仪序列，不要突然起身离座，最好动作轻缓。不要因为不注意而弄出响声或将椅垫、椅罩弄掉在地上。

（4）从左离开："左出"是一种礼节。不论是从正面、侧面还是背面走向座位，通常都讲究从左侧一方离开自己的座位。

3. 行姿

在现代职业形象中，走路也有一定的讲究，并不如我们想象的那般简单，快、慢、急、缓而非随心所欲。那么走路的礼仪都有哪些呢？

1）标准走姿的基本要求

（1）上身自然挺拔，头正、挺胸、收腹、立腰，重心稍向前倾。双目向前平视，微收下颌，面容平和自然，不左顾右盼，不回头张望，不盯着行人乱打量。

（2）双肩平稳、肩峰稍后张，大臂带动小臂自然前后摆动，两臂以身体为中心，前后自然摆，肩勿摇晃；前摆时，手不要超过衣扣垂直线，肘关节微屈约30°，掌心向内，勿甩小臂，后摆约15°时勿甩手腕。

（3）注意步位。行走时，假设下方有条直线，男士两脚跟交替踩在直线上，脚跟先着地，然后迅速过渡到前脚掌，脚尖略向外，距离直线约5厘米。女士则应走一字步走姿，即两腿交替迈步，两脚交替踏在直线上。

（4）步幅适当。男士步幅（前后脚之间的距离）约25厘米，女士步幅约20厘米。一般来说，前脚的脚跟与后脚尖相距约为一脚长。步幅与服饰也有关，如女士穿裙装（特别是穿旗袍、西服裙、礼服）时步幅应小些，穿长裤时步幅可大些。

(5) 注意步态。步态,即行走时的基本态势。性别不同,行走的态势应有所区别。男士步伐矫健、稳重、刚毅、洒脱、豪迈,好似雄壮的"进行曲",气势磅礴,具有阳刚之美,步伐频率每分钟约 100 步;女士步伐轻盈、玲珑、贤淑,具有阴柔秀雅之美,步伐频率约 90 步每分钟。

2) 行走中的注意事项

(1) 不要将脚走成内八字或外八字。

(2) 不要驼背弯腰、左右摇晃肩膀。

(3) 不要步子太大或太碎,更不能奔来跑去。

(4) 不要大甩手,扭腰摆臂,左顾右盼。

(5) 不要双腿过于弯曲,走路不成直线。

(6) 不要脚蹭地面,走路拖拖拉拉。

(7) 不要双手插裤兜,或抱着双臂。

(8) 不要横冲直撞,行进中一定要注意行人,尽量减少在人群中穿行的机会。更不要悍然抢行,有急事要超过前面的行人,可以大步超过并转向被超越者致意道歉。

(9) 不要阻挡道路,多人一起行走不要排成横队。

(10) 不要在走路时制造噪声,应有意识地悄无声息。

3) 社交场合中常用的走姿

(1) 给客人做向导时,应走在客人的左侧前方约 1 米的位置;本人的行进速度须与客人相协调,不能走得太快或太慢;行进中一定要处处以对方为中心,经过拐角、楼梯等处,要及时地关照提醒。

(2) 上下楼梯时,礼让客人,上楼时请客人前行,下楼时请客人后行。

(3) 进出电梯时,以礼相待,请客人先进先出,服务人员站在门口礼让对方并顺势作出"请"的动作。

(4) 出入房门时,引领客人出入房门要先通报;要以手开关;要反手开关门面向他人;礼让客人请对方先进先出;要为客人拉门或推门。

行走的姿势也是每个人的最基本的行为动作,它的姿势也是行为礼仪中不可缺少的内容,重视行走姿势,才能更好地表达一个人的气质与风度。

5.1.3 商务谈判举止礼仪

1. 亲切灿烂的笑容

1) 根据自己的笑容特点来改变和调整自己的表情

经常照照镜子,观察一下自己微笑时的神态,看看自己微笑时的关键部位,包括眼角是否下垂,口型是否好看,是半张好还是抿着好,牙齿露出多少合适。找出最适合自己特点的微笑,勤加练习,就会收到理想的效果。

2) 展露自己真诚的笑容,才会获得别人的真心喜欢

真心的笑容是最美丽的。当你被快乐、感激和幸福包围着时,流露出的笑容是自然的,而当心中有温和、体贴、慈爱等感情时,眼睛就会露出微笑,给人以诚心诚意的感觉。

3) 笑容要能够收放自如

微笑也是要讲究技巧的,有节制的微笑才更能够表现你的魅力。有的人笑起来就一发不可收拾,搞得别人莫名其妙,这样就会使自己的形象大打折扣。商务谈判毕竟是一件严肃

的事情，没有节制的笑肯定会影响效果。微笑要既不做作也不张狂，还要能够表现出倾听的热情，这样就能够为我们的谈判工作加分。

案例 5-3　微　　笑

以下是西班牙内战后一名士兵的回忆。

西班牙内战时，我参加了国际纵队，到西班牙参战。在一次激烈的战斗中，我不幸被俘，被投进了单间监牢。

对方那轻蔑的眼神和恶劣的态度，使我感到自己像是一只待宰的羔羊。我从狱卒口中得知，明天我将被处死。我的精神立刻垮了下来，恐惧占据了全身。我双手不住地颤抖，伸向上衣口袋，想摸出一支香烟来。这个衣袋被搜查过，但竟然还留下了一支皱巴巴的香烟。因为手抖不止，我试了几次才把它送到几乎没有知觉的嘴唇上。接着，我又去摸火柴，但是没有，都被搜走了。

透过牢房的铁窗，借着昏暗的光线，我看见一个士兵，一个像木偶一样一动不动的士兵。他没有看见我，当然，他用不着看我，我不过是一件无足轻重的破东西，而且马上就会成为一具让人恶心的尸体。但我已顾不得他会怎么想我了，我用尽量平静的、沙哑的嗓音一字一顿地对他说："对不起，有火柴吗？"

他慢慢扭过头来，用他那冷冰冰的、不屑一顾的眼神扫了我一眼，接着又闭了一下眼，深吸了一口气，慢吞吞地踱了过来。他脸上毫无表情，但还是掏出火柴，划着火，送到我嘴边。

在这一刻，在黑暗的牢房中，在那微小但又明亮的火柴光下，他的双目和我的双目撞到了一起，我不由自主地咧开嘴，对他送上了微笑。我不知道我为什么会对他笑，也许是因为两个人离得太近了，一般在这样面对面的情况下，人不大可能不微笑。不管怎么说，我是对他笑了。我知道他一定不会有什么反应，他一定不会对一个敌人微笑。但是，如同在两个冰冷的心中，在两个人类的灵魂间撞出了火花，我的微笑对他产生了影响，在几秒钟的发愣后，他的嘴角也开始不大自然地往上翘。点着烟后，他并不走开，他直直地看着我的眼睛，露出了微笑。

我一直保持着微笑，此时我意识到他不是一个士兵、一个敌人，而是一个人！这时他也好像完全变成了另一个人，从另一个角度来审视我。他的眼中露出人的光彩，探过头来轻声问："你有孩子吧？"

"有，有，在这儿呢！"我用颤抖的双手从衣袋里掏出票夹，拿出我与妻子和孩子的合影给他看。他也赶紧掏出他和家人的合影给我看。并告诉我说："出来当兵一年多了，想孩子想得要命，再熬几个月，才能回家一趟。"

我的眼泪止不住地往外涌，对他说："你的命可真好，愿上帝保佑你平安回家。可我再不能见到我的家人了，再也不能亲吻我的孩子了！"我边说边用脏兮兮的衣袖擦眼泪、擦鼻子。他的眼中也充满了同情的泪水。

突然，他的眼睛亮了起来，用食指贴在嘴唇上，示意我不要出声。他机警地、轻轻地在过道巡视了一圈，又踮着脚尖小跑过来。他掏出钥匙打开了我的牢门。我的心情万分紧张，紧紧地跟着他贴着墙走，他带我走出监狱的后门，一直走出城。之后，他一句话也没说，转身往回走了。

我的生命被一个微笑挽救了！

2. 掌握沟通的距离

由于人们交往性质的不同,个体空间的限定范围也有所不同。一般来说,关系越密切,个体空间的范围划得越小。美国人类学家爱德华·霍尔博士认为,根据人们交往关系的不同程度,可以把个体空间划为四种距离。

1) 亲密距离

亲密距离是人际交往中最小的间距。处于 0~15 厘米,属于亲密接触的关系。如果用不自然的方式或强行进入他人的亲密距离,会被认为是对他人的侵犯。处于 15~45 厘米,是个人身体可以支配的势力圈。根据这一原理,飞机上、长途汽车上和影剧院都采取长排向前的座位,尽量避免对面的座位,使每个人都拥有一个平均的前方势力圈。

2) 个人距离

个人距离较少直接身体接触。处于 45~75 厘米,适合在较为熟悉的人们之间,可以亲切地握手、交谈;或者向他人挑衅。处于 75~120 厘米,这是双方手腕伸直,可以互触手指的距离,也是个人身体可以支配的势力圈。

3) 社交距离

社交距离已经超出亲密或熟悉的人际关系。处于 120~210 厘米,一般是工作场合和公共场所。在现代文明社会,一切复杂的事物几乎都在这个距离内进行。如接待因公来访的客人;或进行比较深入的个人洽谈时大多采用这个距离。处于 210~360 厘米,表现为更加正式的交往关系,是会晤、谈判或公事上所采用的距离,公司的总经理与下属谈话等,由于身份的关系需要与部下之间保持一定的距离。

4) 公众距离

公众距离人际沟通大大减小,很难进行直接交谈。处于 360~750 厘米,这是产生势力圈意识的最大距离。如教室中的教师与学生,小型演讲会的演讲人与听众的距离。所以在讲课和演讲时用手势、动作、表情以及使用图表、字幕、幻灯等辅助教具,都是为了"拉近距离",以加强人际传播的效果。处于 750 厘米以上距离位置,在现代社会中,则是在大会堂发言、演讲、戏剧表演、电影放映时与观众保持的距离。

商务谈判工作中正式场合适合选用社交距离,某些特殊情况下如谈判双方特别熟悉或谈判间隙的交流活动中可以选用个人距离。

3. 手势礼仪

1) 用手指示引导

在商务交谈中,用手指指点点是失礼的行为。如伸出食指向对方指指点点,这个手势表示对对方的轻蔑与指责。

正确的引导手势是五指并拢,手心向上与胸齐,以肘为轴向外转。

2) 递接物品

递接物品时应以尊重对方、方便对方、双手递物为原则。

(1) 递交有文字的物品(如文件)应使文字正面朝着对方,不可倒置。

(2) 递笔、刀剪之类尖利物品,将尖头朝向自己的虎口,不要指向对方。

(3) 递较重物品应双手托住底部,注意留出对方方便接拿的位置,并让对方稳当接住后方可放手。

(4) 递包时,左手托住包底,右手提握提手的一边递给对方。

(5) 接取物品时,应当目视对方,而不要只顾注视物品,同时点头示意或道谢。应当起身而立,并主动走近对方。

(6) 接物时应当拿稳,避免物品掉落。

(7) 当对方递过物品时,再以手前去接取,切勿急不可待。

4. 视线

1) 目光接触的技巧

视线水平表现客观和理智;视线向上表现服从与任人摆布;视线向下表现权威感和优越感。

2) 目光注视区域

我们常说,与人沟通时应看着对方,有目光接触,但直视对方双眼往往会显得尴尬、突兀、不礼貌。那么到底应该如何注视对方呢?

(1) 公务凝视区。即在洽谈业务、贸易谈判或者磋商问题时所使用的一种凝视。这个区域是以两眼为底线、额中为顶角形成的一个三角区。在公务交谈时,如果你看着对方的这个区域就会显得严肃认真,对方也会觉得你有诚意;在交谈时,如果你的目光总是落在这个凝视区,你就会把握谈话的主动权和控制权。

(2) 社交凝视区。即以两眼为底线、唇心为下顶点所形成的倒三角形区域,通常在社交场所使用这种凝视。当你和他人谈话时注视着对方的这个部位,能给人一种平等而轻松的感觉,营造出一种良好的社交气氛。

(3) 亲密凝视区。即亲人、恋人之间使用的一种凝视。这个位置是从双眼到胸部之间。这种凝视往往带有亲昵和爱恋的感情色彩,一般在关系亲密的人之间采用这种方式。

3) 目光注视禁忌

(1) 斜视、俯视、盯视、扫视。

(2) 眼珠不停地转动,游移不定。

(3) 与客户交谈时,眼睛不看客户。

 任务小结

本任务内容主要介绍了商务谈判的基本礼仪要求。

商务谈判场合的服饰,女士要"雅",男士要"洁",颜色搭配合理,避免夸张的配饰。站立时,仪态自然、轻松、优美、挺拔。入座时,走到座位前,转身后把右脚向后撤半步,轻稳坐下;起立时,右脚先后收半步,然后站起。标准走姿要双肩平稳、步幅适当、注意步态。

举止礼仪要有亲切灿烂的笑容,掌握沟通的距离,注意手部礼仪和目光礼仪。沟通的距离分为亲密距离、个人距离、社交距离、公众距离。用手指示引导,要五指并拢,以手掌指示,不能用一个手指指示;递接物品时应以尊重对方、方便对方、双手递物为原则。目光注视区域分为公务凝视区、社交凝视区、亲密凝视区,应根据谈判场合恰当使用。

复习思考题

1. 商务谈判着装礼仪对男女士分别有哪些要求？
2. 在商务谈判活动中，站、坐、行各方面分别有哪些要求？
3. 在商务谈判活动中如何运用沟通的距离？
4. 在商务谈判活动中手部的使用有哪些要求？
5. 在商务谈判活动中目光的运用有哪些要求？

案例分析

案例 5-4　金先生的教训

某照明器材厂的业务员金先生按原计划，手拿企业新设计的照明器材样品，兴冲冲地登上六楼，脸上的汗珠未及擦一下，便直接走进了业务部张经理的办公室，正在处理业务的张经理被吓了一跳。"对不起，这是我们企业设计的新产品，请您过目。"金先生说。张经理停下手中的工作，接过金先生递过的照明器，随口赞道："好漂亮啊！"并请金先生坐下，倒上一杯茶递给他，然后拿起照明器仔细研究起来。金先生看到张经理对新产品如此感兴趣，如释重负，便往沙发上一靠，跷起二郎腿，一边吸烟一边悠闲地环视着张经理的办公室。当张经理问他电源开关为什么装在这个位置时，金先生习惯性地用手搔了搔头皮。

虽然金先生做了较详尽的解释，张经理还是有点半信半疑。谈到价格时，张经理强调："这个价格比我们预算高出较多，能否再降低一些？"金先生回答："我们经理说了，这是最低价格，一分也不能再降了。"张经理沉默了半天没有开口。金先生却有点沉不住气，不由自主地拉松领带，眼睛盯着张经理。张经理皱了皱眉，说："这种照明器的性能先进在什么地方？"金先生又搔了搔头皮，反反复复地说："造型新、寿命长、节电。"张经理托词离开了办公室，只剩下金先生一个人。金先生等了一会儿，感到无聊，便非常随便地拿起办公桌上的电话，同一个朋友闲谈起来。这时，门被推开，进来的却不是张经理，而是办公室秘书。

思考：
请结合案例分析，金先生的生意没有谈成，他的礼仪缺陷有哪些？

实训项目

实训目的：
练习商务谈判基本礼仪应用。

实训背景：
自制礼仪小视频。

实训要求：

1. 以小组为单位，小组内合理分工，共同完成。
2. 根据基本礼仪要求，拍摄商务活动基本礼仪小视频。
3. 拍摄主题可以是商务谈判着装要求、站坐行标准姿态演示、沟通距离演示、手部动作演示等，也可以是不合乎礼仪的行为点评。
4. 小视频班级分享，相互点评，共同学习。

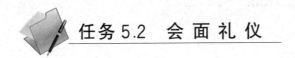

任务 5.2 会面礼仪

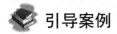

案例 5-5 老友偶遇勿失礼仪

国庆节,王峰带着妻子儿女在大剧院观看音乐剧,刚刚落座,就发现有 3 个人向他们走来。其中一个人边走边伸出手大声地叫:"喂!这不是'超人'吗?你怎么回来了?"这时,王峰才认出说话的人是他的高中同学贾征。

贾征如今当上了老板,今天正好陷着两位从中国香港来的生意伙伴一起看音乐剧。这两位生意伙伴是他交往多年的一对夫妇。

此时,王峰和贾征都既高兴又激动。贾征大声寒暄之后,才想起了王峰身边还站着一位女士,就问王峰身边的女士是谁。王峰这时才想起向贾征介绍自己的妻子。待王峰介绍完毕,贾征高兴地走上去,给了王峰妻子一个拥抱。这时贾征也想起该向老同学介绍他的生意伙伴了。

思考:

上述场合的见面有无不符合礼仪的地方?请指出来,并说明正确的做法是什么。

会面是商务谈判过程中重要的一环,迎送、问候、介绍等得体的礼仪对谈判工作的顺利展开都有重要意义。

5.2.1 商务谈判迎接礼仪

1. 迎接规格

迎接规格主要根据前来谈判人员的身份和目的、我方与被迎接方的关系以及惯例这三个方面的情况来确定。

主迎接人身份、职务应和对方来人对口对等。如果主迎接人因故不能出面或不能保证对等,可适当变通,并向对方作出解释,获得理解。

只有当对方与我方关系特别密切,或我方处于特殊需要时,才可破格接待。除此之外都应按常规惯例接待。

2. 做好接待准备工作

提前掌握对方到达和离开的方式及时间,提前到达机场或车站等候客人,以示对对方的尊重与重视。

提前与对方沟通住宿事宜,确定是否需要为其预订房间。客人到达后,稍加寒暄,即陪客人前往酒店,安排客人休息。

5.2.2 商务谈判会面礼仪

1. 问候

1）打招呼

打招呼是与客户语言交流的开始,打招呼可以表现出开朗、热情,容易让对方接受,更容易进行沟通。

2）称呼礼

（1）男士一般称先生,未婚女士称小姐,已婚妇女称女士。

（2）不知道客户的姓氏时,可称"这位先生/这位小姐"。

（3）称呼第三者不可用"他/她",而要称"那位先生/那位小姐"。

（4）对于不便称呼或者对方不乐意接受的,可免去称呼礼直接问好。

（5）已知对方姓氏和职务时使用姓氏＋职务进行称呼。

（6）打招呼时要使用尊称,慎用简称。

2. 介绍礼仪

1）自我介绍礼仪

自我介绍是谈判双方互不相识,又没有中间人的情况下采用的一种介绍方式。在自我介绍时要说明自己的姓名、身份、单位等,并表达出愿意和对方结识的意愿。介绍自己时要不卑不亢、面带微笑,陈述要简洁、清晰。

2）介绍他人礼仪

（1）为他人做介绍时,将被介绍人的姓名、身份、单位（国家）等情况,做简要说明,更详细的内容由被介绍者根据其意愿自己去介绍。

（2）正式介绍的国际惯例一般是:先将年轻的介绍给年长的;先将职务、身份较低的介绍给职务、身份较高的;先将男士介绍给女士;先将客人介绍给主人;先将未婚的介绍给已婚的;先将个人介绍给团体。

（3）对于远道而来又是首次洽谈的客人,介绍人应该准确无误地把客人介绍给主人。

（4）介绍双方认识时,应避免刻意强调一方,否则,会引起另一方的反感。

（5）介绍他人时注意手势礼仪,切不可用单一手指指人,应五指伸直并拢,掌心向上,腕关节伸直,手与前臂形成直线,整个手臂约弯曲140°,以肘关节为轴,手指指向被介绍人;身体略前倾,面带微笑,目视被介绍人,并兼顾客人。

3）被人介绍礼仪

除女士和年长者外,被介绍时一般应起立面向对方,但在宴会桌上、谈判桌上可不必起立,被介绍者只要微笑点头,距离较近可以握手,距离较远可举右手致意。

3. 握手礼仪

由于文化背景、风俗习惯以及沟通场合、熟识程度等因素的不同,人们致意的礼节也丰富多样,如点头、鞠躬、拱手、拥抱。其中,握手是现在最为普遍的世界性"见面礼"。

要想恰当掌握这项礼节,以下几点必须注意。

1）握手的顺序

（1）握手的顺序是先尊后卑。

(2) 上下级之间,上级先伸手。
(3) 年长者与年轻者之间,年长者先伸手。
(4) 男士与女士之间,女士先伸手。
(5) 主人与客人之间,主人应该先伸手,以显示对新进客人的欢迎。如果是客人要离去告辞时,则应该客人先伸手与主人道别。
(6) 当和多人握手时,应按照由近而远顺时针方向。

2) 握手的方法

(1) 一定要用右手握手。
(2) 要紧握对方的手,时间一般以1～3秒为宜。当然,过紧地握手,或是只用手指部分漫不经心地接触对方的手都是不礼貌的。
(3) 被介绍之后,最好不要立即主动伸手。年轻者、职务低者被介绍给年长者、职务高者时,应根据年长者、职务高者的反应行事,即当年长者、职务高者用点头致意代替握手时,年轻者、职务低者也应随之点头致意。和年轻女士或异国女士握手,一般男士不要先伸手。男士握手切忌戴手套握手。
(4) 握手时双目应注视对方,微笑致意或问好,多人同时握手时应顺序进行,切忌交叉握手。
(5) 女士可以在社交场合戴着薄纱手套与人握手,男士无论何时都不能在握手时戴手套。
(6) 除非眼部有疾病或者特殊原因,否则握手时不要戴着墨镜。
(7) 握手时,不要过分客气,不要点头哈腰或是唯唯诺诺,要大大方方坦诚地做动作。
(8) 在任何情况拒绝对方主动要求握手的举动都是无礼的,但手上有水或不干净时,应谢绝握手,同时必须解释并致歉。
(9) 不能在与他人握手之后,马上擦拭自己的手。

4. 名片礼仪

1) 名片的准备

(1) 名片不要和钱包、笔记本等放在一起,原则上应该使用名片夹。
(2) 名片夹可放置于西装内袋,但不可放在裤兜里,特别要避免名片由裤子后方的口袋掏出。
(3) 要保持名片或名片夹的清洁、平整,不可递出污旧、涂改或褶皱的名片,电话改了没印新名片要说明并表示歉意。

2) 递送名片

(1) 面带微笑注视对方,将名片正面朝向对方,用双手的拇指和食指分别持握名片上端的两角送给对方。
(2) 如果是坐着的,应当起立或欠身递送。
(3) 同时口中相应地介绍自己"您好,我是×××,公司的销售代表,这是我的名片"。

3) 接收名片

(1) 双手接收。如果是坐着,应起身或欠身接受对方名片。
(2) 接过名片后,要认真地看一遍,轻微读出客户的姓氏和职务,并记住以便称呼。
(3) 遇到不认识的姓名,要虚心请教,以免称呼错误。

(4) 接收到名片后感谢对方。
(5) 不要当面在接收到的名片上做标记或写字。
(6) 不要无意识地玩弄对方的名片。
(7) 不要将对方的名片遗忘在座位上,或存放时不注意落在地上。

4) 递出名片的次序
(1) 辈分较低者、下级、访问者或被介绍方,率先递出个人的名片。
(2) 上司在时不要先递交名片,要等上司递上名片后才能递上自己的名片。
(3) 互换名片时,应用右手拿着自己的名片,用左手接对方的名片后,用双手托住。

5.2.3 送客礼仪

礼仪要善始善终,对他人的尊重往往体现在每一个细节里。心理学上不但有首因效应,也有"末因效应",即"最初的"和"最后的"信息都能给人们留下深刻印象,"最初的"印象尚可弥补,而"最后的"信息往往无法改变。所以我们不仅讲究第一印象,还要注重最后的印象。

"送往"的意义大于"迎来",所以俗话说"出迎三步,身送七步",送客如果处理不好,就将影响整个接待工作,使接待工作前功尽弃。七分送就是送客户的时候,目送到到看不见对方时,你才可以离开,这也是对他人的尊重。

 任务小结

本任务内容主要介绍了商务谈判会面时常用的商务礼仪。

迎接礼仪的迎接规格主要根据前来谈判人员的身份和目的、我方与被迎接方的关系以及惯例这三个方面的情况来确定;做好接待准备工作,提前掌握对方到达和离开的方式及时间,提前到达机场或车站等候客人,以示对对方的尊重与重视。

会面礼仪包括问候、介绍、握手、递名片的礼仪。

能够开朗、热情地打招呼,打招呼时要使用尊称。在介绍时要说明姓名、身份、单位等,并表达出愿意和对方结识的意愿。介绍自己时要不卑不亢、面带微笑,陈述要简洁、清晰;被介绍时一般应起立面向对方。握手的顺序是先尊后卑,用右手握手,时间一般以1~3秒为宜,双目应注视对方,微笑致意或问好。名片应该放置在名片夹内,保持名片或名片夹的清洁、平整;递出名片时要注意次序,辈分较低者、下级、访问者或被介绍方,率先递出个人的名片;递名片时要面带微笑注视对方,将名片正面朝向对方,用双手的拇指和食指分别持握名片上端的两角送给对方;接收名片时应双手接收。礼仪要善始善终,送客礼仪也应重视。

复习思考题

1. 商务谈判迎、送客人分别有哪些要求?
2. 在商务谈判活动中介绍的礼仪有哪些要求?
3. 在商务谈判活动中握手的礼仪有哪些要求?
4. 在商务谈判活动中名片的使用有哪些要求?

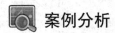 案例分析

案例 5-6　应该怎么做

某外国公司总经理史密斯先生在得知与新星贸易公司的合作很顺利时,便决定携带夫人一同前来中方公司进一步地考察和观光。小李陪同新星贸易公司的张总经理前来迎接,在机场出口见面时,经介绍后张总经理热情地与外方公司总经理及夫人握手问好。

思考:
1. 小李如何做自我介绍?
2. 小李为他人做介绍的次序是什么?
3. 张总经理的握手次序应该是怎样的?

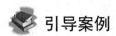 实训项目

实训目的:
练习商务谈判中会面礼仪的应用。

实训背景:
迎接客人情景模拟。

实训要求:
1. 情景设定,对方首次来我市进行商务谈判,我方前去机场迎接。
角色设定,我方销售代表、我方市场部经理、客户采购代表、客户采购部经理。
2. 以小组为单位,小组内合理分工,共同完成。
3. 合理设计具体剧情、对白,注意谈判会面礼仪的正确运用,表演自信,声音洪亮。
4. 总结讨论,班级互评,共同学习。

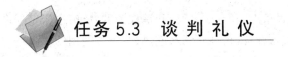

任务 5.3　谈判礼仪

引导案例

案例 5-7　谈判桌上失礼仪

一次在谈判桌前,双方谈判气氛融洽,谈判顺利进行到签约细节的讨论上。其中一方的代表小林心情很愉快,不自觉地放松了不少。适逢对方低头查看文件的空档,他问自己的同事:"小赵,昨晚的球赛你看了吗?"小赵也是球迷,两个人兴奋地聊起了天。对方代表抬头看看他们两人,心里不免产生了不快。

思考:
在案例中小林、小赵的行为有何错误?对我们有何启示?

5.3.1 会场准备

谈判会场是谈判双方直接进行接触的场所,会对谈判的过程和结果起到至关重要的作用。

1. 会场选择

要选择环境良好的谈判会场。

(1) 光线:要充足,色调柔和,要避免光线过强刺眼,也要避免色调反差太大,否则易造成视觉疲劳。

(2) 声音:室内应保持安静,门窗隔音,不在施工场地附近,避免无关人员的干扰。

(3) 温度:房间空气流通、新鲜,温度一般在 15~25 摄氏度,超出这个范围会让人感到不舒服,降低工作效率。

(4) 空间:房间要宽敞,但不宜过大,否则声音发散,听和说会让人感到吃力。

(5) 装饰:用于谈判的场所应洁净、典雅、庄重、大方。具有宽大的桌子、简洁舒适的沙发(座椅),墙壁可悬挂几幅风格协调的装饰画,室内可以有适当的装饰品和花草,但不宜过多,以求简洁实用。

2. 房间安排

包括公共区域、主谈室、单方使用的休息室。

(1) 公共区域相当于客厅,谈判双方可以在这里聊天、相互了解、相互交流、增进友情,属于轻松休闲的区域。

(2) 主谈室是谈判的主要阵地,因此主会场的布置要求最高,上面提到的环境要求应尽量满足。

(3) 单方使用的休息室应准备两个,供谈判各方休息或内部磋商使用,也称密谈室。

3. 房间布置

公共区域可以设置茶点、轻音乐,营造和谐放松的氛围;主谈室应准备常用的计算机、投影仪、幕布、话筒、功放等设备,提供瓶装水或热饮;单方使用的休息室应注意保密性,可准备内部商谈所用的小型会议桌椅、纸笔等。

4. 座位安排

在谈判中要想获得某种效果,座位的安排有学问,谈判双方的座次安排反映着不同的意义。

在商务谈判中,双方的主谈者应该居中坐在平等而相对的位子上,谈判桌应该是长而宽绰、精致而考究的;其他谈判人员一般分列两侧而坐。这种座位的安排通常显示出正式、礼貌、尊重、平等。

如果是多边谈判,则各方的主谈者应该围坐于圆桌相应的位子,圆桌通常较大,也可分段而置;翻译人员及其他谈判工作人员一般围绕各自的主谈者分列两侧而坐,也可坐于主谈者的身后。

与长方形谈判桌不同,圆形谈判桌通常给人以轻松自在感。所以在一些轻松友好的会见场所,一般采用圆桌。

不论是方桌还是圆桌,都应该注意座位的朝向。一般习惯认为面对门口的座位最具影响力,西方人往往习惯认为这个座位具有权力感,中国人则习惯称此座位为"上座";而背朝门口的座位最不具影响力,西方人一般认为这个座位具有从属感,中国人则习惯称此座位为"下座"。

如果在谈判中想通过座位的安排暗示权力的高下,较好的办法是在座位上摆名牌,指明某人应当就座于某处,这样就可对每个人形成某种影响力。按照双方各自团体中地位高低的顺序来排座,也是比较符合社交礼仪规范的。

5.3.2 签约仪式

1. 签约仪式的准备

签约仪式是由双方正式代表在有关协议或合同上签字并产生法律效力,体现双方诚意和共祝合作成功的庄严而隆重的仪式。因此,主办方要做好充分的准备工作。

1) 确定参加仪式的人员

根据签约文件的性质和内容,安排参加签约仪式的人员。参加签约仪式的人员有的涉及国家部委,有的涉及地方政府,也有的涉及对方国家,因此要做相应的安排,原则上是强调对等。人员数量上也应大体相当。一般来说,双方参加洽谈的人员均应在场。客方应提前与主办方协商自己出席签约仪式的人员,以便主办方做相应的安排。具体签字人在地位和级别上应要求对等。

2) 做好协议文本的准备

签约之"约"事关重大,一旦签订即具有法律效力。所以,待签的文本应由双方与相关部门指定专人,分工合作完成好文本的定稿、翻译、校对、印刷、装订等工作。除了核对谈判内容与文本的一致性以外,还要核对各种批件、附件、证明等是否完整准确、真实有效,以及译本副本是否与样本正本相符。如有争议或处理不当,应在签约仪式前通过再次谈判以达到双方谅解和满意方可确定。作为主办方,应为文本的准备过程提供周到的服务和方便的条件。

3) 落实签约仪式的场所

落实举行仪式的场所,应视参加签约仪式人员的身份和级别、参加仪式人员的多少和所签文件的重要程度等诸多因素来确定。著名宾馆、饭店、政府会议室、会客厅都可以选择。既可以大张旗鼓地宣传,邀请媒体参加,也可以选择僻静场所进行。无论怎样选择,都应是双方协商的结果。任何一方自行决定后再通知另一方,都属失礼的行为。

4) 签约仪式现场的布置

现场布置的总原则是庄重、整洁、清静。我国常见的布置方式如下。

(1) 在签约现场的厅(室)内,设一加长型条桌,桌面上覆盖着深冷色台布(应考虑双方的颜色禁忌),桌后只放两张椅子,供双方签约人签字时用。

(2) 礼仪规范为客方席位在右,主方席位在左。桌上放好双方待签的文本,上端分别置有签字用具(如签字笔、吸墨器等)。

(3) 如果是涉外签约,在签字桌的中间摆一国旗架,分别挂上双方国旗,注意不要放错地方。如果是国内地区、单位之间的签约,也可在签字桌的两端摆上写有地区、单位名称的席位牌。

(4) 签字桌后应有一定空间供参加仪式的双方人员站立,背墙上方可挂上"××(项目)签字仪式"字样的条幅。

(5) 签字桌的前方应开阔、敞亮,如请媒体记者应留有空间,配好灯光。

2. 签约仪式的程序

签约仪式有一套严格的程序,大体由以下步骤构成。

(1) 参加签约仪式的双方代表及特约嘉宾按时步入签字仪式现场。

(2) 签约者在签约台前入座,其他人员分主、客各站一边,按其身份自里向外依次由高到低,列队于各自签约者的座位之后。

(3) 双方助签人员分别站立在自己签约者的外侧。

(4) 签约仪式开始后,助签人员翻开文本,指明具体的签字处,由签字人签上自己的姓名,并由助签人员将己方签了字的文本递交给对方助签人员,交换对方的文本再签字。

(5) 双方保存的协议文本都签好字以后,由双方的签字人郑重地相互交换文本,同时握手致意、祝贺,双方站立人员同时鼓掌。

(6) 协议文本交换后,服务人员用托盘端上香槟酒,双方签约人员举杯同庆,以增添合作愉快气氛。

(7) 签约仪式结束后,双方可共同接受媒体采访。退场时,可安排客方人员先走,主方送客后再离开。

3. 签约仪式的礼仪

签约是洽谈结出的硕果,签约仪式上,双方气氛显得轻松和谐,也没有了洽谈时的警觉和自律,但签约仪式礼仪仍不可大意。

(1) 注意服饰整洁、挺括。参加签约仪式,应穿正式服装,庄重大方,切不可随意着装。这反映了签约一方对签约的整体态度和对对方的尊重。

(2) 签约者的身份和职位双方应对等,过高或过低会造成不必要的误会。其他人员在站立的位置和排序上也应有讲究,不可自以为是。在整个签约完成之前,参加仪式的双方人员都应平和地微笑着直立站好,不宜互相走动谈话。

(3) 签字应遵守"轮换制"的国际惯例。也就是,签字者应先在自己一方保存的文本左边首位处签字,然后再交换文本,在对方保存的文本上签字。这样可使双方都有一次机会首位签字。在对方文本上签字后,应自己与对方签字者互换文本,而不是由助签人员代办。

(4) 最后,双方举杯共饮香槟酒时,不能大声喧哗。碰杯要轻,而后高举示意,浅抿一口即可,举止要文雅有风度。

 任务小结

本任务课程主要介绍了商务谈判过程中的礼仪。

首先要做好会场准备,选择环境良好的谈判会场,房间安排包括公共区域、主谈室、单方使用的休息室,还要重视座位安排。签约仪式方面,要确定参加仪式的人员,做好协议文本的准备,落实签约仪式的场所,做好签约仪式现场的布置,设计好签约仪式的程序,注意签约仪式的礼仪。

复习思考题

1. 商务谈判会场准备有哪些要求?
2. 商务谈判签约仪式的准备有哪些要求?
3. 商务谈判签约的程序是什么?
4. 在商务谈判签约活动中还应注意哪些礼仪要求?

 案例分析

案例 5-8　接待冷淡,断送生意

泰国某政府机构为泰国一项庞大的建筑工程向美国工程公司招标。经过筛选,最后剩下 4 家候选公司。泰国派遣代表团到美国各家公司商谈。代表团到达芝加哥时,那家工程公司由于忙乱中出了差错,又没有仔细复核飞机到达时间,未去机场迎接泰国代表团。

泰国代表团尽管初来乍到不熟悉芝加哥,但还是自己找到了芝加哥商业中心的一家旅馆。他们打电话给那位局促不安的美国经理,在听了他的道歉后,泰国代表团同意在第二天上午 11 点在经理办公室会面。第二天美国经理按时到达办公室等候,直到下午三四点才接到客人的电话说:"我们一直在旅馆等候,始终没有人前来接我们。我们对这样的接待实在不习惯。已订了下午的机票飞赴下一目的地。再见吧!"

思考:
案例中不符合商务礼仪的地方有哪些,请指出。

实训项目

实训目的:
练习商务谈判会场和签约仪式准备。

实训背景:
商务谈判会场和签约仪式现场准备。

实训要求:
1. 班级讨论,将教室合理规划,布置为商务谈判会场,注意各项会场布置要求的运用。
2. 将教室合理规划,布置为签约仪式现场,注意签约仪式准备的各项要求。
3. 班级讨论,形成报告。

学习情境 六

商务谈判开局阶段

 学习目标

知识目标
1. 熟悉营造开局气氛的常用方式。
2. 掌握商务谈判开局策略。

能力目标
1. 能够熟练利用不同的因素和策略来营造良好的开局气氛。
2. 能够熟练运用合理而有效的开局策略以获得谈判的主动地位。

素质目标
1. 提升学生言谈、举止、心态、尊重他人的交往素质。
2. 提升学生洞察力、应变思维的能力素质。

任务 6.1　营造开局气氛

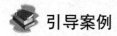 引导案例

案例 6-1　舒适的 17.8℃

日本原首相田中角荣在 20 世纪 70 年代为恢复中日邦交到达北京,他怀着等待中日间最高首脑会谈的紧张心情,在迎宾馆休息。迎宾馆内气温舒适,田中角荣的心情也十分舒畅,与随从的陪同人员谈笑风生。他的秘书仔细看了一下房间的温度计,是"17.8℃"。这使得他对中国方面的接待工作十分钦佩。在东京出发前,中国方面曾问及对爱出汗的田中角荣所适宜的室温,秘书明确地回答:"17.8℃"。舒适的温度使得田中角荣的心情舒畅,也为以后谈判的顺利进行创造了良好的条件。

思考:
我国谈判代表团是如何营造开局气氛的?这对接下来的谈判起到了什么作用?

商务谈判开局阶段,一般是指双方彼此熟悉和就会谈的目标、计划、进度及参加人员等问题进行讨论,并尽量取得一致意见,以及在此基础上就本次谈判的内容双方分别发表陈述

的阶段。它是在双方已做好了充分准备的基础上进行的。商务谈判的开局对整个商务谈判过程起着非常重要的作用,它往往关系到商务谈判双方对商务谈判所持有的态度、诚意,是积极进行还是消极应付,关系到商务谈判的格调和商务谈判的走向。一个良好的开局会为以后的商务谈判取得成功打下良好的基础。

6.1.1 商务谈判开局气氛的含义

谈判气氛是指谈判双方通过各自所表现的态度、作风而建立起来的洽谈环境。它能够影响谈判人员的心理、情绪和感觉,从而引起相应的反应。谈判气氛对整个谈判过程具有重要的影响,不同的谈判气氛可能会造成不同的谈判效果。因此,对于谈判者来说,不但应该明确谈判气氛在谈判中的重要性,而且必须懂得如何在谈判过程中建立一个良好的气氛去影响谈判的顺利进行。

商务谈判开局气氛是指双方谈判人员进入谈判场所的方式、目光、姿态、动作、谈话等一系列有声和无声的信号,在双方谈判人员大脑中迅速得到的反映。谈判开局气氛受所有参与谈判人员的情绪、态度和行为的影响,同时也会对谈判个体的情绪和心理产生不同的影响。好的开端意味着成功的一半,营造适当的谈判气氛,可以显示主谈人的文化修养和谈判诚意,传达友好合作的信息,减少双方的防范情绪,协调双方的思想和行动,为即将开始的谈判奠定良好的基础。

6.1.2 影响谈判开局气氛的因素

谈判应是互惠的,一般情况下双方都会谋求一致。为了达到这一目的,洽谈的气氛必须具有诚挚、合作、轻松和认真的特点。要想营造这样的洽谈气氛,需要有一定的时间,不能在洽谈刚开始不久就进入实质性谈判。因此,要花足够的时间,利用各种因素,协调双方的思想或行动。

1. 表情、眼神

表情可以表明谈判人员的心情,是信心十足还是满腹狐疑,是轻松愉快还是剑拔弩张,是精力充沛还是疲惫不堪,这些都可以在人的表情上反映出来。头部、背部和肩膀最能反映人的表情。谈判人员目光的交流十分重要,眼睛是心灵的窗户,谈判人员心理的微小变化都会通过眼神表现出来。双方通过对方眼神的变化,来揣测其心理情况。

2. 气质

气质是指人们相当稳定的个性特征、风格和气度。良好的气质是以人的文化素养、文明程度、思想品质和生活态度为基础的。

3. 风度

风度是气质、知识及素质的外在表现。风度美包括以下几个方面的内容:人的精神境界、道德情操、文化修养、个性特征和生活习惯等方面的外在表现。

4. 服饰

谈判人员的服饰是决定其形象的重要因素。服饰的色调与清洁状况深刻反映着谈判人员的心理特征。

5. 个人卫生

谈判人员的个人卫生对谈判气氛也有影响。衣着散乱、全身散发汗味的谈判人员都是不受欢迎的。

6. 动作

影响谈判气氛的因素还包括语言、手势和触碰行为。当然,由于各国文化习俗的差异,对各种动作的反应也不相同。可见,我们必须了解谈判对手的背景和性格特点,区别不同情况,采取不同的做法。

7. 中性话题

中性话题的内容通常有以下几种:各自的旅途经历,如游览活动、旅游胜地及著名人士等;文体新闻,如电影、球赛等;私人问候,如骑马、钓鱼等业余爱好;对于彼此有过交往的老客户,可以叙谈双方以往的合作经历和取得的成功。

8. 洽谈座位

座位安排是有学问的。有的谈判者为了消除桌子所显示的"权力",干脆搬掉所有的像桌子一类的东西;有的谈判者把放文件或杯子的桌子摆在双方的身后或者旁边。然而,较为保守的人认为面前没有桌子或类似的东西会觉得不习惯。为了不使其感到困窘,可以在前面摆上桌子。当谈判只有两个人时应尽量避免面对面地坐着。安排面谈不仅要摆放好桌椅,而且要适时适量地提供一些茶点、冷饮等。

9. 传播媒介

传播媒介是指谈判的主体通过传播媒介向对方传递意图,施加心理影响,制造有利于自己的谈判气氛或启动谈判的背景。

6.1.3 谈判开局气氛的营造方式

谈判开局气氛对整个谈判过程起着相当重要的影响和制约作用。根据谈判气氛的高低,可以把商务谈判的开局气氛分为高调气氛、低调气氛和自然气氛。

1. 营造高调气氛

高调气氛是指谈判双方情绪积极、态度主动,让愉快的方面成为谈判气氛的主导因素。高调的气氛表现为双方之间比较热烈、积极、友好,其具体特征有以下三种。

(1) 谈判双方关系融洽、感情愉悦、见面时话题活跃、口气轻松、常有幽默感。

(2) 谈判双方态度诚恳、真挚,彼此主动适应对方的需要。

(3) 双方对谈判的成功充满信心,把谈判成功看成友谊的象征。高调的气氛通常会对谈判开局以及谈判的顺利进展发挥积极的促进作用。

在营造谈判高调气氛的过程中,我们要关注高调气氛形成的基本条件:双方企业业务合作关系融洽;双方谈判人员个人关系友好;一方实力明显优于对方;一方希望尽早与对方达成协议。营造谈判的高调气氛通常有以下几种方法。

1) 感情攻击法

感情冲击法是指通过某一特殊事件来引发普遍存在于人们心中的感情因素,并使这种感情迸发出来,从而达到营造气氛的目的。感情攻击法的前提是谈判者充分了解对方谈判人员的个人情况和文化习俗,特别是了解和掌握谈判对手的性格、爱好、经历以及对手处理问题的谈判风格和方式。

运用感情攻击法要特别注意以下两点。

(1) 选择的特殊事件要得到谈判双方在文化观念和社会习俗上的认可,这样才能激发双方的喜悦感情。

(2) 选择的时机要适当,尽量选择在双方情绪都比较平和的情况下。如果双方在开局阶段,态度比较僵持或者情绪比较对立的情况下,运用感情攻击法可能会适得其反。

案例 6-2　分享好消息

中国一家彩电生产企业准备从日本引进一条生产线,于是与日本一家公司进行了接触。双方分别派出了一个谈判小组就此问题进行谈判。谈判那天,当双方谈判代表刚刚就座,中方的首席代表(副总经理)就站了起来,他对大家说:"在谈判开始之前,我有一个好消息要与大家分享。我的太太在昨天夜里为我生了一个大胖儿子!"此话一出,中方职员纷纷站起来向他道贺。日方代表于是也纷纷站起来向他道贺。整个谈判会场的气氛顿时高涨起来,谈判进行得非常顺利。中方企业也以合理的价格顺利地引进了一条生产线。

这位副总经理为什么要提自己太太生孩子的事呢?原来,这位副总经理在与日本企业的以往接触中发现,日本人很愿意板起面孔谈判,造成一种冰冷的谈判气氛,给对方造成一种心理压力,从而控制整个谈判,趁机抬高价码或提高条件。于是,他便想出了用自己的喜事来改变日本人的冰冷面孔,营造一种有利于己方的高调气氛。

2) 称赞法

称赞法是指通过称赞对方来削弱对方的心理防线,从而焕发对方的谈判热情,调动对方的情绪,营造高调气氛。称赞对方,肯定对方的个人价值和魅力,也会使对方放松戒备心理,乐于接受谈判建议或者采取让步,进而推动谈判的顺利进行。采用称赞法时应该注意以下几点。

(1) 选择恰当的称赞目标。选择称赞目标的基本原则是投其所好,即选择那些对方最引以为豪的,并希望己方注意的目标。

(2) 选择恰当的称赞时机。如果时机选择得不好,称赞法往往适得其反。

(3) 选择恰当的称赞方式。称赞方式一定要自然,不要让对方认为你是在刻意奉承,否则会引起其反感。

3) 幽默法

幽默法是指用幽默的方式来消除谈判对手的戒备心理,使其积极参与到谈判中来,从而营造高调的谈判开局气氛。谈判开局采用幽默法可以舒缓双方之间紧张的气氛,起到调节的作用。谈判者使用幽默法时要注意幽默的得体、适度,注意以下几点。

(1) 使用幽默的时机要适当。要选在双方有合作愿望、情绪都很平和的情况下,采用幽默的比喻或是玩笑来缓和气氛。

(2) 幽默的方式要适当。幽默的方式要符合双方的文化习惯,要在对方可以接受的范围内使用幽默,以不伤害对方的尊严和习俗为准则。

(3) 幽默要注意收发有度。调节气氛时不能频繁使用幽默,要适度。过度幽默会使对方怀疑彼此的合作基础和合作态度,使对方产生做事不牢靠的错觉。

案例 6-3　幽默的总统

罗纳德·里根是美国历史上年龄最大的总统,难怪他的对手总喜欢拿他的年龄做文章。1984 年 10 月 24 日晚上,里根为了连任总统,与竞争对手蒙代尔进行了一场至关重要的公开辩论。他在回答他是否认为自己担任总统年龄太大的问题时,把在市政礼堂里的听众都逗笑了,并得到了好评。里根说:"我将不把年龄作为一个竞选问题。我将不利用我的对手年幼无知这一点以占尽便宜。"

4) 问题挑逗法

问题挑逗法是指谈判者提出一些尖锐问题诱使对方与自己争议,通过争议使对方逐渐进入谈判角色。这种方法通常是在对方谈判热情不高时采用,有些类似于"激将法"。但是,这种方法很难把握好火候,谈判者在使用过程中要谨慎,要选择好退路。使用问题挑逗法营造高调气氛有一些风险,该方法使用的难点在于如何控制好"激将"的方式和程度。原则上建议谈判者如果对对方的爱好、性格和处事方式没有十足的了解,对谈判后期的气氛调节策略没有足够的把握,尽量避免使用"激将法",以避免谈判陷入僵局,影响以后的谈判和合作。

案例 6-4　机智的出版商

美国一位杂志社的出版商在创立自己的刊物时出现了资金短缺情况,于是他希望通过刊登广告来筹集资金。他来到一家写字楼,一个公司接一个公司地推销他的杂志广告,但由于他的杂志刚刚创立,人们对于杂志缺乏信心,因此推销工作十分艰难。在推销过程中,这个出版商了解到,这个写字楼最上面的两层分别被两家不同的房地产公司包租了,这两家公司互为对手,竞争十分激烈。于是他走进了其中一家公司,问他们是否愿意购买自己的广告版面,公司经理表示他对杂志并不感兴趣,出版商扭头便往外走,边走边说:"看来还是楼上的那位先生更精明些。"这位经理一听,赶紧叫住了他,问道:"楼上的那伙人购买了你的广告吗?"出版商耸了耸肩,说:"这是商业机密,等杂志出版后您就知道了。"这位房地产公司经理想了想,说:"那好吧,请把您准备的广告合同给我看一下。"就这样,这位杂志社出版商获得了一份大买卖,他用同样的方法使得楼上那位房地产公司的经理也购买了他的广告版面。

2. 营造低调气氛

低调气氛是指谈判双方情绪消极、态度冷淡,不快因素构成谈判情势主导因素的谈判开局气氛,低调气氛表现为双方比较严肃、低落,其具体特征表现为三个方面。

(1) 双方谈判人员情绪不高,态度不积极、不主动,对谈判目标和议题不直接表态,对对方的议题不直接答复。

(2) 谈判双方见面不热情,目光不相遇,相见不抬头,相近不握手,企图在衣着、语言、表情、行为等方面以优势因素压倒对方。

(3) 双方处于戒备、不信任的心理。低调的谈判气氛使整个开局处于紧张和对立的情绪之中,会给谈判双方都造成较大的心理压力。在这种情况下,哪一方心理承受力弱,哪一方往往会妥协让步。因此,在营造低调气氛时,一定要做好充分的心理准备,并要有较强的心理承受力。

营造低调谈判气氛,也是实施谈判策略的沟通手段和技巧之一。低调气氛的形成,通常取决于以下情况：一是双方有过业务往来但印象不佳；二是双方的实力彼强我弱。

营造谈判的低调气氛通常有以下几种方法。

1）感情攻击法

这里的感情攻击法与营造高调气氛的感情攻击法性质相同，都是以情感诱发作为营造气氛的手段，但两者的作用方向相反。在营造高调气氛的感情攻击法，是激起对方产生积极的情感，使得谈判开局充满热烈的气氛；而在营造低调气氛时，是要诱发对方产生消极情感，致使一种低沉、严肃的气氛笼罩在谈判开始阶段。

使用感情攻击法的时候要注意以下问题。

（1）选择的特殊事件要适当，要符合双方的社会习惯和文化习俗，不能过度夸大特殊事件，否则会弄巧成拙。

（2）选择的时机要适当，尽管是要营造低调气氛，但尽量要选择在双方情绪比较平静的情况下，避免加剧冲突。

（3）要有相应的让步方案。谈判者在准备采用感情攻击法之前，应有相应的退场计划，一边给对方造成心理压力，一边要有可操作的方案供对方考虑。

2）沉默法

沉默法是谈判者以保持沉默的方式来使谈判气氛降温，从而达到向对方施加心理压力的目的。这里所讲的沉默并非是谈判者一言不发，而是指谈判者尽量避免对谈判的实质问题发表议论。

采用沉默法要注意以下三点。

（1）要有恰当的沉默理由。通常人们采用的理由有假装对对方的某个行为或者某个议题表示不满；假装对某项技术问题不理解；假装不理解对方对某个问题的陈述；假装对对方的某个礼仪失误表示不满等。之所以采用沉默法，是想对谈判对手产生压力。

（2）沉默不代表不听，谈判者在沉默的同时，要注意倾听对方的陈述，注意对方的措辞、表达方式以及语气和神情的变化，这些都能为谈判者提供线索，去发现对方背后所隐藏的真实的谈判动机、目的和需要。

（3）要沉默有度，适时进行反击，迫使对方让步。

3）疲劳战术

疲劳战术是指谈判者在谈判过程中对某一个问题或某几个问题反复进行陈述，从生理和心理上疲劳对手，降低对手的热情和谈判情绪，从而达到控制对手并迫使其让步的目的。一般来讲，人在疲劳的状态下，思维的敏捷程度下降，容易出现错误，热情降低，工作情绪不高，比较容易屈服于别人的看法。对于在谈判中喜欢居高临下咄咄逼人的谈判者来说，疲劳战术是一个非常有效的策略。

采用疲劳战术应注意以下三点。

（1）反复陈述的问题要合理，而且设定问题的数量要合理，每个问题都能起到疲劳对手的作用。

（2）要注意疲劳有度，避免激起对方的对立情绪，导致谈判破裂。

（3）认真倾听谈判对手的每一句话，及时抓住对方语言中的错误，并记录下来，作为迫使对方让步的砝码。

4）指责法

指责法是指对对手的某项错误或礼仪失误严加指责,使其感到内疚,从而达到营造低调气氛,迫使谈判对手让步的目的。

使用指责法时应注意以下两点。

(1) 对方有错在先。指责对方要做到有理有据,不能以势压人,妄加批评,这样很容易引发争执,使谈判陷入僵局。

(2) 指责对方要适度。就事论事,指责对方谈判态度不诚恳,或对谈判对手不够尊重。尽量避免指责对方的人格,或对对方进行人身攻击。

3. 营造自然气氛

自然气氛是指谈判双方情绪平稳,谈判气氛既不热烈,也不消沉。自然气氛无须刻意地去营造,许多谈判都是在这种气氛中开始的。这种谈判开局气氛便于向对手进行摸底,因为,谈判双方在自然气氛中传达的信息往往要比在高调气氛和低调气氛中传送的信息更准确、真实。当谈判一方对谈判对手的情况了解甚少,对手的谈判态度不甚明朗时,谋求在平缓的气氛中开始对话是比较有利的。

营造自然气氛要做到以下四点。

(1) 注意自己的行为、礼仪。

(2) 要多听、多记,不要与谈判对手就某一问题过早发生争议。

(3) 要准备几个问题,询问方式要自然。

(4) 对对方的提问,能做正面回答的一定要正面回答。不能回答的,要采用恰当方式进行回避。

谈判气氛并非是一成不变的。在谈判中,谈判人员可以根据需要来营造适于自己的谈判气氛。但是,谈判气氛的形成并非完全是人为因素的结果,客观条件也会对谈判气氛有重要的影响,如节假日、天气情况、突发事件等。因此,在营造谈判气氛时,一定要注意外界客观因素的影响。

 任务小结

本任务主要介绍了谈判开局气氛的含义、影响因素和营造方式。

商务谈判开局气氛是指双方谈判人员进入谈判场所的方式、目光、姿态、动作、谈话等一系列有声和无声的信号,在双方谈判人员大脑中迅速得到的反映。营造适当的谈判气氛,可以显示主谈人的文化修养和谈判诚意,传达友好合作的信息,减少双方的防范情绪,协调双方的思想和行动,为即将开始的谈判奠定良好的基础。表情、眼神、气质、风度、服饰、个人卫生、动作、中性话题、洽谈座位、传播媒介等因素都会对开局气氛产生影响。根据谈判气氛的高低,可以把商务谈判的开局气氛分为高调气氛、低调气氛和自然气氛。营造商务谈判高调开局气氛的主要策略有感情攻击法、称赞法、幽默法和问题挑逗法;营造商务谈判低调开局气氛的主要策略有感情攻击法、沉默法、疲劳法和指责法。

复习思考题

1. 谈判开局气氛的影响因素有哪些?

2. 简述谈判开局气氛的分类及其主要策略。

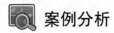

案例分析

案例6-5 顺利的铜器承包

美国华克公司承包了一项建筑,要在一个特定的日子之前,在费城建一座庞大的办公大厦。开始计划进行得很顺利,不料在接近完工阶段,负责供应内部装饰用的铜器承包商突然宣布无法如期交货。糟糕,这样一来,整个工程都要耽搁了,华克公司将面临巨额罚金和重大损失。于是,长途电话不断,双方争论不休,一次次交涉都没有结果。华克公司只好派高先生前往纽约。

高先生一走进那位承包商办公室,就微笑着说:"你知道吗?在布洛克林巴,有你这个姓氏的人只有一个。"承包商感到很意外:"这,我并不知道。"高先生回答:"哈!我一下火车就查阅电话簿想找到你的地址,结果巧极了,有你这个姓氏的只有你一个人。""我一向不知道。"承包商兴致勃勃地查阅起电话簿来。"嗯,不错,这也是一个很不平常的姓。"他很有些骄傲地说,"我这个家庭从荷兰移居纽约,几乎有200年了。"他继续谈论他的家族及祖先。当他说完之后高先生就称赞他居然拥有一家那么大的工厂,承包商说:"这是我花了一生的心血建立起来的一项事业,我为它感到骄傲,你愿不愿意到车间参观一下?"高先生欣然前往。在参观时,高先生一再称赞他的组织制度健全,机器设备新颖,这位承包商高兴极了。他声称那里有一些机器还是他亲自发明的呢!高先生马上又向他请教那些机器如何操作,工作效率如何,到了中午,承包商坚持邀请高先生吃饭,他说:"到处都需要铜器,但是很少有人对这一行像你这样感兴趣的。"

吃完午餐,承包商说:"现在我们谈谈正事吧。自然我知道你这次来的目的,但我没有想到我们的相处竟是如此愉快。你可以带着我的保证回到费城去,我保证你们要的材料如期运到。我这样做会给另一笔生意带来损失,不过我认了。"高先生轻而易举地获得了他所急需的东西。那些器材及时运到,使大厦在契约期限届满的那一天完工了。

思考:
1. 案例中的高先生使用了什么方法与承包商开始谈判?
2. 良好的开局气氛对于谈判的顺利发展有什么样的作用?

 ## 实训项目

实训目的:

学会营造良好的开局气氛。

实训背景:

"乐天"乳品生产企业生产多种乳制品,包括袋装牛奶、盒装牛奶、酸奶等多种类型、多种包装的产品,是地方知名企业。"新一佳"超市是一家全国连锁超市,分店遍布全国。"乐天"乳品生产企业是"新一佳"超市的长期合作伙伴,是"新一佳"超市比较稳定的乳品供应商之一。在新的一年,"新一佳"超市准备与乳品供应商就价格、入场、维护、促销、结款等问题展开新一轮的讨论,重新制定政策。"乐天"乳品生产企业销售部与"新一佳"超市采购部已预约好商谈时间。届时作为"乐天"乳品生产企业销售部的经理,你将率领谈判小组如约而至。

实训要求：

1. 以小组为单位，分别模拟谈判双方，即甲方为"乐天"乳品生产企业，乙方为"新一佳"超市，确定各自的开局计划。
2. 谈判双方模拟此次谈判的开局，重点是营造谈判的气氛。

任务6.2 商务谈判的开局策略

引导案例

案例6-6 赛 马 迷

当华纳传播公司（后来发展为时代华纳公司）富有传奇色彩的创始人史蒂夫·罗斯打算创立该公司时，他还在从事殡仪馆业务。在罗斯放弃原有工作进入更大规模的行业采取的第一组措施中，其中一项就是帮助一家小型汽车租赁公司与凯撒·基梅尔就一笔生意进行谈判，后者在纽约市内拥有大约60个停车场，罗斯希望基梅尔允许那家汽车租赁公司使用他的停车场出租汽车，租车的客户可以免费使用停车场。作为回报，罗斯打算给基梅尔提成租车费。谈判开始前，罗斯彻底调查了基梅尔，在许多信息中有一条引起了他的注意。基梅尔是个不折不扣的赛马迷，拥有自己的马，并让它们参加比赛。罗斯知道一些赛马的事，因为他的姻亲也养马，并且参加赛马。

当罗斯走进基梅尔的办公室开始谈判时，他做了一件事，此举被后人称为史蒂夫·罗斯经典谈判招数。他很快扫视了整个房间，眼光停留在一张外加框的照片上，照片是基梅尔的一匹马站在一次大规模的马赛冠军组中。他走过去，端详了一会儿，然后故作惊讶地喊道："这场比赛的2号马是莫蒂·罗森塔尔（罗斯的亲戚）的！"听了这话，基梅尔微笑起来。两人话语投机，后来联手进行了一次非常成功的风险投资。那次成功投资的实体最终发展成为罗斯的首家上市公司。

思考：

罗斯采用了什么样的谈判开局策略？这种策略取得了怎样的效果？

6.2.1 商务谈判开局策略的含义

商务谈判策略是指谈判人员为取得预期的谈判目标而采取的各种方式、措施、技巧、手段及其综合运用的总和。恰当地运用谈判策略是实现商务谈判目标的有利工具，也是谈判者提高自身谈判实力，强化己方谈判地位的重要手段。

开局策略是谈判策略的组成部分，指谈判者在开局阶段，根据双方的实力比较、对方的谈判风格等因素分析，为谋求谈判开局有利形势和实现对谈判开局的控制而采取的行动方式或手段。谈判人员为了促使谈判成功，形成一个良好的谈判气氛，在开局阶段应该认真分析和研究双方的谈判优势和劣势，找出双方存在的分歧，选择和运用合适的谈判策略，克服谈判中出现的问题和困难，努力适应双方的利益需要，从而达到预期谈判目标。

6.2.2 商务谈判开局策略的影响因素

1. 谈判双方企业之间的关系

谈判企业根据双方之间的关系来决定建立怎样的开局气氛,采用怎样的语言及内容进行交谈,以及何种交谈姿态。具体有以下四种情况。

1) 双方企业过去有过业务往来,且关系很好

那么,这种友好关系应该作为双方谈判的基础。这种情况下,开局阶段的气氛应该是热烈的、友好的、真诚的、轻松愉快的。开局时,本方谈判人员在语言上应该是热情洋溢的;在内容上,可以畅谈双方过去的友好合作关系,或两企业之间的人员交往,也可适当地称赞对方企业的进步与发展;在姿态上,应该是比较自由、放松、亲切的。可以较快地将话题引入实质性谈判。

2) 双方企业过去有过业务往来,但关系一般

那么,开局的目标仍然是要争取创造一个比较友好、随和的气氛。但是,本方在语言的热情程度上应该有所控制;在内容上,可以简单地聊一聊双方过去的业务往来及人员交往,也可说一说双方人员在日常生活中的兴趣和爱好;在姿态上,可以随和自然。在适当的时候,自然地将话题引入实质性谈判。

3) 双方企业过去有过业务往来,但本企业对对方企业的印象不佳

那么,开局阶段的气氛应该是严肃的、凝重的。在语言上,在注意讲礼貌的同时,应该是比较严谨的,甚至可以带一点冷峻;在内容上,可以对过去双方业务关系表示出不满意、遗憾,以及希望通过本次交易磋商能够改变这种状况,也可谈论一下途中见闻、体育比赛等中性的话题;在姿态上,应该是充满正气,并注意与对方保持一定的距离。在适当的时候,可以慎重地将话题引入实质性谈判。

4) 双方企业在过去没有进行任何业务往来,本次为第一次业务接触

那么,在开局阶段,应力争创造一个友好、真诚的气氛,以淡化和消除双方的陌生感,以及由此带来的防备甚至略含敌对的心理,为实质性谈判奠定良好的基础。因此,在语言上,应该表现得礼貌友好,但又不失身份;内容上,多以途中见闻、近期体育消息、天气状况、业余爱好等比较轻松的话题为主,也可以就个人在公司的任职情况、负责的范围、专业经历等进行一般性的询问和交谈;在姿态上,应该是不卑不亢,沉稳中不失热情,自信但不骄傲。在适当的时候,可以巧妙地将话题引入实质性谈判。

2. 双方谈判人员个人之间的关系

谈判是人们相互之间交流思想的一种行为,谈判人员之间的个人感情会对交流的过程和效果产生很大的影响。如果双方谈判人员过去有过交往接触,并且结下了一定的友谊,那么,在开局阶段即可畅谈友谊地久天长。同时,也可回忆过去交往的情景,或讲述离别后的经历,还可以询问对方家庭的情况,以增进双方之间的个人感情。实践证明,一旦双方谈判人员之间发展了良好的私人感情,那么,提出要求、作出让步、达成协议就不是一件太困难的事,通常还可降低成本,提高谈判效率。

3. 双方的谈判实力

就双方的谈判实力而言,存在以下三种情况。

1）双方谈判实力相当

为了防止一开始就强化对方的戒备心理和激起对方的敌对情绪，以致使这种气氛延伸到实质性阶段，导致双方为了一争高低，造成两败俱伤的结局，在开局阶段，仍然要力求创造一个友好、轻松、和谐的气氛。本方谈判人员在语言和姿态上要做到轻松而不失严谨，礼貌而不失自信，热情而不失沉稳。

2）本方谈判实力明显强于对方

为了使对方能够清醒地意识到这一点，并且在谈判中不抱过高的期望，从而产生威慑作用。同时，又不至于将对方吓跑，在开局阶段，在语言和姿态上，既要表现得礼貌友好，又要充分显示出本方的自信和气势。

3）本方谈判实力弱于对方

为了不使对方在气氛上占上风，从而影响后面的实质性谈判，在开局阶段，在语言和姿态上，一方面要表示出友好，积极合作；另一方面也要充满自信，举止沉稳、谈吐大方，使对方不至于轻视我们。

6.2.3 商务谈判开局策略

1. 一致式开局策略

一致式开局策略是指以协商、肯定的语言进行陈述，使对方对己方产生好感，双方对谈判的理解充满"一致性"的感觉，从而使谈判双方在友好、愉快的气氛中展开谈判，并把问题引向深入。一致式开局策略可在高调气氛或者自然气氛中加以运用，但是尽量不要在低调气氛中使用，容易使己方陷入被动。一致式开局策略如果运用得好，可以将自然气氛转变为高调气氛。

美国总统杰弗逊曾经针对谈判环境说过这样一句意味深长的话："在不舒适的环境下，人们可能会违背本意，言不由衷。"英国政界领袖欧内斯特·贝文则说，根据他生平参加的各种会谈的经验，他发现，在舒适明朗、色彩悦目的房间内举行的会谈，大多比较成功。

一致式开局策略应注意以下问题。

(1) 该开局策略适用于谈判双方实力比较接近，而且双方过去没有商务往来的经历，第一次接触都有良好的谈判意愿，希望促成交易。

(2) 该开局策略的目的在于创造取得谈判胜利的条件，因此在开局时要多用外交礼节性语言、中性话题，使双方在平等、合作的气氛中开局。

(3) 努力培养双方的一致感，要以协商的口气表述，淡化语言的主观色彩，避免"我方认为""我方提出"等字眼。

(4) 谈判开始时，以协商的口吻征求谈判对手的意见，然后对其意见表示赞同，并按照其意见进行工作。

(5) 采用问询方式或补充方式使谈判逐步进入开局，诱使谈判对手走入我方的既定安排，从而在双方间达成共识。

案例 6-7　来自大洋彼岸的握手

1954 年在日内瓦谈判越南问题时，曾经发生过美国前国务卿杜勒斯不准美国代表团成员与周总理率领的中国代表团成员握手的事情，中美断交近 20 年。1972 年，尼克松在第一次访问中国下飞机时,要警卫人员把守机舱门,不让其他人下来,以便突出他一下飞机就主动地伸出手和周总理握手的场面。握手的动作持续的时间不过几秒钟,却给这次谈判创造了一个良好的开端。周总理与他见面时的第一句话是:"您从大洋彼岸伸出手来和我握手。我们已经25年没有联系了。"短暂的见面语,周恩来的机智、高雅、诚挚、友好给人留下良好的印象。

2. 坦诚式开局策略

坦诚式开局策略是指谈判者以开诚布公的方式向谈判对手陈述自己的观点或意愿,用真诚的态度消除双方之间的戒备,尽快打开谈判局面。该谈判策略适用于各种谈判气氛。

(1) 坦诚区分对象。坦诚式开局策略比较适合双方过去有过商务往来,而且关系很好,互相比较了解,也适用于双方都知道谈判有实力差距的谈判双方。前者由于双方关系比较密切,可以省去一些礼节性的外交辞令,坦率地陈述己方的观点以及对对方的期望,使对方产生信任感;后者由于实力悬殊,是双方都了解的事实,坦率表明己方存在的弱点,使对方能够理智考虑谈判目标,表达出谈判者坦诚和实事求是的谈判态度。

(2) 坦诚要有度。坦诚相待并不等于将自己的一切全盘托出,要根据与谈判对手的关系选择坦诚的程度和内容。原则上己方的谈判底线是绝对不能告诉对方的。

(3) 坦诚要真诚。为了建立双方之间的信任关系,谈判者选择坦诚相待,公开自己的立场与谈判目标,用行动向对方表明己方是值得信赖的。与此同时,谈判人员也必须具备坦诚守信的素质,谈判态度、风格也要与坦诚的语言相呼应,言而有信令对手放心,避免朝令夕改、出尔反尔。

案例 6-8 真诚的党委书记

某市一位党委书记在同外商谈判时,发现对方对自己的身价持有强烈的戒备心理,这种状态妨碍了谈判的进行。于是,这位党委书记当机立断,站起来对对方说道:"我是党委书记,但也懂经济,并且拥有决策权。我们摊子小,实力不大,但人实在,愿意真诚地与贵方合作。咱们谈得成也好,谈不成也好,至少你这个外来的洋先生可以交一个像我这样的土朋友。"寥寥几句肺腑之言,打消了对方的疑惑,使谈判得以顺利地进行。

3. 保留式开局策略

保留式开局策略是指在谈判开局时,对谈判对手提出的关键性问题不做彻底、确切的回答,而是有所保留,从而给对手造成神秘感,以吸引对手步入谈判,以达到把握谈判的目的。保留式开局策略适用于低调气氛和自然气氛,而不适用于高调气氛,该策略还可以将其他的谈判气氛转为低调气氛。

在采取保留式开局策略时,需要观察谈判者的诚信问题,即在运用谈判策略达到自己的谈判目标时,针对谈判对手提出的关键问题可以选择回避,或者不做彻底、确切的回答,但要遵守商务谈判的道德原则,向对方传递的信息可以是模糊信息,但不能是虚假信息,否则会让自己陷入非常难堪的局面。

4. 进攻式开局策略

进攻式开局策略是指通过语言或行为来表达己方强硬的姿态,从而获得对手必要的尊重,并借以制造心理优势,使谈判顺利进行下去。这种进攻式开局策略适用于发现谈判对手在刻意制造低调气氛,并且这种气氛对己方的讨价还价十分不利的特殊情况。

采用进攻式开局策略应注意以下两点。

(1) 进攻有度。虽然谈判双方在利益上有各种冲突,但这并不意味着双方处于敌对关系,双方应该是平等的,因此这种进攻式开局策略只有特殊情况下才可使用。例如发现谈判对手居高临下,以某种气势压人,有某种不尊重己方的倾向,如果任其发展下去,对己方是不利的。因此要变被动为主动,不能被对方的气势压倒,而采取以攻为守的策略,捍卫己方的尊严和正当权益,使双方站在平等的地位上进行谈判。

(2) 进攻式开局策略要运用得好,就必须注意有理、有利、有节。谈判者通过语言和行为表达己方强硬态度时,要注意切中问题要害,对事不对人,既表现出己方的自尊、自信和认真的态度,又不能过于咄咄逼人,使谈判气氛过于紧张,使谈判一开始就陷入僵局。一旦问题表达清楚,对方也有所改观,就应及时调节气氛,使双方重新建立一种友好、轻松的谈判气氛。

案例 6-9　日本代表的进攻式开局

日本一家著名的汽车公司在美国刚刚登陆时,急需找一家美国代理商来为其销售产品,以弥补他们不了解美国市场的缺路。当日本汽车公司准备与美国的一家公司就此问题进行谈判时,日本公司的谈判代表因为路上堵车意外迟到了。美国公司的代表抓住这件事紧紧不放,想要以此为手段获取更多的优惠条件。日本公司的代表发现无路可退,于是站起来说:"我们十分抱歉耽误了你的时间,但是这绝非我们的本意,我们对美国的交通状况并不了解,所以导致了这个不愉快的结果。我希望我们不要再为这个无所谓的问题耽误宝贵的时间了,如果因为这件事怀疑到我们合作的诚意,那么,我们只好结束这次谈判。我认为,我们所提出的优惠代理条件是不会在美国找不到合作伙伴的。"日本代表的一席话说得美国代理商哑口无言。美国人也不想失去这次赚钱的机会,于是谈判顺利地进行下去。

本案例中,日方谈判代表采取进攻式的开局策略,阻止了美方谋求营造低调气氛的企图,扭转了不利于日方的谈判气氛,获得美国代表的尊重。

5. 挑剔式开局策略

挑剔式开局策略是指在谈判过程中,对对手的某项错误或礼仪失误严加指责,使其感到内疚,从而达到营造低调气氛,迫使对手让步的目的。

在使用挑剔式开局策略时要注意指责对手的错误应适度,就事论事。仅针对对手的错误进行指责,进而质疑其谈判诚意,但不能对谈判对手的人格加以评判,要尊重对方的尊严,避免把谈判逼入僵局。

案例 6-10　小题大做

我方公司准备同外商洽谈进口 DW 产品。我方知道,在国际市场发生变化的情况下,让对方降低价格是困难的。于是,为了争取更为有利的谈判态势,我方在谈判一开始就在对方上次货物延期发货的问题上大做文章。我方说:"你们上次延期交货使我们失去了几次展销良机,从而导致我方遭受了重大的经济损失。"对方听罢,先对延期交货做了解释,然后表示了自己的歉意。于是,我方顺势提出希望对方这次能减价 10% 来弥补我方上次损失的要求。

6. 慎重式开局策略

慎重式开局策略是指以严谨、凝重的语言进行陈述，表达出对谈判的高度重视和鲜明的态度，目的在于使对方放弃某些不适当的意图，以达到把握谈判的目的。慎重并不等于没有谈判诚意，也不等于冷漠和猜疑，这种策略正是为了寻求更有效的谈判成果而使用的。

慎重式开局策略适用于谈判双方过去有过商务往来，但对方曾有过不太令人满意的表现，己方要通过严谨、慎重的态度，引起对方对某些问题的重视的情况。例如，可以对过去双方业务关系中对方的不妥之处表示遗憾，并希望通过本次合作能够改变这种状况。可以用一些礼貌性的提问来考察对方的态度、想法，不急于拉近关系，注意与对方保持一定的距离。这种策略也适用于己方对谈判对手的某些情况存在疑问，需要经过简短的接触摸底的情况。

任务小结

本任务主要介绍了谈判开局策略的含义、商务谈判开局策略的影响因素和分类。

谈判开局策略是谈判者在开局阶段，根据双方的实力比较、对方的谈判风格等因素分析，为谋求谈判开局有利形势和实现对谈判开局的控制而采取的行动方式或手段。谈判开局策略的制定受到谈判双方企业之间的关系、双方谈判人员个人之间的关系、谈判双方的实力等因素的影响。商务谈判开局策略主要有一致式开局策略、坦诚式开局策略、保留式开局策略、进攻式开局策略、挑剔式开局策略和慎重式开局策略。

复习思考题

1. 简述商务谈判开局策略。
2. 商务谈判开局策略应该注意哪些影响因素？

案例分析

案例 6-11　碳化硅项目谈判

北方某工业城市曾与某美籍华人洽谈一个合资经营碳化硅的项目。最初，该外商对我方戒心很大，对同我方进行合资经营的兴趣不大，只是在国内亲友的一再劝慰下，才同意与我方有关方面进行初次接触。我方由主管工业的副市长亲自主持洽谈。在会谈期间，我方不仅态度十分友好，而且十分坦率，把我们的实际情况，包括搞这个项目的目的、该项目对当地冶金工业的重要意义、我方独自兴办项目的困难、我方对该外商的期望等和盘托出，没有半点隐瞒。该外商见我方副市长如此坦诚，十分感动，除全部谈出他的担心之外，还为我方怎么搞这个项目提出许多有价值的建议。最后，经过双方的磋商，很快签订了意向书，会谈取得了较好的效果。

思考：

1. 我方采取了什么样的谈判开局策略？
2. 如果你是这位美籍华人，面对中方的陈述，你会有何感想？会采取什么样的应对措施？

实训项目

实训目的：
掌握商务谈判开局策略。

实训背景：
通过你的努力工作，到目前为止，你已经充分收集了与"海口金盘饮料公司"相关的各种情报，制订了商务谈判的预案，制订了商务谈判计划，选定了第一次谈判的地点，并完成了场地布置的工作。通过你前期到"海口金盘饮料公司"的考察接触，你对该公司的基本情况已经有了一定的了解。"海口金盘饮料公司"的谈判代表一行三人，分别是该公司采购部负责人杨先生、采购部原料采购专员王先生和技术部负责人黄女士。他们在你的安排下已经考察了你的公司。双方有了更进一步的了解。现在，第一次的谈判就要开始了。

实训要求：
1. 以小组为单位，制定合适的谈判开局策略，使谈判能顺利进行。
2. 以书面形式提交实训报告。

学习情境 七

商务谈判报价阶段

学习目标

知识目标
1. 掌握报价的基本原则。
2. 掌握商务谈判报价策略。

能力目标
1. 能准确分辨报价的几种方法。
2. 初步具备在商务谈判中合理报价的能力。

素质目标
1. 树立正确的谈判观念。
2. 树立保密、谨慎的职业素质。

任务 7.1　报价的基本原则

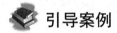

案例 7-1　出价的高低

一位工会职员为造酒厂的会员要求增加工资一事,向厂方提出了一份书面要求。一周后,厂方约他谈判新的劳资合同。令他吃惊的是,一开始厂方就花很长时间向他详细介绍了销售及成本情况,反常的开头令他措手不及。为了争取时间考虑对策,他便拿起会议材料看了起来。最上面一份是他的书面要求。一看之下他才明白,原来是在打字时出了差错,将要求增加工资12%打成了21%。难怪厂方小题大做了。他心里有了底,谈判下来,最后以增加工资15%达成协议,比自己的期望值高了3%。看来,他原来的要求太低了。

思考:
报价是影响谈判成功或失败的重要内容。结合案例,说一下你对谈判报价的认识。

7.1.1　报价的含义

出价的高低,有很多技巧和策略在背后起支持作用,影响着谈判双方的心理。价格是谈判中不可回避的内容。报价是卖方或买方依据影响价格的多种因素(如成本、需求、标的物的品质及其他交易条件),向对方就某种标的物价格及有关交易条件所作出的发盘行为。

报价标志着谈判的正式开始,是一个非常复杂的行为过程。报价不仅表明了谈判者对有关交易条件的具体要求,也集中反映了谈判者的需要与利益。如果报价的分寸把握得当,就会有效控制谈判局面。从而在之后的价格磋商中占据主动地位;反之,报价不当,可能会使己方陷入被动境地。可见,报价问题直接影响整个谈判的走势和结果。

一般来说,在任何一种交易中,买方或卖方的报价,以及随之而来的还价,是整个谈判过程的核心和最实质性的环节。在卖方的发盘或买方的递盘中,价格是最重要的交易条件,是商务谈判的实质性问题。

报价是商务谈判的第一个重要回合,它不仅对对方的还价及接踵而至的讨价还价关系重大,而且对整个谈判结果都会产生重大影响。

商务谈判中的报价是指有关整个交易的各项条件,并非仅指价格条款,具体有以下几个要点。

(1) 报价的根本任务是正确表明己方的立场和利益。
(2) 报价应以影响报价的各种因素为基础,在合理的范围内报出。
(3) 报价时要考虑己方可能获得的利益和对方能否接受。
(4) 报价要科学合理,并且要含有策略性虚报的因素。

7.1.2 商务谈判中的价格知识

价格虽然不是谈判的全部,但毫无疑问,有关价格的讨论依然是谈判的主要组成部分。在任何一次商务谈判中价格的协商通常会占据70%以上的时间。很多没有结局的谈判也是因为双方价格的分歧而最终导致不欢而散。作为卖方,希望谈判以较高的价格成交;而作为买方,则期盼以较低的价格合作。这是一个普遍规律,它存在于任何领域的谈判中。虽然听起来很容易,但在实际的谈判中能做到双方都满意,最终达到双赢的局面却是一件不简单的事情。

1. 价格种类

1) 主观价格与客观价格

在商务谈判中,人们往往追求"物美价廉",总希望货物越优越好,价格越低越好,这就是主观价格。与主观价格思想对立的是客观价格,也就是能够客观反映商品价值的价格。只有遵循客观价格,恪守货真价实,才能实现公平交易和互利互惠。

2) 绝对价格与相对价格

单纯的商品价值即为绝对价格,而与产品的有用性相对应的价格即为相对价格。作为卖方,不让对方的精力集中在产品的实际价格上,应注重启发买方关注交易商品的有用性和能为其带来的实际利益,从而将其注意力吸引到产品的相对价格上来。作为买方,尽量争取降低实际价格的同时,善于运用相对价格的原理,通过谈判设法增加一系列附带条件,增加己方的实际利益。

3) 积极价格与消极价格

有人花 30 元钱坐出租车很舍不得,可是他以 100 元钱的价码请客却非常慷慨。前面的现象是消极价格;后面的是积极价格。

案例 7-2　积极价格与消极价格

20 世纪 90 年代初,我国一个经贸代表团访问某发展中国家。该国连年战乱之后百废待兴,需要建设一家大型化肥厂来支持农业复兴。我们提出成套设备转让的全套方案后,该国谈判代表认为报价较高,希望降低 20%。我们经过认真分析,认为我方的报价是合理的,主要是该国在支付能力上有实际困难。

于是,我们详细介绍了所提供的设备与技术的情况,强调了项目投产后对发展该国农业生产的意义。同时,我们又提出了从设计、制造、安装、调试、人员培训到技术咨询等方面的全套服务和有利于该国的支付方式。对方经过反复比较,终于高兴地确认了我们的报价是合理的。这样,消极价格转化为积极价格,实现了双方的合作。

思考:
当你遇到消极价格时,你认为怎样才能使其变成积极价格?

2. 价格的合理范围

供求关系、商品质量、市场行情、国家产业政策调整等因素都会对价格产生影响。在谈判时,对影响价格的因素要调查清楚,为商务谈判提供帮助。企业的产品成本和市场行情,是主要影响价格的企业内部因素和企业外部因素。而由于在消费者需求的基础上,检验产品成本的高低和对企业发展是否有利,都是以市场行情作为标准的。因此,谈判报价根本的现实基础是市场行情。产品的市场行情可通过商务谈判准备阶段的市场调查获得。

商品质量是价格制定的基础,但是还要考虑这一时期市场行情、供求关系及商品涉及的产业政策等因素。综合考虑,认真分析寻找价格的大致范围,展示了买卖双方开价和底价的不同时,三种不同的报价情况。可以从对方报价与估算范围的异同推断报价的真伪,洞察对手的意图,在谈判中灵活应对,随机调整谈判策略和谈判计划,做到见招拆招,如图 7-1 所示。

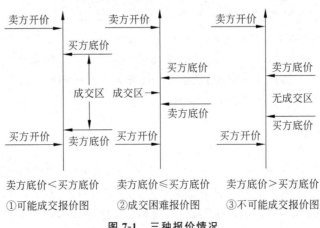

图 7-1　三种报价情况

商务谈判的报价阶段,要善于把握价格的合理范围,如图 7-2 所示。当 B＞S 时,价格谈判有可能进行;而当 B＜S 时,价格谈判无法进行。例如,在关于采购大型设备时,要做好谈判标的价格的分析,包括:就总价的高低评定是否接受,不必对其组成的单价做审查;比较各供应商的竞争情形以及报价之间的差异;与预算价或底价进行比较;与本公司或同行业其他公司的采购价格进行比较;在没有品牌偏好时,选择总价最低的供应商;以第一次报价最低的价格作为未来谈判的上限。

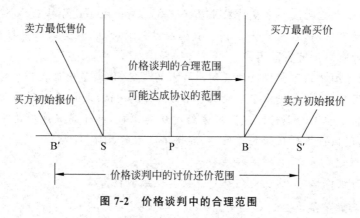

图 7-2　价格谈判中的合理范围

案例 7-3　报价的合理范围

王宏是一家上市公司的销售总监。有一次他与太太去泰国度假,他太太很快进入了购物的人潮,他却"只看不买"到处闲逛。突然他看到一个小贩正在向他叫卖背包"1000 泰铢",而王宏对背包根本没有兴趣。小贩说:"好啦,大减价,900 泰铢好了。"王宏无奈向小贩表示,自己丝毫没有兴趣,说完转身离去,可是小贩跟着他一遍又一遍说着:"900 泰铢,就900 泰铢。"王宏忍无可忍,开始试图甩开小贩。小贩继续追他,并把要价降低到 800 泰铢。遇到红绿灯,王宏汗流浃背停了下来。小贩依旧跟在身后叫卖:"先生,600 泰铢!"王宏厌烦无比,警告小贩别再跟着他。令他始料不及的是,小贩回答:"好吧,算你赢,500 泰铢。"王宏大吃一惊。"先生,这个曼谷背包在泰国最便宜是 375 泰铢,是一个加拿大人创造的纪录。先生,400 泰铢,您就买了吧。""350 泰铢,多一个泰铢也不买。你到底卖还是不卖?"小贩非常委屈,最后说:"好吧,先生,它归你了。"

王宏回到旅馆,向妻子炫耀:"卖 1000 泰铢的曼谷背包,可你丈夫一位国际谈判家,只用 350 泰铢就买来了。"结果妻子回答:"是吗?我买了一件一样的,才 250 泰铢,在柜子里。"王宏先是一呆,然后打开柜子,果然一模一样。

7.1.3　报价的原则

在实际价格谈判过程中,谈判人员一定要认识到商品的有用性(价值)是价格的后盾。商品能更好地满足对方的需求和为对方带来更多的利益是对己方的出价最有力的支持。谈判者应避免过早地提出或者讨论价格问题,无论是在什么时候或是由谁首先提出价格,谈判者都应提早或同时提出商品的价值问题。所以,先阐明价值,而后提出价格,这是价格谈判原则的中心思想。处理价格问题的原则如下。

1. 有理有据原则

报价要有理有据,这是商务谈判报价的首要原则。价格要以价值为基础,围绕市场行情波动。要使报价合情合理,必须核算好商品的价值,并且应该使价格符合市场行情。既要考虑价格能为己方带来多少利益,又要考虑对方接受这个价格的可能性。价格核算中,利润率是唯一的未知数,报价方在己方所获利益和对方接受的可能性之间权衡,科学选取利润率,从而确定出合理的报价。

开盘价要报得高一些,但绝不是指漫天要价、毫无道理、毫无控制。恰恰相反,高的同时必须合乎情理,必须能够讲得通才成。如果报价过高,又讲不出道理,对方必然认为我方缺少谈判的诚意,或者被逼无奈而中止谈判扬长而去;或者以其人之道还治其人之身,相对也来个漫天要价;或一一提出质疑,而我方又无法解释,其结果只好是被迫无条件让步。因此,开盘价过高将会有损于谈判。

同时,报价留出虚头的主要目的是为以后谈判留出余地,过高或过低将为谈判造成困难。虚头留出多少,要视具体情况来定,竞争对手的多少、货源的情况、对手要货的用途、关系的远近等都会影响虚头的大小。

2. 开盘价为"最高"或"最低"价原则

对于卖方来说,开盘价必须是"最高"价;与此相反,对于买方来说,开盘价必须是"最低"价。

首先,开盘价为我方要价定了一个限度。如果我方是卖方,开盘价为我方定出了一个最高价,最终双方的成交价格肯定低于此开盘价;如果我方是买方,开盘价为我方定出了一个最低价,最终双方的成交价格肯定高于此开盘价。

其次,开盘价会影响对方对我方提供商品或劳务的印象和评价。从人们的观念上来看,"一分价钱一分货"是大多数人信奉的观点。开价高,人们就会认为商品质量好,服务水平高;开价低,人们就会认为商品质量一般(或有瑕疵、样式过时等),服务水平低。

再次,开盘价高,可以为以后磋商留下充分回旋余地,使我方在谈判中更富有弹性,以便于掌握成交时机。

最后,开盘价对最终成交价具有实质性影响。开盘价高,最终成交价的水平就较高;相反,开盘价低,最终成交价的水平就较低。

3. 坚持明确、坚定、完整的报价原则,且不加任何解释说明

报价时,态度要坚决、果断、毫无保留、毫不犹豫。这样做能够给对方留下我方是认真而诚实的好印象。要记住,任何欲言又止、吞吞吐吐的行为,必然会导致对方的不良感受,甚至会产生不信任感。

开盘价要明确、清晰和完整,以便对方能够准确了解我方的期望。开盘报价的内容,通常包括一系列内容:价格、交货条件、支付手段、质量标准和其他内容。开价时,要把开盘的几个条件一一讲清楚。

开价时,不要对我方所报价格做过多的解释、说明和辩解。因为,对方不管我方报价的水分多少都会提出质疑。如果在对方还没有提出问题之前,我们便加以主动说明,会提醒对方意识到我方最关心的问题,而这种问题有可能是对方尚未考虑过的问题。因此,有时过多的说明和解释,会使对方从中找到破绽或突破口,向我方猛烈反击。

4. 注重心理活动的原则

商务谈判报价阶段,能够善于捕捉对方的心理活动,有效激发对方的需求欲望是报价成功的重要原则。设法使其相信我方所提供的产品正是他们所需要的,让对方产生购买欲望,并根据洽谈的具体情况和对方的心理情况,待对方产生兴趣或询问价格时,巧妙地提出价格问题。

案例 7-4 合理估计心理预期的高手谈判

德国有名的犹太富翁休·蒙克,想兴办一座高尔夫球场来作为他事业的开端。经过多方努力,他终于看中了一块场地,这块场地竞争者很多,市值 2 亿马克。如果相互抬价,价格就会相应抬高。如何才能得到这块场地,并且使价格不至于提高呢?蒙克在思考。他先找到了地主的经纪人,向他表明了自己想购买这块场地的意愿。经纪人知道蒙克十分有钱,便想从中大捞一笔,于是对他说:"这块场地的优越性是无可比拟的,建造高尔夫球场保证赚钱,要买的人很多。如果蒙克先生肯出 5 亿马克,我将优先给予考虑。"经纪人首先来了个狮子大张口。

"5 亿马克?不算贵,我愿意购买。"蒙克表现出对地价行情一无所知的样子。这一招果然有效,经纪人高兴地将这个情况汇报给了地主。地主也很高兴,觉得 5 亿马克的价格已经相当高了,所以回绝了其他的竞争者。所有想购买这块场地的人听说自己的竞争对手是大富翁蒙克,也就纷纷退出了竞争。

蒙克却从此以后再也没有找过经纪人,经纪人多次找上门去,他不是推三托四,就是避而不见,说买地之事还需要再考虑一下,总之始终在拖延时间。这可把经纪人急坏了,不得不磨破嘴皮,希望蒙克将买地之事赶快定夺下来。稳坐钓鱼台,你急我不急。蒙克还是不理不睬,最后才说:"场地我当然要买的,不过价钱怎么样呢?"经纪人赶紧提醒道:"您答应出 5 亿马克买下这块地的啊。"

蒙克笑着说道:"这可是你开的价钱,你难道没听出我说'不贵不贵'的讥讽意味吗?你怎么把一句笑话当真了呢?事实上地价最多只值 2 亿马克。"经纪人这才发现已经中了蒙克的圈套,只好照实说:"地价确实只值 2 亿马克,蒙克先生就按这个数目付款也行。""说得倒容易,要是按这个价格付款,我就不需要考虑了。"蒙克回答说。

这可让经纪人进退两难,其他人已退出竞争,如果蒙克不买就没有人来购买了,最后只好以 1.5 亿马克成交。

5. 寻找共同利益原则

美国律师杰勒德·尼伦伯格于 20 世纪 60 年代中期在纽约创办了一所非营利性的谈判学院,在学院里他极力推销"所有人都是赢家"的谈判哲学。由于杰勒德·尼伦伯格办学的成功和他的谈判哲学的推广,他被《财富》杂志誉为"谈判培训之父"。以双赢理念为指导,一个全新的谈判模式——双赢模式形成了。大量的谈判实践证明,双赢原则有效促进合作,减少对抗,有利于提高整个社会的共同福利,已被全世界广泛接受。双赢原则的结构如下。

(1) 确定己方的利益和需求。

(2) 寻找对方的利益和需求。

(3) 提出建设性的提议和解决方法。

如果谈判双方在谈判开局前,能够认真分析谈判成功给双方带来的利益和谈判破裂使得双方遭受的损失,那么一定可以找到共同利益。如果双方都能从共同利益出发,认识到合作应该建立在互利互惠的基础上,就一定会形成这样的认识,即"我怎样才能使整个蛋糕做大,这样我就能多分了"。

上述五项原则为商务谈判的一般原则。报价在遵循上述原则的同时,必须考虑当时的谈判环境和与对方的关系状况。如果对方为了自己的利益而向我方施加压力,则我方就必须以高价向对方施加压力,以保护我方的利益;如果双方关系比较友好,特别是有过较长的合作关系,那么报价就应当稳妥一些,出价过高会有损双方的关系;如果我方有很多竞争对手,那就必须把要价压低到至少能受到邀请而继续谈判的程度,否则会被淘汰出局,失去谈判的机会。

 任务小结

本任务主要介绍了商务谈判报价的含义,价格的合理范围,报价的基本原则等内容。

在实际价格谈判过程中,谈判者要坚持报价有理有据的原则。对于卖方来说,开盘价必须是"最高"价;与此相反,对于买方来说,开盘价必须是"最低"价。在报价中,坚持明确、坚定、完整的报价,并注重对方心理活动,寻找共同利益。

复习思考题

1. 报价的含义是什么?
2. 商务谈判有哪些关于价格的知识?
3. 简述报价的基本原则。

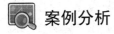 案例分析

案例 7-5 批发商报价失误

有位性急的床品批发商,经常到农村去推销商品。有一次他懒得多费口舌去讨价还价,心想都是老顾客了,可以按上次的成交价相差不多的价钱出手。他开车来到村庄公路边的一家商店,进门就对店主人说:"这次,咱们少费点时间和口舌,干脆按我的要价和你的出价来个折中,怎么样?"店主人不知道他葫芦里卖的什么药,不置可否。他以为这是同意的表示,就说:"那好!价钱绝对让你满意,绝对不掺水分,你只要说打算进多少就行了。趁今天天气好,咱哥俩省下时间钓鱼去!"

他的报价果然好得出奇,比上次的成交价还低出不少。心想对方肯定高兴,便一厢情愿地问:"照这个价钱,你打算进多少?"哪知对方答道:"一只也不进!"这可把他弄懵了,问道:"一只也不进?你在开玩笑吧,这个价钱可比上次低了一大截呀!你说实话,要多少?"店主说:"你以为乡下人都是老憨?你们这些城里来的骗子呀,嘴里说价钱绝对优惠,实际上比你心里的底数不知要高出多少呢!告诉你吧,无论你说什么,我还是一只也不进!"

整整一个下午,两人讨价还价,直到日落西山才成交。成交价比他原来所说的"绝对令对方满意"的价钱又低了一大截。这趟生意做下来,他不但一分钱没有挣到,反而倒赔了汽

油钱。

思考：
分析本案例中批发商报价失误的原因。

实训项目

实训目的：
熟悉商务谈判报价。

实训背景：
以小组为单位，运用商务谈判中的报价方法、技巧和策略，模拟超市与供应商的商务价格谈判，以小组为单位进行实训演练，参加班级的团队形象展示。

实训要求：
分析商务谈判中影响价格的因素、报价原则和报价方式。

任务 7.2　商务谈判报价策略

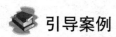
引导案例

案例 7-6　锚定和谈判中的首次报价

M 女士和 B 先生正在就一辆汽车的销售进行谈判。对于卖方 M 而言，只要超过 1000 美元她就可以出售，对于潜在买主 B 来说，他最多只愿意支付 1500 美元。当然，M 和 B 都清楚自己的保留价格或价格底线，即 1000 美元和 1500 美元，但却不清楚对方的价格底线。因此，双方都不知道只要 B 以介于 1000 美元和 1500 美元之间的价格购买这辆汽车，双方都会受益。

B 请 M 做第一次报价。M 推测 B 至少愿意为这辆车付 1250 美元，并且有可能付出高达 1750 美元的价格。但 M 不想把价格开得太高，以免使 B 认为缺乏诚意而彻底放弃交易。因此，她提出以 1600 美元将车卖给 B。

在第一次报价之前，B 并没有设想过 M 的价格底线。B 对 M 的报价有些意外，这个报价只比他的保留价格高了 100 美元，此时 B 不知道如何回应。想了一会儿后，B 猜测 M 的保留价格应该在 1500 美元左右。此时，B 突然意识到他们可能无法成交。于是 B 试探性地提出了 1350 美元的还价。讨价还价还在进行着：M 又提出了 1500 美元的价格，B 还价为 1400 美元。接着 M 又提出了"大家各让一步"的价格 1450 美元，B 接受了，而且很高兴。

思考：
1. 谈判中究竟是什么原因决定谈判结果？
2. 该案例中，为什么最后的成交价格与 B 的保留价格如此接近？为什么 M 能获得更大的利益和价值？

7.2.1 报价的类型

在谈判中开出什么样的报价是合理的、对方可以接受的,并且可以使双方很快就能达成协议;是强硬得令对方震惊的报价;还是不能被接受,但仍有商量余地的报价。下面对这三种类型的报价分别进行分析。

1. 合理的报价——公平而强硬式

前通用电气公司副总裁雷默·布鲁瓦尔先生的谈判策略,就是这种公平而强硬的方法的一种极端形式。布鲁瓦尔先生认为一个人需要务实、讲逻辑、公平而强硬。他试图取得尽可能多的客观信息。他的目标是提出对所有各方都公平的报价。但是使用这种公平而强硬的方法,常常会出现两个问题。

1) 什么是公平

谈论"某个"公平价格是没有实际意义的。这些谈判者对于公平的观点会随着他们在谈判中角色的不同而产生偏差。谁都认为自己是公平的。但实际情况是都存在一定程度的偏见。

2) 教条和过于固执

那些所谓的"坚持原则"的谈判者们都过于自以为是、教条和固执。很多证据表明,很多谈判僵局大多是由教条和过于固执而造成的。

正因为上述两个问题,使得这种报价方式太缺乏灵活性。

2. 强硬的报价——基辛格式

亨利·基辛格倡导另一种同样极端的开放式报价:"如果双方之间可以达成协议,就没有必要提出一个适中的报价。最初的报价越是无理,其后就越有可能达成'真正的'让步。"这是基辛格始终信奉的谈判准则。

基辛格方法的根本问题是它可能与对手形成敌对状态。但是不能接受的报价和缺乏诚意的报价有很大区别。缺乏诚意的报价会马上被对方驳回。我们的目标是要提出一个让对手即使现在不能接受,也可在日后继续讨论的报价。总体来说,基辛格式的报价被认为是缺乏诚意的报价,就像一种意在谋取不公平利益的预谋。

3. 不能接受但可以商量的报价——大胆式

最有效的策略是提出一个不能接受但可以商量的报价。这种报价方式是值得借鉴的。在采取这种报价方式时,需要注意以下几个方面。

1) 与自己谈判

情况越是不清楚,开价就越要大胆。你认为自己的开价够大胆吗?事实上,在与对手会面前,我们就开始了谈判。当我们开始斟酌报价时,我们已经在和自己谈判了。

2) 处理进取和谨慎的矛盾

自我谈判经常比与对手谈判更困难、更直接。每次准备谈判时,总会在希望得到和害怕得不到这两种可能之间痛苦不堪。我们必须要找到进取和谨慎之间的恰当平衡。如果谨慎心理占了上风,就会因缺乏信心只报出低价。一个更大胆的报价会更好,正是由于在大胆进取和谨慎之间的相互矛盾,使得我们经常更偏向于一个合理的报价。

3）没有勇气，就不会有辉煌

谨慎心理是很狡猾的，它会用很多种狡猾的方式说服我们选择一种轻松的方法。我们应该诚实地对待自己，选择一种软弱的方法很容易，但是谨慎的态度永远不会使谈判得到有利于自己的交易。

7.2.2 报价的顺序

在价格型的商务谈判中，究竟是先报价有利，还是后报价有利。当缺乏足够的信息而主动开价是盲目的，会影响谈判效果。率先进行报价的一方可以将谈判价格限定在具体区间内，而大多数情况下，如果先发报价的价格没有脱离对方心理预期，那么最终成交价格都会处于该区间内。后进行报价也有优势，就是可以根据率先报价一方所提供的价格来摸清情况，以此来灵巧地改变原有报价策略，实现利益最大化的目标。

1. 先报价

无论是卖方或买方先报价其有利之处在于：对商务谈判影响较大，而且为商务谈判划定了一个范围。即便是报出来的价很高或很低，只要对方能坐下来谈判，结果往往对先报价者有利。

然而，先报价也有不利之处。因为你一旦先报价，首先显示了你的报价与对方事先掌握的价格之间的距离。如果你的报价比对方掌握的价格低，那么就使你失去了本来可以获得的更大利益。如果你的报价比对方掌握的价格高，对方会集中力量对你的价格发起攻击，逼你降价。而你并不知道对方掌握的价格，变成你在明处，他在暗处，你降到多少才好，心里没有底，往往在对方的攻击之下，贸然降得太多，以致遭到了不必要的损失。先报价容易泄露一些情报，使对方听了以后，可以把心中隐而不报的价格与之比较，然后进行调整。合适就拍板成交，不合适就利用各种手段进行杀价。

案例 7-7　1 美元买大酒店

美国芝加哥的大都会酒店，是一套 12 层多达 300 个房间的大建筑，地处市南，位置极佳。在 19 世纪 20 年代因被意大利籍黑手党头目卡邦租用其中的两层 50 个房间作为总部，大酒店更是闻名遐迩。但是好景不长，1947 年卡邦死于梅毒。之后，黑手党开始没落，大都会酒店也一直空置。1991 年曾有传说酒店内藏有珠宝，可经过挖掘搜寻后，只找到一堆尸骨，这更使大都会酒店罩上了一层神秘的色彩。此后，芝加哥市政府先后采取了一系列措施：查封该楼，不准入内；列为古迹，不准拆除。最为令人吃惊的，则是于 1992 年宣布出售大都会酒店，售价仅 1 美元。而且，至今尚无人问津。

1 美元可买下一家大酒店，这绝非是天方夜谭式的大笑话。因为，像这样廉价的房屋在全美各州均有买卖，房屋的外表大都破败不堪，房主因无法出售或抵押而由政府收回统一处理。但是根据美国有关法律，购买这类旧房不准拆卸，必须由买主在购入后 1 年内将其翻新，且至少使用 5 年后方可转手。前不久，一位失业的男子花 1 美元在维珍尼亚州的一个小镇买了一所两室的住房，而在室内拣到 73 美分，所以，他实际上只花了 27 美分便得到了这所住房。但是，他的整个翻修工程却花了 3000 美元。大都会酒店同样如此，它虽年久失修但不准拆除,只许翻新,以求重现该楼及附近当年的繁荣旧貌。据预算,它的修理翻新需要耗资近 1 亿美元!

问题就在这里,1 美元买下大酒店固然令人神往,要再用 1 亿美元在购入 1 年内对酒店进行翻修就让人望而却步,咂舌不已。

在商务谈判中,这种情况非常普遍。买方常常以较低的价格与卖方签订一份合同。为了图一时之利,买方也愿意选择最低的出价,然而他们常常忽略了额外的开支。买方在签约之后,就发现还必须在修理、改装、零配件供应、技术咨询等方面付出更多的费用,否则,买进的产品根本无法使用。而精明的卖方却在这些增加的费用上赚足了钱。

2. 后报价

后报价的好处主要体现在,对方在明处,自己在暗处,可以根据对方的报价及时地修改自己的策略。因为先报价会在一定程度上暴露对方的意图,当我们得到对方的报价之后,就有可能对自己已拟定的报价幅度进行针对性的调整,通过修改原先拟定的价格得到额外的利益。

美国著名发明家爱迪生在某公司当电器技师时,他的一项发明获得了专利。公司经理向他表示愿意购买这项专利,并问他要多少钱。当时爱迪生想,只要能卖到 5000 美元就很不错了,但他没有说出来,只是督促经理说:"您一定知道我的这项发明专利对公司的价值了,所以,价钱还是请您自己说一说吧!"

经理报价道:"40 万美元,怎么样?"

还能怎么样?谈判当然是没费周折就顺利结束了。爱迪生因而获得了意想不到的巨款,为日后的发明创造提供了资金。

3. 注意事项

(1) 如自身实力强于对方,在谈判中处于主动地位,或者准备充分、知己知彼,己方先报价为宜。反之可考虑后报价,以观察对方并适当调整自己的实际期望目标。

决定是否先报价的关键因素是信息。如果没有充分掌握对方的信息,初始报价就很可能会向对方泄露自己的秘密。所以,不能在一个不利的环境下与对方纠缠。如果不了解对方的情况,切记不能主动进攻。

(2) 在冲突程度高的谈判场合,"先下手为强"。在合作程度高的场合,谁先出价则无所谓。

(3) 如对手是谈判高手,且己方不太了解对方时,或者不了解市场时,可让对方先报价,避免让对方剥茧抽丝。

(4) 商务性谈判的惯例,发起谈判者与应邀者之间,一般应由发起者先报价;投标者与招标者之间,一般应由投标者先报价;卖方与买方之间,一般应由卖方先报价。

7.2.3 报价的策略

1. 高报价策略

高报价这一策略主要是针对谈判卖方,为了给之后的谈判提供充足的空间。因此卖方在谈判开场之时就将价格进行大幅度提升,但是价格提升幅度需要保持在对方心理接受价格范畴之内,否则也会容易导致谈判崩盘情况的发生。而买方相应地需要在初次报价过程中进行最低报价,以此来给已方争取谈判成本最低化的空间。这里需要注意的是,当卖方在提高报价时必须要与底线价格之间形成较大差距。如果差距过小,就意味着在之后的协商过程中无法作出显著让步,给对方造成没有谈判意愿的误解,不利于谈判顺利推进。

当进入谈判报价时的具体操作应该是,卖方首先提出含有较大虚头的价格,然后根据买卖双方的实力对比和该笔交易的外部竞争状况,通过给予各种优惠,如数量折扣、价格折扣,以及佣金和支付上的优惠(如延长支付时间、提供优惠信贷等)来逐步软化和接近买方的市场和条件,最终达成交易。

案例 7-8　生活中的高价格谈判

在生活中每个人都是消费者。在每一次购物中商品的价格都会左右你的购买意愿。以冰箱为例,国产电冰箱中"海尔"品牌在售价方面是最高的,而且很少进行特价销售,但其销量一直名列前茅,消费者口碑也是最好的。

为什么价格高反而会销售如此之好呢?道理其实也很简单,高价一定会增加产品或服务的附加价值。每个人在选择商品时都希望其质量上佳,如果是耐用品则要求要有良好的售后服务。名牌产品会满足消费者的需求,但价位会高于非名牌商品。如果两者的差价不是很大,大多数消费者会选择名牌产品。因为在人的潜意识中高价格一定等同于高价值。

2. 低报价策略

低报价策略的一般做法是,将最低价格列在价格表上,以求首先引起买主的兴趣。例如,商场门口的价格表就是低报价策略的例子。

3. 报价对比策略

报价对比策略的一般做法是,将本商品的价格、使用价值、附加利益同其他类似产品相比较,向对方提供同类商品不同商家的报价单,但在价格上(如性能、质量、服务与其他交易条件等方面)是有利于本方的,以此作为报价的有利依据。因为该策略依靠有效证据,所以对于对方而言有着极强的报价可信度和说服力,一般能取得好的效果。

不过在使用此策略时,价格上一定不可弄虚作假。对于价格上的对比,可以从多方面进行:本商品与可比商品的价格直接进行对比,以突出相同价值的不同价格;本商品及其附加利益后的价格与可比商品不附加利益的价格进行对比,突出不同价值的不同价格等。

不过当对手采取此策略时,我们也可采取以下措施。

(1) 要求对方提供能证实其所提供的其他商家报价单的证据。

(2) 仔细查找对方给予的报价单的漏洞,比如产品间在性能、规格、质量、交易条件的不可比性等,并以此作为谈判切入点。

(3) 本方拿出有利于自己的一些其他商家报价单,并做相应的比较。

(4) 仔细找出对方价格参照系的一个漏洞,并用以全盘否定来坚持本方要价。

案例 7-9　大客户报价对比策略应用

中方某公司向韩国某公司出口丁苯橡胶已一年了。第二年,中方公司根据国际市场行情将价格从前一年的成交价每吨下调了120美元(前一年为1200美元/吨)。

韩方感到可以接受,建议中方到韩国签约。中方人员一行两人到了首尔该公司总部,双方谈了不到20分钟。韩方说:"贵方价格仍太高,请贵方看看韩国市场价格,三天后再谈。"

中方人员回到饭店感到被戏弄,很生气。但人已来到首尔,谈判必须进行。中方人员通过有关协会收集到韩国海关丁苯橡胶进口统计,发现从哥伦比亚、比利时、南非等国进口量较大,从中国进口也不少,中方公司是占份额较大的一家。南非价格最低,但高于中国产品价格,哥伦比亚价、比利时价均高出南非价。在韩国市场的调查中,批发价和零售价均高出中方公司现报价30%～40%。市场价虽呈降势,但中方公司给价是目前世界市场最低价。

为什么韩方人员这么说?中方人员分析对手以为中方人员既然来了首尔,肯定急于拿合同回国。可以借此机会再压中方一些。那么韩方会不会不急于订货而找理由呢?

中方人员分析,若不急于订货,为什么邀请中方人员来首尔。此外韩方人员过去与中方人员打过交道,对中方工作很满意,这些人会突然不信任中方人员了吗?从态度看不像,他们来机场接中方人员且晚上一起会餐,保持了良好气氛。

中方人员分析认为:韩方意在利用中方人员出国心理,再压价。经商量中方人员决定在价格条件上做文章。首先,态度强硬(因为来前对方表示同意中方报价),不怕空手而归。其次,价格条件还要涨回市场水平。最后不必用三天时间给韩方通知,仅一天半就将新的价格条件通知韩方。

一天半后,中方人员电话告诉韩方人员:"调查得到的结论是我方来首尔前的报价低了,应涨为1200美元/吨,但为了老朋友的交情可以下调20美元/吨。请贵方研究,有了结果通知我们。若我们不在饭店,则请留言。"韩方人员接到电话后一小时,即回电约中方人员到公司会谈。韩方认为,中方不应把过去的价格再上调。中方认为,这是韩方给的权力。我们按韩方的要求进行了市场调查,结果应涨价。韩方希望中方多少降些价,中方认为原报价已降到最低。经过几个回合的讨论,双方同意按中方来首尔前的报价成交。

任务小结

本任务主要介绍了报价的类型、报价的顺序和报价的策略。每个策略都有一定的条件和优势,要从实践中不断总结,寻找规律,灵活运用这些策略,为商务谈判的成功打好基础。

复习思考题

1. 分析先报价和后报价的利弊。
2. 报价的策略有哪些?

案例分析

案例7-10 不同的报价类型

思考:如图7-3所示,四种开价方式分别属于哪一类报价类型,将相应的连接起来。

图 7-3 不同的报价类型

 实训项目

实训目的：

结合报价的基本原则，熟悉并掌握开盘价的确定。

实训背景：

烟台市塑料编织袋厂厂长娄维川从青岛得到信息，日本某纺织株式会社正准备向我国出售先进的塑料编织袋生产线。遂当即到进口过类似设备的青岛、潍坊等国营大厂实地考察，了解其性能及运转情况，并确认引进可行。同时了解到，中国进口的同类设备，贵的180万美元，便宜的140万美元。经过沟通，娄维川与日本株式会社达成正式购买生产线的口头协议。4月5日，娄维川在青岛开始与日方谈判。

实训要求：

1. 根据实训资料，请替日本株式会社东吉村先生设计谈判开盘价，并说明理由。
2. 根据实训资料，请替日本株式会社东吉村先生设计谈判报价方式，并说明理由。

学习情境 八

商务谈判磋商阶段

学习目标

知识目标
1. 掌握商务谈判价格磋商的顺序。
2. 掌握讨价还价的技巧和策略。
3. 掌握让步的原则与技巧。
4. 掌握让步的方式,了解让步的步骤与让步原则。
5. 掌握打破僵局的策略。

能力目标
1. 能根据谈判形势进行讨价还价。
2. 能熟练运用讨价还价的策略使对方妥协。
3. 能正确选择让步的方式,合理决定让步的幅度,科学评估让步的次数。
4. 能在谈判出现僵局时采用适当策略使谈判顺利进行。

素质目标
1. 讨价时要底气十足,坚持到底。
2. 灵活讨价,力促成交。
3. 有让步意识。
4. 相互妥协、互利共赢。

任务8.1 讨价策略

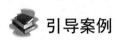 引导案例

案例8-1 购买山野菜

某食品加工厂为了购买某种山野菜,与某县土产公司进行谈判。在谈判过程中食品加工厂的报价是每千克山野菜15元,而土产公司代表却报价每千克山野菜22元,并摆出一副非此价不谈的架势。急需山野菜的食品加工厂的代表着急地说:"市场的情况你们都清楚,怎么能指望将山野菜卖到每千克18元呢?"食品加工厂的代表在情急之中暴露了价格底牌,

于是土产公司的代表紧追不放:"那么你是希望以每千克18元的价格与我们成交?"这时食品加工厂的代表才恍然大悟,只能表示可以考虑。最后双的确是以每千克18元的价格成交了。

思考:

为何买方以较高价格成交?应怎样讨价?

8.1.1 讨价的含义

商务谈判过程中,当交易一方发盘之后,一般情况下另一方不会无条件地接受对方的发盘,而会提出重新报价或改善报价的要求,即讨价。讨价是谈判中卖方或买方报价并进行价格解释后,买方或卖方认为离自己的期望目标太远或不符合自己的期望目标,在对其价格评论的基础上,要求对方改善报价的行为,也称为再询盘。

讨价之前要明确了解对方报价的全部内容,准确了解对方提出条件的真实意图,要设法摸清对方报价的条件中哪些是关键的、主要的,哪些是附加的、次要的,哪些是虚设的或者诱惑性的条件或交换性的筹码。只有明确这些问题,才能在讨价阶段科学而具有策略性地与对方谈判。

8.1.2 讨价的方式

讨价可以分为全面讨价、分别讨价和针对性讨价三种。全面讨价是对总体报价进行讨价或首次讨价。分别讨价适用于比较复杂的交易或不宜采用全面讨价的情况。针对性讨价是针对水分较大或明显不合理的部分进行讨价。

讨价程序分为"全面讨价—改善后的新价—新的讨价"不同阶段。全面讨价,也称整体讨价,在这一阶段受盘方首次讨价可从全面入手,要求发盘方从整体上改善价格,重新发盘。这种讨价不限一次,根据情况有两次、三次或者更多次。而针对性讨价也不是一项,可能是两项或若干项。讨价时可同时要求几项,也可逐项讨价,依谈判者总体谈判策略而定,形成新的讨价。因为讨价一次并不一定能够得到对方的改善价格,所以最后仍然要从全面出发进行讨价。这就决定了正确的讨价步骤应是"全面讨价—改善后的新价—新的讨价"反复循环过程。

具体讨价策略是就分项价格和具体报价的内容要求重新报价,常常用于对方第一次改善价格之后,或不易采用笼统调价方式时。具体讨价的要求在于准确性与针对性,而不在于全部将自己的材料都端出来。在做法上是将具体的讨论内容分成几项,逐项讨价。一般是从水分最大的那一项进行讨价,然后再对水分中等的那项讨价,最后对水分较小的那项讨价。

8.1.3 讨价的策略

讨价既是实质性的,可以迫使对方降低价格,也是策略性的,可以误导对方的判断并降低对方的期望值。

1. 投石问路

投石问路策略是社会实践活动的一种方法,如业务往来中买主在谈判中通过不断地询问,来直接了解从卖方那里不容易获得的诸如成本、价格等方面的尽可能多的资料,以此来摸清对方的虚实,掌握对方的心理,以便在谈判中作出正确的决策。这种策略既能保持"平等信赖"的气氛,又有利于还价前对卖方情况的进一步掌握。

投石问路的关键在于选择合适的"石",提出的假设应该是己方所关心的问题,而且是对方无法拒绝回答的。很多时候,如果提出的问题正好是对方所关心的,那么也容易将己方的信息透露给对方,反而为对方创造了机会。所以,在使用投石问路策略的时候,也应该谨慎,并且注意不要过度。

比如,现在一位买主要购买 3000 件产品,他就先问如果购买 100 件、1000 件、3000 件、5000 件和 10000 件件产品的单价分别是多少。一旦卖主给出了这些单价,敏锐的买主就可从中分析出卖主的生产成本、设备费用的分摊情况、生产的能量、价格政策、谈判经验丰富与否等情况。最后,买主能够得到比购买 3000 件产品更好的价格,因为很少有卖主愿意失去这样数量多的买卖。

案例 8-2　购买布料

ZJHY 服装公司设计了一款最新的冬装,由于深受各个消费层次的人喜欢,销路特别好,公司决定扩大生产。由于面料的需求量相当大,面料上很小的价格差异就可能造成十分可观的费用差别。

该服装公司放出需要大批量面料的消息,在很短的时间内,就有本地和外地的面料生产厂家主动上门来进行销售谈判。但是由于服装公司对所需面料的批量生产的成本和利润不是很了解,所以对谈判价格没有十足的把握。为了选择一家合理的厂家并保证公司购买面料所花费用合理,公司的高层先派采购部与前来洽谈业务的销售人员接触,进而获得一些有利的情报。

在谈判的初期,采购人员和销售人员进行了详细的谈判。一方面尽可能多地了解对方公司的情况,如产品质量、生产规模、公司实力、信用以及初步报价;另一方面却不进行最后拍板,以"贵公司的情况和报价我们已经清楚了,定会如实转告领导。只要你们质量可靠,价格合理,我们领导一定会考虑贵公司的"来答复对方的销售人员。

随后,公司将各个面料生产厂家的情况和报价进行对比和分析,基本上掌握了各个生产厂家的真实情况和各方面的优势。最后选中了其中一家面料生产厂家作为合作对象谈判。在谈判中由于服装公司对面料的情况有了初步的了解,一直占据着谈判的主导权,在产品的价格和要求上有很大的优势。经过双方的进一步谈判,最终达成了协议,服装公司因此买到了质量好且价格低的面料,进而取得了可观的经济效益。

由于服装公司对所需面料的批量生产成本不了解,谈判处于被动的不利状态。在进行实质性谈判前,公司采用投石问路的策略来了解各个厂家的情况。通过与各个厂家的销售人员进行初步接触和谈判,对对方各公司的实际情况和报价有了一定的了解,然后进行比较,选择较合适的厂家进行谈判。在实际谈判中使用投石问路的策略来试探对手的谈判立场和态度,谈判处于优势地位。

采用投石问路策略时,应注意以下几个方面的问题。

(1) 提问题要恰当。如果针对问题的回答,可以让提问方得到对方可以接受的条件,那么这个问题就是一个恰当的问题;反之就是一个不恰当的问题。

例如,在经济合同的再谈判过程中,买方与卖方在交货问题上激烈辩论。卖方晚交货两个月,同时只交了一半的货。买方对卖方说:"如果你们再不把另一半货物按时交来,我们就向其他供货商订货了。"卖方问:"你们为什么要撤销合同?如果你们撤销合同,重新订货,后果不堪设想,这些你们明白吗?"

在这里卖方提出"你们为什么要撤销合同",这是一个不恰当的问题。因为这个问题隐含着一个判断,即买方要撤销合同。这样,买方不管怎样回答,都得承认自己要撤销合同。这就是强人所难、逼人就范,谈判自然不欢而散。所以,谈判必须准确地提出争论的问题,力求避免包含着某种错误假定或有敌意的问题。

(2) 提问题要有针对性。在谈判中,一个问题的提出要把问题的解决引导到交易能否做成这一方向上,并给予足够的时间使对方做尽可能详细的正面回答。为此,谈判者必须根据对方的心理活动运用各种不同的方式提出问题。

例如,当需方不感兴趣、不关心或犹豫不决时,供方应问一些引导性问题:"你想买什么东西?""你愿意付出多少钱?""你对于我们的消费调查报告有什么意见?""你对于我们的产品有什么不满意的地方?"等。提出这些引导性问题后,供方可根据需方的回答找出一些理由来说服对方,促使买卖成交。

(3) 尽量避免暴露提问的真实意图,不要与对方争辩,也不必陈述己方的观点。

2. 目标分解

很多情况下,价格是由许多分项组成的。例如,一些技术交易项目或大型谈判项目,涉及许多方面,技术构成也比较复杂,包括专利权、专有技术、人员培训、技术资料、图纸交换等方面。因此在对方报价时价格水分较大,如果笼统地在价格上要求对方做机械性的让步,其效果会因为己方盲目的举动而不甚理想。而比较好的做法是把对方报价的目标分解,从中找出哪些技术是为己方所需,其价格应是多少。哪些技术是不为己方所需,哪一部分价格水分较大。这样对各个部分了如指掌,讨价还价自然得心应手。

案例 8-3　德国仪表技术引进谈判

我国一家公司与德国仪表行业的一家公司进行技术引进谈判,对方向我方转让时间继电器的生产技术,价格是 40 万美元。德方依靠技术实力与产品品牌在转让价格上坚持不让步,我方采取目标分解策略,要求德商就转让技术进行分享报价。结果通过对分项报价的研究,我方发现德商提供的技术转让明细表上的一种时间继电器原件——石英阵子技术,我国国内厂家已经引进并消化吸收,完全可以不再引进。以此为突破口,我方与德方洽商,逐项讨论技术价格。将转让费由 40 万美元降至 25 万美元,取得了较为理想的谈判结果。

运用这一策略的另一种方式就是将目标分解后进行对比分析,以此增强说服力。例如,一家药品公司向兽医出售一种昂贵的兽药,价格比竞争产品高出很多。销售人员在向兽医推销时,重点强调每头牛只花 3 美分,这样价格就显得微不足道了。但如果他们介绍每一包要花 30 美元,显然就是一大笔款项。

3. 举证讨价

在谈判中通常没有一方一开价,另一方就马上同意,双方拍板成交的。一般而言,举证讨价是建立在科学的计算、精确的观察、理性的判断和分析基础上,当然忍耐力、经验、能力、信心也十分重要。由于双方都不能确定彼此能走多远,能得到什么,因此时间越久局势就会越有利于有信心、有耐力的一方。

案例8-4　购买无氧铜主机组合炉谈判

美国一家公司代表与我方某电缆厂购买无氧铜主机组合炉时,报价从220万美元、150万美元下滑至130万美元。美方见中方代表仍不同意签约,大叫道:"你们毫无诚意,不谈了!"中方代表说:"这样高价还谈什么诚意,我们早就不想再谈了。"对方见中方不为所动,又坐下来交涉,下了最后通牒:"120万美元,不能再降了!"结果谈判破裂。美方拿出已订好的机票与中方做告别性会晤。这时中方代表才拿出两年前美方以95万美元将组合炉卖给西班牙的资料让对手看。"这是两年前的事了,现在价格自然上涨了。"美方惊叫着。"不!"中方代表反驳。"物价上涨指数是每年6%,按此计算价格是106.7万美元。"美方代表此时瞠目结舌,想不到中方还有这一手。最后,以107万美元成交。

4. 待价而沽

待价而沽是指在谈判中,特别是在收购谈判中被收购方不着急接受收购方报价,通过拖延时间,与其他收购方接触或假意对对方不感兴趣等手段抬高自己的身价。客观而言,使用待价而沽谈判策略具有极高的风险性,因为如果对方对你没有那么强烈的收购意愿,或突然杀出一个更具诱惑力的第三方,那么待价而沽策略就会导致己方错失机会,导致谈判失败。待价而沽这种策略更适合于谈判中占主动权的一方。

案例8-5　雅虎收购3721

3721公司是周鸿祎创立的专注于中文上网服务的互联网应用服务提供商。3721公司提供的网络实名是一种十分便捷的中文上网方式。因此收购的消息一放出,3721公司便收到了众多门户网站的橄榄枝。

2003年8月,雅虎率先向3721公司提出购并事宜,并邀请3721公司总裁周鸿祎去雅虎位于美国的办公总部进行商谈,但此次谈判无果而终。8月底,雅虎再次表现出了积极姿态,使得3721公司最终决定与雅虎签署排他性协议。9—10月,双方高层频繁会面商讨购并方案,最终于11月确定了购并方案,3721公司获利达数倍之多。

但此次购并并非一帆风顺。2003年11月7日,媒体新闻报道称雅虎出资1亿美元并购重组。3721公司总裁周鸿祎出面否认,称此事为谣言。11月10日,3721公司高层向记者表态,目前不希望把公司卖给别人,并称要海外上市。11月15日,媒体又传出雅虎以现金加股票总价值1.2亿美元价格收购3721公司。直至11月21日,双方最终签字敲定收购。

待价而沽策略需要清楚地认识到自身的真正价值所在,利用自己的独特优势作为使用待价而沽策略的筹码,才能成功地使这一策略奏效。待价而沽策略更加适用于在谈判中掌握主动权且能够认识自身价值所在的一方。

任务小结

本任务主要介绍了讨价的含义、讨价的方式与讨价的策略。

讨价是谈判中卖方或买方报价并进行价格解释后,买方或卖方认为离自己的期望目标太远或不符合自己的期望目标,在对其价格评论的基础上,要求对方改善报价的行为,也称为再询盘。讨价可以分为全面讨价、分别讨价和针对性讨价三种。全面讨价是对总体报价进行讨价或首次讨价。分别讨价用于比较复杂的交易或不宜采用全面讨价的情况。针对性讨价是针对水分较大或明显不合理的部分进行讨价。讨价策略主要有投石问路、目标分解、举证讨价、待价而沽策略。

复习思考题

1. 商务谈判讨价的方式有哪些？
2. 商务谈判主要有哪些讨价策略？
3. 简述讨价的含义。

案例分析

案例8-6 荷兰代表为什么让步

荷兰某精密仪器生产厂与中国某企业拟签订某种精密仪器的购销合同，但双方在价格条款上还未达成一致，因此双方就此问题专门进行了谈判。谈判一开始荷方代表就将其产品的性能优势以及目前在国际上的知名度作了一番细致的介绍，同时说明还有许多国家的相关企业欲购买他们的产品。最后荷方代表带着自信的微笑与语气，对中方代表人员说："根据我方产品所具有的以上优势，我们认为一台仪器的售价应该在4000美元。"

中方代表听后十分生气，因为据中方人员掌握的有关资料，目前在国际上此种产品的最高售价仅为3000美元。于是中方代表立刻毫不客气地将其掌握的目前国际上生产这种产品的十几家厂商的生产情况、技术水平及成品售价详细地向荷方代表全盘托出。

荷方代表十分震惊，因为据他们所掌握的情况，中方是第一次进口这种具有世界一流技术水平的仪器，想必对有关情况还缺乏细致入微的了解。没想到中方人员准备得如此充分。荷方人员无话可说，立刻降低标准，将价格调低到3000美元，并且坚持说他们的产品完全达到了世界一流水平，是物有所值。事实上中方人员在谈判前就了解到，荷兰这家厂商目前经营遇到了一定的困难，并陷入一场巨额债务中，回收资金是其当务之急，正到处寻找其产品的买主，而目前也只有中国对其发出了购买信号。

于是中方代表从容地回答荷方，我们绝不怀疑贵方产品的优质性能，只是由于我国政府对本企业的优惠额度有一定的限制，目前我方只能认可2500美元的价格。荷方代表听后十分不悦。他们说他们已经强调过了，他们的产品是物有所值，而且需求者也不仅仅是中方一家企业。如果中方这样没有诚意，宁可终止谈判。中方代表依然神色自若，说："既然如此，我们很遗憾。"中方代表根据已经掌握的材料，相信荷方一定不会真的终止谈判，一定会再来找中方。

果然荷方的忍耐达到了极限，没过多久他们就主动找到中方，表示价格可以再谈。在新一轮的谈判中，双方又做了一定的让步，最终以2700美元成交。

思考：

1. 荷兰谈判人员为什么能够将价格立刻从4000美元降到3000美元？
2. 当荷方提出终止谈判时，为什么中方谈判人员依旧神色自若？
3. 从上面这个案例中，你能得出什么结论？

实训项目

实训目的：

掌握讨价的策略应用。

实训背景：

学校篮球社团准备下周三举行全校篮球比赛，活动需要2000元准备购买篮球服、矿泉水20箱。篮球社团准备请娃哈哈集团对篮球运动会进行赞助。

实训要求：

1. 以小组为单位，采用角色扮演谈判，实现赞助目的。
2. 讨论如何向娃哈哈集团讨价，设计讨价策略并运用。
3. 实训总结以书面报告的形式完成。

 任务8.2 还价策略

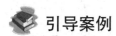 引导案例

案例8-7 打印机的交易

李先生的公司准备采购一批办公设备，其中需要20台打印机。李先生来到电脑城进行采购。他来到一家卖打印机的店铺，向老板说："你这种打印机要价820元一台，我们刚才看到同样的打印机标价才780元，你的也太贵了点吧。"老板说："如果你真心想要，780元我也可以卖。"李先生接着说："如果我是批量购买，总共买35台，也没有优惠吗？"老板一听有大客户来了，连忙说："不会的，我们每台可以再便宜50元卖给您。"李先生又问："我们现在资金较为紧张，是不是可以先购20台，三个月后再购15台？"老板很是犹豫了一会儿，因为只买20台，折扣是不会这么高的。但他想到最近几个星期不理想的销售状况，还是答应了。"那么您的意思是720元的价格卖给我们20台打印机？"李先生总结性地说。老板没说话，只是点了点头。李先生又说："干吗要720元呢，凑个整，700元一台。计算起来都省事儿，干脆利落，我们马上成交。"老板本想反驳，但成交两字对他颇具吸引力，由于这几个星期销售状况实在不好，最后老板还是答应了。

思考：

如果李先生一开始就还价700元，这次交易会更迅速吗？

8.2.1 还价的含义

还价是指针对对方的交易条件作出的表明己方交易条件的行为。通常是一方就对方提出的价格，讲出自己希望的成交价格。

对方的报价连同主要的合同条款，一旦向我方提出之后，我方应立即仔细过目，对其全部内容，包括细节部分都要了如指掌，应从两个方面开展还价前的准备工作。

1. 清楚对方为何如此报价

清楚对方为何如此报价,即清楚对方的真正期望。在清楚对方期望的问题上,要了解怎样才能使对方得到满足,以及如何在谋得我方利益的同时,不断给对方以满足。还要研究对方报价中哪些东西是必须得到的,而哪些是对方希望得到但不是非得到不可的;对方报价哪些是比较次要的,而这些又恰恰是诱使我方让步的筹码。这样知彼知己,才能在讨价还价中取得主动。

为此,在这一阶段要做到以下几点。

(1) 检查对方报价的全部内容,询问对方如此报价的原因和根据,以及在各项主要交易条件上有多大的灵活性。

(2) 注意倾听对方的解释和答复,千万不要主观臆测对方的动机和意图,不要代别人讲话。

(3) 记下对方的答复,但不要加以评论,避免过早过深地陷入具体的某一个问题中,其目的是把谈判面覆盖得广一些。相反,当对方了解我方的意图时,应尽力答复最基本的信息,掌握好哪些该说,哪些不该说。有经验的讨价还价者只有在十分必要时才会把自己的想法一点点地透露出来。

2. 判断谈判形势

首先需要弄清双方的真正分歧,估计什么是对方的谈判重点,此时要区别以下几点。

(1) 哪些是对方可以接受,哪些是不能接受的。

(2) 哪些是对方急于要讨论的。

(3) 在价格和其他主要条件上对方讨价还价的实力。

(4) 可能成交的范围。假如双方分歧很大,我方可以拒绝对方的报价,如果决定继续下去,就要准备进入下一回合的谈判。此时要进行如下选择:由我方重新报价(口头或者书面均可);建议对方撤回原价,重新考虑一个比较实际的报价;改变交易形式,比如对售价不进行变动,但对其他一些交易条件,如数量、品质、交货时间、支付方式等进行一些改变。

改变交易形式的目的是使之更适合于成交的要求。接下来应采取下列具体做法来保证我方在还价过程中总体设想和意图得到贯彻。

① 列出两张表。一张包含我方原则上不能作出让步的问题和交易条件,可写成合同条款的形式。另一张则包含我方可以考虑让步或给予优惠的具体项目。最好附上数字,表明让步幅度和范围。例如,我方可把对某商品的定价 20 元作为起始的价格,由此递增,30 元、35 元、40 元、45 元直到 50 元,并把 50 元定为让步上限,这就形成了一个阶梯式的让步数量范围。

② 列一张问题表。以便会谈中掌握提问的顺序,什么时候该谈什么问题,有时是有一定规律的。例如在进口谈判中,我方往往在其他各项主要合同条款已逐项同对方拟定之后,最后才抛出价格条款,向对方还价。

③ 一场谈判往往旷日持久,需要许多回合的会谈。在还价阶段每一回合谈判开始时,要努力营造一种新的气氛,根据需要随时调整并提出新的会议日程。在每一回合谈判结尾时,对那些棘手的、双方相持不下的问题,重审我方的立场或再提一个新的解决方案,供对方回去仔细考虑。

8.2.2 还价的方式

还价的方式,从性质上分为两类。一类是按市场可比价还价;另一类是按分析的成本价还价。两种还价方式的选取决定于手中掌握的比价材料。如果比价材料丰富且准确,选择按市场可比价还价,对买方来讲简便,对卖方来讲容易接受。反之,则选择按分析的成本价还价。

有的卖方总价格条件很优惠,态度坚定,买方则应实事求是谨慎抛出资料。有的卖方以真实的现象、假的条件说服你同意他的价格。例如,"我雇人装卸货,需要人工费",这属事实,但人工的报酬实际是多少,可能会出现假的条件,以埋伏利润。如果买方明确提出给卖方利润,请卖方公开人工费数目及利润数额,卖方若为了掩盖不合理之处,常拒绝公开。对此,买方也只能有选择地使用比价材料。无论是按市场可比价还价,还是按分析的成本价还价,其具体做法均有整体还价、分组还价和逐项还价三种方式,根据谈判双方的情况具体选择。

8.2.3 还价的策略

还价策略是指谈判人员针对先前对方的报价而采取的谈判策略。

1. 吹毛求疵

在价格磋商中,还价者为了给自己制造理由,也为了向对方表明自己是不会轻易被人蒙骗的精明内行,常常采用吹毛求疵的策略进行还价。其做法通常如下。

(1) 百般挑剔。买方针对卖方的商品,想方设法寻找缺点,并夸大其词、虚张声势,以此为自己还价提供依据。

(2) 言不由衷。还价者对本来满意之处,却表示不满意,并故意提出令对方无法满足的严格要求。为使卖方降低其商品的价格而对产品、公司、谈判人员等进行严格要求,以获得对方的妥协,实现自己的目标。

案例 8-8 买 苹 果

临近中秋节,一家公司想要购买一批苹果作为员工的福利,由采购部负责采购。采购部部长因为有事临时派实习生小王去果园进行采购,并交代价格不能高于 3.5 元一斤。小王来到了果园,见到果园生意繁忙,一辆辆大卡车在等待着将苹果拉向各个地方。小王向园主询问了苹果的价格,园主大声回答:"我这儿不单卖,至少要买一筐。"小王点头,园主接着喊:"我的苹果个头大、又脆又甜,4.5 元一斤,一分不能少。"小王看园主态度坚决,公司又要求了购买价格,只得回去复命。

采购部部长听小王说明了经过,亲自来到果园。果园园主仍然以同样的话回答他,之后就去忙了。采购部部长不慌不忙,他拿起了一个苹果看了看,确实个头很大、色泽漂亮,接着他又从苹果筐里面找到了一个小一些的苹果,大喊:"园主,你的苹果这么小,怎么可能卖到这样的价格呢?"园主马上跑过来:"一筐苹果不可能都一样大小的,别乱喊。"采购部部长说:"可是这种小苹果还不少呢,这样小的苹果在市场上连 4 元都卖不到呀。"有人叫园主,园主走开了。小王接着找,找到了一个苹果好像是被虫子咬过的。大喊道:"园主,你的苹果有虫眼,你快来看!"卡车司机们都看向了园主,园主恼怒地跑过来,拿起苹果看了看说:"这是干巴,不是虫眼,这样的苹果更好吃呢。"小王回答说:"可是谁认识啊?这样的苹果在市场上是没有人买的。放在筐子里,岂不是让人买回去扔掉吗?"园主无奈了说:"那你想多少钱要啊?"部长说:"3.5元一斤。"园主不想这个人再大喊大叫,于是答应了。财务部部长拿到了3.5元一斤的苹果,高高兴兴地回去了。

2. 积少成多

积少成多策略是指在谈判中针对某个谈判条件,通过向对方不断施加压力,促使其一点一点地逐步改善其交易条件的做法。由于在谈判中,这种做法酷似人们平常挤牙膏的做法,故命名为"挤牙膏"。

积少成多是在还价时一次还一点儿,抓住人们不愿为一点儿利益产生分歧的心理和人对微不足道的小事不太计较的心态,将谈判内容分解,一点一点地进行还价,"权力有限"策略是在还价时未让对方接受我方还价,假借上司或第三者之名故意暂停谈判,再趁机反攻的还价技巧。

"挤牙膏"策略在做法上应突出挤的技巧。挤得好,效果就会好。若想挤好,就必须从挤的对象、理由和时间上下功夫。

(1) 对象。为了实施该策略,必须对实施挤的对象(谈判条件)予以深入的研究,做到心中有数。研究对象的技术特征、环境条件、其存在的优劣、变化的余地等,为第二步打好基础。否则,就会使谈判陷于盲目而没有效果。

(2) 理由。理由的准备显得格外重要。这个准备指不仅要找到理由,还要把理由条理化、秩序化。因为挤的对象是有内在联系的,尤其在一点一点地挤的过程中,要使对手不断地改善条件,就需要有一连串相互联系又具有效力的理由。

(3) 时间。这里不仅有时间的概念,还有次数的概念。如一次挤多久,一个对象挤几次。它必须结合谈判的内容和对手的特征来考虑。对于谈判风格强悍的对手,挤的时间可稍长一点;对于谈判作风随和的对手,则可短一点。

案例8-9 进驻超市

小王在一家饮料厂工作,上个月被晋升为某县代理。小王想要将自己厂生产的饮料进驻该县××超市。他找到了该超市的经理进行详细磋商,在经过了详细的谈判后,小王答应以最低价格将饮料进驻到该超市。在小王准备拟定合同时,超市经理提出小王需要安排送货人员送货,并且负责将货物摆放到货架上。小王看着手中的合同草稿,答应了下来。接着,超市经理以自己超市人员紧缺为由要求小王安排一名人员负责该批货物的销售与理货。

3. 最大预算

最大预算策略是指在谈判中,在对某方案表示感兴趣的同时,又以最大预算或最大授权的限制,对对方较为改善的方案进行施压的做法,称为最大预算策略。

运用最大预算策略时,应注意以下几点。

(1) 留有变通的余地,以防对方不顾你的最大预算和最高授权,逼你"增加"或"请示",争取利益的反击。

(2) 注意保守己方底牌的秘密。

(3) 掌握好时机,一般应在价格多次交锋之后,或某个条件的反复讨论之后,双方均已有所靠拢之时。

(4) 态度灵活不宜僵化,在该招一时不奏效时,还应有退路。

案例 8-10　买　衣　服

周末,宋女士独自一人去逛街,她在一家服装店看中了一套衣服。这套衣服款式特别新颖,颜色靓丽,非常适合自己的风格。于是宋女士询问价格。老板首先开价 800 元。宋女士是个精明人,虽说喜欢这套衣服,但不愿意出高价,便问老板能不能便宜点。老板也爽快地把价格改为 600 元,并说不能再少了。宋女士依然觉得这不是自己的期望价格,就对老板说:"这衣服我也很喜欢,也特别想买,但是今天本来只是逛逛街,所以只带了 400 元钱。老板您看能不能再少点,您这里的衣服都很有特点,若您这次给了我优惠,下次我还来,我还可以向同事推荐您这家店。"老板不想失去生意,虽说少赚了一点,但可以留住一个回头客也是不错的,于是同意了宋女士的报价,最终以 400 元的价格达成了交易。

4. 利用竞争

在一些价格构成比较复杂的商品或大型劳务工程项目谈判中,还价一方为了争取最有利的价格和成交条件,可充分利用或制造对手竞争的局面。采用"货比三家"的技巧,使多个卖方主动地作出价格解释。项目发包中,采用"招标"的方法,使各承包商为了战胜竞争对手,争取中标,除了提高工程质量外,还要尽量压低工程报价。

案例 8-11　手写的竞价单

有位承包商得到了一个大型建筑项目的承包合同,他需要把其中的大部分工程转包给其他较小的承包商。当然在转包的过程中,他肯定要千方百计压低承包价格,以保证自己获得尽可能多的利润。按惯例他采取招标的方式,有意思的是每当有投标者来拜访他时,都会很意外地发现在写字台边上有一张手写的竞价单。对于这一意外的发现,投标者暗自庆幸。他们看到这张竞价单,表明只要他出更低的价格就有中标的可能,却不知这张竞价单是主人有意放在那里的。主人借故离开几分钟,就是要让那些精明的投标人来窥探形势。结果每个投标者都"自觉"地按照那位承包商的意图行事了。

任务小结

本任务主要介绍了还价的含义、还价的方式与还价的策略。

还价是针对对方的交易条件作出的表明己方交易条件的行为。还价前,需要清楚对方为何如此报价以及判断谈判形势。还价的方式主要有按市场可比价还价和按分析的成本价还价。具体做法有整体还价、分组还价和逐项还价三种方式。还价策略主要有吹毛求疵、积少成多、最大预算、利用竞争等。

复习思考题

1. 商务谈判还价的方式有哪些?
2. 商务谈判主要有哪些还价策略?

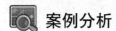 商务谈判

3. 简述还价前的准备工作。

案例分析

案例 8-12　毕业礼物

一个女孩高中毕业时,想要父亲送给她一份毕业礼物。她想要三种礼物:为期 5 周的欧洲行、1200 美元零花钱和一个新的旅行包。这个女孩没有一开口就提出所有要求,她只是提出要求去旅行。过了几个星期,她又用书面方式告诉父亲,旅行时所需要的零花钱大约是 1200 美元,希望父亲能满足她的这个要求。就在即将开始旅行时,她又告诉她父亲:"爸爸,你不会让我拉着这个破破烂烂的旅行包去欧洲吧?其他孩子都有一个新的旅行包。"毫无疑问,父亲给她买了一个新的旅行包。设想一下,如果她一开始就提出所有要求,父亲很可能会立刻拒绝买新的旅行包,并且会要求她减少零花钱。

思考:
1. 案例中女孩运用了什么策略使父亲答应了她的要求?
2. 如果在谈判中你的对手运用这种策略谈判,你有什么办法破解?

实训项目

实训目的:
掌握还价策略运用。

实训背景:
学校举行了为期一个月的某大品牌饮品校促比赛活动,在这期间,参赛小组可以将产品销售给校内任意学生或老师。作为其中的一个参赛小组,你们与将要组织活动的营销社团、舞蹈社团、篮球社团分别谈判。

实训要求:
1. 小组分别扮演不同的社团,进行模拟谈判。
2. 总结谈判的主要议题,以及运用的谈判策略。
3. 录制视频完成任务。

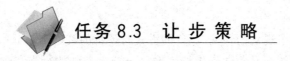

任务 8.3　让步策略

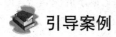 引导案例

案例 8-13　大蒜的价格

ABC 公司是山东一家农产品出口公司。这一天,业务员小王收到了新加坡一家公司的购买请求,但是还价比我方在网站的产品价格低 50 元。ABC 公司的经理认为,新加坡大蒜市场需求量大,形势对公司非常有利,于是交代小王回复愿意合作,但是不能降价。新加坡

方收到回复后没有马上答应,只说价格有些高了,需要考虑考虑。两天后,经理找到小王,交代可以让步,按照新加坡方发出的价格成交。因为美国出口的大蒜马上到达新加坡,且新大蒜五月份收获上市,影响现有大蒜的销售。小王发送邮件给新加坡公司,表示愿意降价,双方很快成交。

思考:

案例中经理选择不让步的原因是什么?后来为什么又选择让步了?

8.3.1 认识让步

让步是谈判一方为达成交易而作出的妥协或牺牲,在商务谈判过程中,谈判双方都要作出一定程度的让步。让步是双方未达成协议所必须承担的义务,是在所难免的,但如何让步值得认真研究。谈判者应当正确认识让步,然后再根据实际情况选择恰当的让步策略,以便实现己方的谈判目标。让步是讨价还价的重要环节,没有让步的谈判,既容易陷入僵局也容易破裂。不过,并不是所有的谈判都需要让步,当谈判存在以下条件时,便可以考虑不让步。

1. 目标市场状况:需求量多甚至供不应求

作为卖方,如果目标市场处于供不应求的状况,即使失去这次谈判合作机会也不愁买家,则可以利用自身资源稀缺的优势坚持不让步。一方面,可以制造"一票难求"的市场情景,使更多的观望买家放弃压低价格的想法,获取高额的利润;另一方面,会因为"奇货可居",使人预判该货物有良好的市场发展前景,从而带来更多的买家。

2. 竞争状况:市场无竞争或者竞争小

当产品、技术、服务等在市场处于领先地位,无竞争产品或竞争较小时,可以选择不让步。但是如果产品需求量小,即使无竞争也难以售出,则应适当降低价格,作出让步。

3. 己方实力强于对方

商务谈判需要理性分析,认清自己在本次谈判中的实力。可以从企业实力、本次谈判的期望度、谈判人员的实力对比等方面进行分析比较。如果确认己方的实力强于对方,在本次谈判中处于主动地位,则可以坚持不让步。

4. 对方合作期望强烈

谈判过程中要时刻观察对方的状态与真实需求,如果得知对方对本次谈判的合作期望非常强烈,谈判不成功会对对方带来极大的影响。则可以利用对方求胜心切的心理,坚持自己的条件不让步,换取更好的合作条件。

5. 供货时间要求紧

不同的供货期限对双方的谈判影响不同。如果对方对供货时间要求紧,超出我方的供货能力。则可能带来我方人员有偿加班、招聘新人、设备超负荷运转、原材料加急进货等问题,为了弥补损失,可以坚持谈判条件不让步。或者仅仅抓住对方供货时间要求紧的客观情况,坚持不让步获取更多的好处。

8.3.2 让步的基本原则

1. 维护整体利益

让步的一个基本原则是整体利益不会因为局部利益的损失而造成损害。相反,局部利益的损失是为了更好地维护整体利益。谈判者必须清楚局部利益、整体利益。让步只能是局部利益的退让和牺牲,而整体利益必须得到维护。因此,让步前一定要清楚什么问题可以让步,什么问题不能让步,让步的最大限度是什么,让步对全局的影响是什么等。以小的让步换取谈判的成功,以局部利益换取整体利益是让步的出发点。

2. 明确让步条件

让步必须是有条件的,绝对没有无缘无故的让步。谈判者心中要清楚,让步必须建立在对方创造条件的基础上,而且对方创造的条件必须有利于己方的整体利益。当然,有些让步是根据己方策略或是根据各种因素的变化而进行的。无论如何,让步的代价一定要小于让步所得到的利益。要避免无谓的让步,要用我方的让步换取对方在某些方面的相应让步或优惠。

3. 选择好让步时机

让步的时机要恰到好处,不到需要让步的时候绝对不要作出让步的许诺。让步之前须经过充分的磋商,时机要成熟,使让步成为画龙点睛之笔,而不要变成画蛇添足。一般来说,当对方没有表示出任何退让的可能,让步不会给己方带来相应的利益,也不会增加己方讨价还价的力量,更不会使己方占据主动的时候,不能作出让步。

4. 确定适当的让步幅度

让步可能是分几次进行的,每次让步都要让出自己一部分利益。让步的幅度要适当,让步的节奏也不宜过快。

5. 不要承诺作出与对方同等幅度的让步

即使双方让步的幅度相当,但是双方由此得到的利益却不一定相同,不能单纯从数字上追求相同的幅度。我们可以让对方感到己方也付出了相应的努力,以同样的诚意作出让步,但是并不等于幅度是对等的。

6. 在让步中讲究技巧

在关键性问题上力争使对方先作出让步,而在一些不重要的问题上己方可以考虑主动作出让步姿态,促使对方态度发生变化,争取对方的让步。

7. 不要轻易向对方让步

商务谈判中双方作出让步是为了达成协议而必须承担的义务。但是必须让对方懂得己方每次作出的让步都是重大的让步,使对方感到必须付出重大努力之后才能得到一次让步。这样才会提高让步的价值,也才能为获得对方更大的让步打下心理基础。

8. 每次让步后要检验效果

己方作出让步之后要观察对方的反应,对方相应表现出的态度和行动是否与己方的让步有直接关系,己方的让步对对方产生了多大的影响和说服力,对方是否也作出相应的让步。如果己方先作出让步,那么在对方作出相应的让步之前,就不能再作出任何让步。

8.3.3 让步的内容

1. 买方让步内容

在商务谈判中,价格谈判是谈判的核心阶段,几乎所有的让步都围绕着价格而来。一般情况下,作为买方,进行让步可以从以下内容考虑:批量订货,技术支持,支付货款,提升价格,参与宣传延迟交货,自己安装,长期经销,降低包装要求,提供紧需原材料等。

2. 卖方让步内容

供需双方由于交易的内容不同,谈判类型也有所不同。总体来看,商务谈判的卖方可以进行让步的内容主要有降低价格,提供培训,提高质量,延缓付款,提升包装,免费安装调试,期限内价格稳定,提供仓储和运输,提供方便的付款方式,提供全部或部分工具费和安装费等。

3. 让步的一般步骤

无论是买方让步还是卖方让步,在作出让步之前,都要遵循以下让步的步骤。

1) 确定谈判整体利益

让步之前,需要明确谈判的整体利益是什么,可以让步的内容有哪些?让步的内容需是事先策划好,可以抛出作为交换条件的让步,原则性的利益不能让步。

2) 确定让步方式

如果确定可以进行让步,则需要安排如何让步。不同的让步方式会对谈判的结果带来不可逆转的影响。且每一次让步的幅度为多少,以及让步后需要对方什么样的让步来弥补。

3) 选择让步时机

让步时机的选择也是让步之前需要谨慎选择的。让步太早,对方会不以为意,达不到效果;让步太晚,对方会认为我方缺乏诚意,导致谈判失败。

案例 8-14　被吓跑的客户

小李是一所职业院校的大二学生。上周,同学新买的一款别致的手提包引起了小李的注意。在询问了地址与价格后,这周周末,小李来到了某地下商城,找到了这款漂亮的包。小李欣喜地反复观看,越看越喜欢。在她问到这款包的价格时,店老板报出的价格足足比同学买的高出50元。小李不甘心,希望老板便宜一些。老板随即降价20元,并表示价格不能再降了。看着老板坚决的表情,小李悻悻地离开了。

8.3.4 让步的方式

让步的具体方式多种多样,在实际运用时要根据双方的反应灵活掌握,切忌一成不变地生搬硬套。这里列出几种比较典型的让步方式,比如卖方报价160元,通过买卖双方讨价还价,卖方分四期让步,从160元让步到100元,如表8-1所示。

表 8-1　让步方式

让步类型	预定减价/元	第一期让步/元	第二期让步/元	第三期让步/元	第四期让步/元
1	60	0	0	0	60
2	60	15	15	15	15
3	60	8	13	17	22
4	60	22	17	13	8
5	60	50	10	−1	1
6	60	60	0	0	0

1. 坚定冒险型（0—0—0—60）

这种让步的方式表现为开始坚决不让,然后一步到位。这种让步有产生僵局和谈判破裂的可能,具有较高的成交风险。其特点在于让步方比较果断,有大家风范,对方若缺乏韧力就会被征服,既强硬又出手大方。适用于在谈判中,双方优劣势比较明显,不怕失败,对成交抱有可有可无态度的一方使用。这种让步使用的场合少而特殊,应该慎用。

2. 等额让步型（15—15—15—15）

这种让步的方式表现为等额让步,一步一步"挤牙膏"。其特点在于双方充分讨价还价,每要求一次都能有均等的收获。但这种谈判给对方的感觉是只要对方有要求,就可能一直会让步下去,给人较多的期待。适用于谈判者缺乏经验或陌生环境的情形,步步为营。

3. 让步递增型（8—13—17—22）

这种让步的方式不太符合让步幅度逐步减少的一般规律,表现为每次都有让步,开始让步较小,但让步幅度逐渐提高。其特点在于让步幅度逐步提高,容易让人得寸进尺,希望给予更大程度的让步。适用于买方处于强势地位,卖方非常想成交的谈判场合,卖方不得不作出越来越多的让步。

4. 让步递减型（22—17—13—8）

这种让步的方式显示了希望成交的决心,经过买方的磋商,卖方不得已进行程度递减的四次让步,符合商务谈判的基本规律,是谈判中经常碰到的让步类型。

特点是显示让步者是愿意妥协,希望成交的。但是让步者的立场越来越强硬,让步不是无边无际的,而是明白告诉对方让步到什么时候为止,适用于双方均有成交的诚意,沟通比较充分的商务谈判场合。

5. 虚假让步型（50—10—（−1）—1）

从让步的数字可以看出此种让步方式有个起伏的过程,第三步是在前两步让了60元的基础上减轻一点让步,总幅度为59元,当然这遭到了对方的坚决反对。于是在第四步上增加了1元,实际上还是60元。可是却给对方一种满足感,好像对方赢了一个回合似的。

其特点在于开始给予较大幅度的让步,然后有亏本或者不符合公司的政策等原因,反悔让对方感受到让步的最低线。但为了满足对方的期望又回到原有的让步幅度,以此预示谈判已无余地,可适用于双方较为陌生的商务谈判场合。

6. 首步到位型（60—0—0—0）

这种让步表现为第一次让步便让到底了,以后均没有任何让步的空间。其特点在于节约谈判时间,一次性把优惠和实惠给对方。但容易让买方失望,因为他们会想既然第一次能让那么多,以后一定也会让一点,但没想到卖方坚决不再让步。适用于双方关系比较友好,不需要花太多时间进行讨价还价的商务谈判场合。

8.3.5 让步的策略

1. 己方让步的策略

在谈判的磋商过程中,每一次让步不但是为了追求自身利益的满足,同时还要充分考虑到对方利益的最大满足。谈判双方在不同利益问题上相互给对方让步,以达成谈判。

以己方的让步换取对方在另一问题上的让步的策略,称为互利互惠的让步策略;在时空上,以未来利益上的让步换取对方近期利益上的让步,称为予远利、谋近惠的让步策略;谈判一方以不做任何让步为条件而获得对方的让步也是有可能的,称为己方丝毫无损的让步策略。

1) 互利互惠的让步策略

谈判不会仅仅有利于某一方。一方作出了让步,必然期望对方对此有所补偿,以获得更大的让步。争取互惠式让步,需要谈判者具有开阔的思路和视野,除了某些己方必须得到的利益必须坚持以外,不要太固执于某一个问题,而应统揽全局,分清利害关系,避重就轻,灵活地使己方的利益在某方面得到补偿。

为了能顺利地争取对方互惠互利的让步,商务谈判人员可采取的技巧如下。

(1) 当己方谈判人员作出让步时,应向对方表明,作出这个让步是与公司政策或公司主管的指示相悖的。因此,贵方必须在某个问题上有所回报,这样己方回去也好向上级交代。

(2) 把己方的让步与对方的让步直接联系起来,表明己方可以作出这次让步,只要在己方要求对方让步的问题上能达成一致,就能达到互利互惠。

比较而言,前一种技巧言之有理、理中有情,易获得成功;后一种技巧则直来直去,比较生硬。

2) 予远利、谋近惠的让步策略

在商务谈判中,参加谈判的各方均持有不同的愿望和需要。有的对未来很乐观,有的则很悲观。有的希望马上达成交易,有的却希望能够等上一段时间。因此,谈判者自然也就表现为对谈判的两种满足形式,即对现实谈判交易的满足和对未来交易的满足,而对未来的满足程度完全凭借谈判人员自己的感觉。

"予远利法,愿景留人"是指在谈判过程中,当谈判的双方就某一个交易条件要求我方作出让步,其要求的确有些理由,而对方又不愿意在这个问题上作出实质性的让步时,采取这样一种处理办法。即首先认真倾听对方的诉说,并向对方表示我方充分地理解对方的要求,也认为对方的要求有一定的合理性。但是,就我方目前的条件而言,因受各种因素的限制,实在难以接受对方的要求。对于有些谈判人员来说,可以通过给予其期待的满足或未来的满足而避免给予其现实的满足,即为了避免现实的让步而给予对方远利。

我们可以通过强调保持与我方的业务关系将能给对方带来长期的利益,而本次交易对于是否能够成功建立双方之间的长期业务关系至关重要,向对方说明远利和近利之间的利害关系。如果对方是一个精明的商人,他是会取远利而弃近惠的。而对我方来讲,只是给对方一个期待的满足,并未付出任何现实的东西,却获得了近惠。

3) 丝毫无损的让步策略

丝毫无损的让步是指己方所作出的让步不会给己方造成任何损失，同时还能满足对方的一些要求或形成一种心理影响，产生诱导作用。在谈判过程中，当谈判对手就一个交易条件要求己方作出让步时，在己方看来其要求确实有一定的道理，但是己方又不愿意在这个问题上作出实质性的让步，可以采用一些丝毫无损的让步方式。

2. 迫使对方让步的策略

1) 情绪爆发策略

情绪爆发策略又分为情不自禁地爆发和有目的的爆发。这种策略往往会给谈判对方带来强大的心理冲击，从而妥协让步。

情绪爆发策略的对策有泰然处之，冷静处理。尽量避免与对方进行情绪上的争执，把话题引到实际的问题上。一方面，要充分了解对方的观点；另一方面，要耐心解释，不能接受其要求要陈述理由，宣布暂时休会。给对方冷静平息的时间让他安静下来，重新进行实质性问题的谈判。

2) 红白脸策略

红白脸策略又称软硬兼施策略、好坏人策略、鸽派鹰派策略。

使用该策略应注意的问题如下：扮演白脸的，既要表现得"凶"，又要保持良好的形象，即态度强硬，但又处处讲理，绝不蛮横；扮演红脸的，应为主谈人，一方面要善于把握谈判的条件，另一方面要把握好出场的火候。

红白脸策略的对策如下：

（1）认识到对方无论是"好人"还是"坏人"都属于同一阵线，其目的就是从自己手里得到利益，因而应同等对待。

（2）放慢谈判及让步速度，在"老鹰"面前也要寸步不让。

（3）当持温和态度的"鸽子"上场时，要求其立即作出让步，并根据他的让步决定自己的对策。

（4）给对方的让步要算总账，绝不能在对方的温和派上场后给予较大的让步。

案例 8-15　留待休斯和你们谈

霍华·休斯是美国的大富豪之一，性格古怪易怒。他曾经为购买一批飞机一事与飞机制造商谈判，休斯事先列出了 34 项要求，其中的几项是必须满足的。谈判开始，休斯亲自出马与飞机制造商面对面谈判，由于休斯脾气暴躁，态度强硬，对方很气愤。整个谈判气氛也充满了对抗性，双方都坚持自己的要求，互不退让。休斯蛮横的态度最后终于让对方忍无可忍，谈判陷入了僵局。

这时休斯感到自己没有可能再和对方坐在同一个谈判桌前了，他也意识到自己的脾气也许不适合这场谈判。于是他选派了一位性格比较温和又很机智的人去做他的代理和飞机厂商继续谈判。

他对代理人说，只要能争取到那几项非得不可的要求，我就满足了。出乎意料的是，这位代理人经过一轮谈判后就争取到了 34 项当中的 30 项要求，其中自然包括休斯志在必得的那几项。

休斯惊讶地问代理人靠什么办法赢得了这场谈判。代理人回答说："很简单，每到僵持不下的时候,我就问对方,你到底是希望与我解决这个问题,还是留待休斯给你们解决?结果每次对方都接受了我的要求。"

3) 吹毛求疵策略

使用这一策略,可以实现以下四个目的。

(1) 使卖主把价格降低。

(2) 使买主有讨价还价的余地。

(3) 让对方知道,买主很聪明,是不会轻易被人欺骗的。

(4) 销售员在以低价将商品售出时,使用这一策略可以有向老板交代的借口。

吹毛求疵策略的对策如下。

(1) 必须要有耐心,那些虚张声势的问题及要求自然会渐渐地露出马脚,而失去影响。

(2) 遇到了问题,要能直攻腹地、开门见山地和买主私下商谈。

(3) 对于某些问题和要求,要能避重就轻或视而不见地不予理睬。

(4) 当对方在浪费时间、无中生有、鸡蛋里面挑骨头时,一定要当面制止。

(5) 也可以向对方提出某些虚张声势的问题来增强自己的谈判力量。

4) 利用竞争、坐收渔利策略

(1) 邀请多家卖方参加投标,利用卖方之间的竞争取胜。

(2) 同时邀请几家主要的卖主与其谈判,把与一家谈判的条件作为与另一家谈判要价的筹码,通过让其进行背靠背的竞争,促其竞相降低条件。

(3) 邀请多家卖主参加集体谈判,当着所有卖主的面以压低的条件与其中一位卖主谈判,以迫使该卖主接受新的条件。

案例 8-16 建造游泳池的谈判

美国有位谈判专家想在家中建个游泳池,建筑设计的要求非常简单,长 30 英尺,宽 15 英尺,有温水过滤网设备,并在 5 月 1 日前做好。谈判家对游泳池的造价及建筑质量方面是个外行,但这难不倒他。在极短的时间内,他不仅使自己从外行变成了内行,而且找到了质量好、价钱便宜的建造者。

谈判专家先在报纸上登了个想要建造游泳池的广告,具体写明了建造要求。结果有 A、B、C 三位承包商来投标,他们都拿出承包的标单,里面有各项工程的费用及总费用。谈判专家仔细地看了这三张标单,发现所提供的温水过滤网设备、抽水设备设计和付钱条件都不一样,总费用也有差距。

接下来,谈判专家邀请三位承包商来自己家里商谈。第一个约在 9:00;第二个约在 9:15;第 3 个约在 9:30。第二天三位承包商如约而来,他们都没有得到主人的马上接见,只得坐在客厅里彼此交谈着等候。10:00 的时候,主人出来请第一个承包商 A 先生进书房去商谈。A 先生一进门就宣称他的游泳池一向是造得最好的,好的游泳池的设计标准和建造要求他都符合。顺便还告诉主人,B 先生通常使用陈旧的过滤网,而 C 先生曾经丢下许多未完的工程,并且他现在正处于破产的边缘。

接着又换了 B 先生进行商谈,又了解到其他人所提供的水管都是塑料管,他所提供的才是真正的铜管。C 先生告诉主人其他人所使用的过滤网都是品质低劣的,并且往往不能彻底做完,拿到钱之后就不管了,而他则是绝对做到保质保量。

谈判专家通过静静的倾听和旁敲侧击的提问,基本上弄清了游泳池的建筑设计要求及三位承包商的基本情况。发现C先生的价格最低,而B先生的建筑设计质量最好。最后他选中了B先生来建造游泳池,而只给与C先生一样的价钱,经过一番讨价还价后谈判终于达成一致。

5) 车轮战术策略

车轮战术是指在谈判桌上的一方遇到关键问题或与对方有无法解决的分歧时,借口自己不能决定或有其他理由,转由他人再进行谈判。

车轮战术策略的对策如下。

(1) 无论对方是否准备采用该策略,都要做好充分的心理准备,以便有备无患。

(2) 新手上场后不重复过去的争论。如果新的对手否定其前任作出的让步,自己也借此否定过去的让步,一切从头开始。

(3) 用正当的借口使谈判搁浅,直到把原先的对手再换回来。

6) 虚拟假设策略

案例 8-17 分析利害,迫使对方选择让步

1977年8月,克罗地亚人劫持了美国环球公司一架班机,导致班机最后迫降于法国戴高乐机场。法国警方与劫持者进行了3天谈判。双方陷入僵局后,警方运用虚拟假设策略向对方发出了"最后通牒":"如果你们现在放下武器跟美方警察回去,你们将被判处只有2~4年的监禁。但是,如果我们不得不逮捕你们,按照法国的法律,你们将被判处死刑。你们愿走哪条路呢?"恐怖分子只好选择了投降。

7) 得寸进尺策略

得寸进尺策略是指己方在争取对方一定让步的基础上,再进一步提出更多的要求,以争取己方的利益。

案例 8-18 购买录像机

有位精明的顾客去店里买录像机。他对售货员说:"我了解你,我信赖你的诚实,你出的价格我绝不还价。"(先以道德的压力使对方公平出价)"等一等,如果我要买台带遥控的录像机,会不会在总价上打点折扣?"(以一揽子交易压价)"还有一件事要给你提一下,我希望我付给你的价格是公平的,是一次双方都获益的交易。如果是这样,三个月后,我的办公室也要买一套,现在就可以定了。"(以远利压价)

就这样,这位顾客每次赶在对方报价之前提出新的条件,不动声色地使售货员一再压价,最终得到了非常划算的价格。

8) 先斩后奏策略

先斩后奏策略也称"人质策略"。这在商务谈判活动中可以解释为"先成交,后谈判"。即实力较弱的一方往往通过一些巧妙的办法使交易已经成为事实,然后在举行的谈判中迫使对方让步。

(1) 卖方先取得买方的预付金,然后寻找理由提价。

(2) 买方先获得了卖方的预交商品,然后提出推迟付款。

(3) 买方取得货物之后，突然又以堂而皇之的理由要求降价等。

先斩后奏策略的对策如下。

(1) 尽量避免"人质"落入他人之手，让对方没有"先斩"的机会。

(2) 即使交易中必须先付定金或押金，也必须做好资信调查，并有何种情况下退款的保证。

(3) 还可采取"以其人之道，还治其人之身"的做法，尽可能相应掌握对方的"人质"，一旦对方使用此计，则可针锋相对。

9) 声东击西策略

就军事战术上讲，声东击西策略是指当敌我双方对阵时，我方为更有效地打击敌人，造成一种从某一面进攻的假象，借以迷惑对方，然后攻击其另一面，这种战术策略同样适用于谈判。

案例 8-19　声东击西策略的运用

某一年，我国一家外贸进出口公司的业务人员与外商商谈皮货生意。休息时，外商对中方外贸人员说："今年你们的皮货生意怎么样？"中方外贸人员答道："当然不错。"外商说："我想向贵公司订购 20 万张裘皮，没有问题吧？"

在得到肯定答复后，那位外商主动递交了一份 5 万张裘皮的订货单，价格还高出市场价 5%。中方业务人员喜出望外，在谈判后的宴会上，频频举杯向这位外商表示感谢。然而，这位外商却在国际市场上以低于中方的价格大量抛出手中的存货，吸引了大量客户。原来，这位外商并不是真的想从中方订购 20 万张裘皮，而是虚晃一枪。外商先用高价订购 5 万张裘皮的订货单稳住中方，在抬起中方裘皮价格以后，又按原价顺利地抛出存货，而中方报出的稍高的价格全部被客户顶了回来。

这位外商虽然花高价购买了中方的一部分皮货，但是多花的钱在他所赚的钱中仅占了很小一部分而已。这位外商运用声东击西之计，先用高价稳住中方，然后乘机大量抛出存货，使得中方的报价被客户顶回，最终达到了成功出售的目的。

10) 最后通牒策略

在谈判双方争执不下，对方不愿作出让步以接受我方交易条件时，为了逼迫对方让步，我方可以向对方发出最后通牒。

(1) 我方的谈判实力应该强于对方，特别是该笔交易对对方来讲比对我方更为重要，这是运用这一策略的基础和必备条件。

(2) 最后通牒策略只能在谈判的最后阶段或最后关头使用。

(3) 最后通牒的提出必须非常坚定、明确、毫不含糊，不让对方存留幻想。

最后通牒策略需要注意以下问题。

(1) 在言语上要委婉，既要达到目的，又不至于锋芒太露。

(2) 拿出一些令人信服的证据（诸如国家的政策，与其他客户交易的实例或国际惯例，国际市场行情的现状及趋势，以及国际技术方面的信息等），用事实说话。

(3) 给予对方思考、议论或请示的时间，这样一来，有可能使对方的敌意减轻，从而降低自己的条件或不太情愿地接受我方的条件。当然，使用这一策略也有可能使谈判破裂或陷入更严重的僵局，所以要视情况而定，除非有较大把握或万不得已时才用，千万不要滥用和多用。

最后通牒策略的对策如下。

(1) 我们应该分析和判断对方的最后通牒是真还是假。

(2) 我们可以置对方最后通牒于一边,改变交易的方式以及其他的交易条件,试探对方的反应,在新的条件的基础上与对方谈判。

案例 8-20　最后通牒

王总带翻译与美国一家公司代表洽谈进口原材料事宜。美方代表是一名技术人员,该代表第二天上午要飞往以色列,谈判地点在美方所住的宾馆房间内。

略微寒暄后,美方开价 420 元/公斤。王总通过翻译向其大谈双方合作的前景及美方的未来收益,并还价 200 元/公斤。美方表示无权接受,需向公司请示。一番国际长途之后,美方表示可以最低价 300 元/公斤成交。王总再三努力,美方不肯再退,王总表示因本人要去北京公干,不妨五天后待其回来后再谈。美方脸色尴尬,经紧张测算,最后开价 250 元/公斤,双方成交。

3. 阻止对方进攻的策略

1) 权力有限策略

权力有限策略是指谈判者以自己的权力大小,无法接受对方的条件为由拒绝作出较大的让步。当对方迫使自己作出的让步不能接受时,可以声明自己没有签订这种合同的权利,需找有关领导或有关部门批准,为此减少让步的幅度和减少让步的次数。自然环境、人力资源、资料数据、生产技术要求、时间等因素在内的其他方面的限制都可用来阻止对方的进攻。

2) 不开先例策略

不开先例是谈判一方拒绝另一方要求而采取的策略方式。当一方向对方提出优惠要求时,对方承担不起,这时对方可采用不开先例策略挡回其过分要求。

案例 8-21　不开先例策略

下面是电冰箱进货商甲方与电冰箱供货商乙方在关于一批电冰箱价格上所进行的谈判状况。

甲:"你们提出的每台 1700 元,确实让我们感到难以接受。如果你们有诚意接受,有诚意成交,是否每台可以降低 300 元?"

乙:"你们提出的要求实在令人为难,一年来我们对进货的 600 多位客户都是这个价格,如果这次单独破例给你调价,以后与其他客户的生意就难做了。很抱歉,我们每台 1700 元的价格不贵,不能再降价了。"

3) 疲劳战术策略

在谈判时,有时会遇到一种锋芒毕露、咄咄逼人的谈判对手。他们以各种方式表现其居高临下、先声夺人的挑战姿态,那么这时可以在己方处于谈判优势的情况下,采用拖延策略,使对方在急于达成协议的情况下答应我方的要求。

中东的企业家最常用的交易战术,就是白天天气酷热时邀请欧洲的代表观光,晚上则招待他们观赏歌舞表演。到了深夜,白天不见踪影的中东代表团的领队出现了,想必已有充分的休息,神采奕奕地和欧洲代表展开谈判。欧洲代表经过一天的奔波,早已疲惫不堪,只想早点休息。那么在谈判中必然让步,想尽快结束谈判。

4) 以退为进策略

从表面上,谈判一方退让,或妥协,或委曲求全,但实际上退却是为了以后更好地进攻或实现更大的目标。

案例 8-22　烧掉的画

在比利时某画廊曾发生这样一件事,美国画商看中了印度人带来的三幅画,三幅画共标价 25 万美元。美国画商不愿出这个价,双方谈判陷入僵局。印度人被惹火了,拿起了一幅画,将其烧掉了。美国人看到画被烧了,感到十分可惜,问印度人剩下的两幅画卖多少。印度人的回答还是 25 万美元,美国人又拒绝了。印度人横下一条心,又烧掉了一幅画。美国人着急了,乞求他千万别再烧最后一幅画了。当美国人再问价时,印度人竟报价 60 万美元,美国人拍板成交。

5) 休会策略

休会策略使用情况如下。

(1) 在会谈的某一阶段接近尾声时,总结前段预测下一阶段谈判的发展,提出新的对策。

(2) 谈判出现低潮时,最好休息一下再继续。

(3) 在会谈将要出现僵局时,休会使双方冷静下来,客观地分析形势,采取相应的对策。

(4) 在一方不满现状时,采取休会,进行私下磋商,改变不利的谈判气氛。

(5) 在谈判出现疑难问题时,会谈双方可提出休会,各自讨论协商,提出处理办法。

6) 假装糊涂策略

可以化解谈判对手的步步紧逼,绕开对己方不利的条款,把谈判话题引到有利于己方的交易条件上。

案例 8-23　假装糊涂的荷兰一方

荷兰一方与英国一方就一批精密仪器设备的引进进行交易洽谈。作为出口方的荷兰一方认真细致地向英国一方介绍了这批精密仪器设备的功能、技术、原材料构成等数据信息以及价格。介绍完毕之后,英方高度赞扬荷兰这批精密仪器设备技术的先进性,但是提出价格太高,希望对方能够降低一些。

荷兰一方在听到英国一方的诉求之后,表示点头同意。接着,荷兰团队商量了很长时间,郑重其事地向英国一方讲解,可以将这批设备的哪几项功能去掉以降低设备的价格。英方听完后连忙摇头,说他们希望购买的是功能齐全的设备。这批设备的功能没有问题,只是希望荷兰一方降低一下价格。

荷兰一方再次商量后非常认真地向英方讲解,可以将某几项功能的技术指标降低一些,这样既可以保证产品的功能性,又能使价格降低。并且荷兰一方详细介绍了技术降低为哪一种,详细计算后可以降低多少钱。而英国一方连忙摇摇头说:"不不不,我们还是希望保持设备的先进性的。算了,就这个价格吧。"

于是,荷兰一方用假装糊涂的策略巧妙地躲过了英国一方提出的条件。

任务小结

本任务主要介绍了让步的含义、让步的方式与让步的策略。

让步是谈判一方为达成交易而作出的妥协或牺牲。不让步的前提条件有目标市场供不应求,市场无竞争或者竞争小,己方实力强于对方,对方合作期望强烈,供货时间要求紧。让步的基本原则有维护整体利益,明确让步条件,选择好让步时机,确定适当的让步幅度,不要承诺作出与对方同等幅度的让步,在让步中讲究技巧,不要轻易向对方让步,每次让步后要检验效果。让步的具体方式多种多样,总体可以分为坚定冒险型、等额让步型、让步递增型、让步递减型、虚假让步型、首步到位型,在实际运用时要根据双方的反应灵活掌握,切忌一成不变地生搬硬套。让步的策略包含己方让步的策略,迫使对方让步的策略和阻止对方进攻的策略。己方让步的策略包括互利互惠的让步策略,予远利、谋近惠的让步策略,丝毫无损的让步策略。迫使对方让步的策略包括情绪爆发策略,红白脸策略,吹毛求疵策略,利用竞争、坐收渔利策略,车轮战术策略,虚拟假设策略,得寸进尺策略,先斩后奏策略,声东击西策略,最后通牒策略。阻止对方进攻的策略包括权力有限策略,不开先例策略,疲劳战术策略,以退为进策略,休会策略,假装糊涂策略。

复习思考题

1. 商务谈判让步的方式有哪些?适用情况是什么?
2. 商务谈判主要有哪些让步的策略?
3. 简述迫使对方让步的策略。

案例分析

案例 8-24 建筑设计谈判

1995 年 7 月下旬,中外合资重庆某房地产开发有限公司张总经理获悉,澳大利亚著名建筑设计师尼克·伯榭先生将在上海作短暂停留。张总经理认为澳大利亚的建筑汇聚了世界建筑的经典,而且尼克·伯榭先生是当代著名的建筑设计师。为了把正在建设中的金盾大厦建设成既适合商务办公又适合家居生活的豪华的现代化综合商住楼,必须使之设计科学合理,不落后于时代潮流,张总经理打算请伯榭先生作设计。

具有长远发展眼光的张总经理委派高级工程师丁静副总经理作为全权代表飞赴上海与伯榭先生洽谈,既向这位澳洲著名设计师咨询,又请他帮助公司为金盾大厦设计一套最新方案。丁静一行肩负重任,风尘仆仆地赶到上海,一下飞机便马上与伯榭先生的秘书联系,约好当天晚上在一个名为银星假日饭店的会议室见面会谈。下午 5 点双方代表准时赴约,进入 21 楼的会议室。

根据张总经理的指示,谈判代表丁静一行介绍了金盾大厦的现状。她说:"金盾大厦建设方案是在七八年前设计的,其外观有些不合时宜,与跨世纪建筑的设计要求存在很大差距。我们慕名而来,恳请贵公司的合作与支持。"丁静一边介绍一边将事先准备好的有关材料,如施工现场的照片、设计图样、国内有关单位的原设计方案、修正资料等提供给伯榭先生。

伯榭先生在中国注册了伯榭联合建筑设计有限公司(以下简称伯榭公司)。该公司是多次获得大奖的国际甲级建筑设计公司,声名卓著。公司在上海注册后,伯榭先生很快赢得了上海建筑设计市场,但是其他城市市场还没有深入进来。该公司希望早日在中国更大的建筑设计市场占有一席之地。有了这样的好机会,伯榭先生对该公司这一项目很感兴趣,他们同意接受委托设计金盾大厦8楼以上的方案。然而伯榭公司报价40万元人民币,这一报价令人难以接受。伯榭公司的理由是其公司是一家讲究质量、重信誉、在世界上有名气的公司,报价稍高是理所当然的,这一价格已经是最优惠的了。

据重庆方面的代表了解,伯榭公司在上海的设计价格为每平方米6.5美元。若按此价格,金盾大厦25万平方米的设计费应为16.25万美元,折合当天的外汇牌价,为人民币136.95万元。的确,40万元人民币的报价算是最优惠了,充分考虑了当地情况,设计费是按每平方米人民币16元计算的。考虑到公司的利益,丁静还价20万元,对方感到很吃惊。丁静解释到,在来上海之前总经理给予他们10万元左右的签约权限,他们出价20万元已经超出了他们的权力范围。如果再增加,必须请示,正在重庆的总经理。双方僵持不下,谈判暂时结束。

第二天晚上7点,双方又重新坐到谈判桌前,探讨对建筑方案的设想构思,接着又谈到价格。这次伯榭公司主动由40万元降到35万元,一再声称这是最优惠的价格了。重庆代表坚持说太高了,他们无法接受。经过请示,公司同意支付20万元,不能再高了,请伯榭公司再考虑考虑。对方的代表说:"鉴于你们的实际情况和公司的条件,我们再降5万元,30万元好了,低于这个价格我们就不搞了。"

重庆代表分析对方舍不得放弃这次与该公司合作的机会,对方有可能还会降价。重庆代表仍然坚持20万元。过了一会儿,伯榭公司的代表收拾笔记本等用具,根本不说话,准备退场,眼看谈判陷入僵局。

这时重庆的总工程师起身说:"请贵公司的代小姐与我公司总经理通话,等我公司总经理决定并给我们指示后再谈,好不好?"由于这样的提议,紧张的气氛才缓和下来。

7月27日,代小姐等人打了很多次电话,与重庆公司张总经理联系。在此之前丁静与张总经理通话,向其详细汇报了谈判情况与对对方谈判的分析和看法,张总经理要求丁静一行"不卑不亢,心理平衡"。所以当代小姐与张总经理通话时,张总经理作了具体的指示。在双方报价基础上,重庆公司出价25万元,伯榭公司基本同意。但提出8月10日才能交图纸,比原计划延期两周左右。经过协商当天晚上草签了合同,7月28日签订正式协议。

思考:

如何理解谈判中有限的权力才是真正的权力?

实训项目

实训目的:

学会谈判让步。

实训背景:

某设计学院的小王和商学院的小刘毕业后合伙开了一家服装店,针对18~35岁女性,销售原创设计女装,这些女装深受都市女性的喜爱。这天,服装店进来3名年轻女学生,看上了一款金丝盘扣民国风长衫。这款长衫是店主小王亲自设计的,昨天刚将成品摆放在店里,价格标签为 699 元,有 200 元可降价幅度。

实训要求:
1. 小组分别扮演女学生和店主,进行服装购买谈判。
2. 店主设计好让步方式,运用谈判让步的相关策略,完成交易。
3. 总结小组完成情况与感悟,提交报告。

任务 8.4 突破谈判僵局的策略

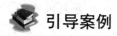

引导案例

案例 8-25 智利松木买卖谈判

南美某公司(卖方)欲向中国某公司(买方)推销智利松木原木。在中国某城市的谈判中,买方向卖方详细询问了智利松木原木的规格、直径、疤节以及虫害等情况,卖方一一做了解答。双方就港口装运、码头吃水情况等进行了反复讨论。结合上述因素,双方就原木的价格进行了谈判。由于买方不了解(没有使用经验)智利松木,对价格心里没底,因而提出的要求趋于保守。卖方则认为条件过于苛刻,再说其原木质量很好,码头现代化,两万吨的船停靠不成问题。但买方仍不松口,坚持价格要低于市场同类松木,而且要保证码头装车,否则还要承担延误造成的滞期费。卖方勉强同意考虑买方意见,但比市场价低多少仍是问题,是 5%、10%,还是更多? 双方争论得十分激烈。

这时,卖方提出:"别争了,不妨先定个原则,细节问题待贵方赴南美考察智利松木和相关码头后再定。看贵方是否有时间?"买方听卖方的建议正合其意,就答应了这个安排。可考察组的人数、时间、费用又引起了争论,这些问题与合同价相关联。卖方又提出,买方可以去 3 人,时间为一个星期,往返机票由买方承担,考察现场的交通、食宿费用由卖方承担。这个条件让买方迅速定下了日程。

于是谈判的僵局化解了。买方经过参观考察,增加了对原木的认识。卖方尽了地主之谊,接待热情周到,让买方很满意。最终双方在现场敲定了价格条件,签了合同。

思考:
案例中是如何化解谈判僵局的?

8.4.1 僵局的定义及僵局产生的原因

谈判僵局是指在商务谈判过程中,当双方对所谈问题的利益要求差距较大,各方又都不肯作出让步,导致双方因暂时不可调和的矛盾而形成的对峙,致使谈判呈现一种不进不退的僵持局面。在谈判中谈判双方各自对利益的期望或对某一问题的立场和观点存在分歧,很难形成共识,而又都不愿作出妥协时,谈判进程就会出现停顿,即进入僵持状态。谈判僵局出现后对谈判双方的利益和情绪都会产生不良影响。

了解谈判僵局出现的原因,避免僵局出现,一旦出现僵局能够运用科学有效的策略和技巧打破僵局,使谈判重新顺利进行下去,就成为谈判者必须掌握的重要技能。通常情况下,导致谈判僵局的原因有很多,主要包括:谈判一方故意制造谈判僵局;双方立场、观点对立,发生争执;沟通障碍;谈判人员的偏见或成见;环境的改变;谈判双方用语不当;谈判中的一言堂;谈判人员的失误;谈判人员的强迫手段;谈判人员素质低下;利益合理要求的差距。

8.4.2 打破谈判僵局的策略

1. 用语言鼓励对方打破僵局

当谈判出现僵局时,可以用话语鼓励对方:"看,许多问题都已解决了,现在就剩这点了。如果不一并解决,就太可惜了。"这种说法看似很平常,实际上却能鼓动人心,发挥很大的作用。

案例 8-26　最后的友谊

在 20 世纪 80 年代,中日出口钢材谈判中,尽管我方提出了合理报价,经过反复磋商,仍未与日方达成协议,眼看谈判要不欢而散。我方代表并没有责怪对方,而是用一种委婉谦逊的口气,向日方道歉:"你们这次来中国,我们照顾不周,请多包涵。虽然这次谈判没有取得成功,但在这十几天里,我们却建立了深厚的友谊。协议没达成,我们不怪你们。你们的权限毕竟有限,希望你们回去能及时把情况反映给你们总经理,重开谈判的大门随时向你们敞开。"日方谈判代表原以为一旦谈判失败,中方定会给冷遇,没想到中方如此令人感动。回国后,他们经过反复核算,多方了解行情,认为我方抛出的报价是合理的。后来主动向我方抛来"绣球",在中日双方的共同努力下,第二次谈判最终取得了圆满成功。

2. 采取横向式的谈判打破僵局

当双方对某一议题产生严重分歧都不愿意让步而陷入僵局时,一味地争辩并解决不了问题,可以采用回避有分歧的议题,换一个新的议题与对方谈判。这样做既可以争取时间进行其他问题的谈判,又可以在其他议题经过谈判达成一致之后,对有分歧的问题产生正面影响。再次来谈陷入僵局的议题时,气氛会有所好转,思路会变得开阔,问题的解决便会比以前容易得多。

3. 寻找替代方法打破僵局

如果双方仅仅采用一种方案进行谈判,当这种方案不能为双方同时接受时,就会形成僵局。实际上谈判中往往存在多种满足双方利益的方案。在谈判准备期间就应该准备出多种可供选择的方案。一旦一种方案遇到障碍,就可以提供其他的备用方案供对方选择。谁能够创造性地提供可选择的方案,谁就能掌握谈判的主动权。当然这种替代方案既要能维护己方的切身利益,又要能兼顾对方的需求,才能使对方对替代方案感兴趣,进而从新的方案中寻找双方的共识。

4. 运用休会策略打破僵局

当谈判出现僵局而一时无法用其他方法打破僵局时,可以采用冷调处理的方法,即暂时休会,也可以说是暂时休战。

休会可以达到以下几个目的。

(1) 仔细考虑争议的问题构思、重要的问题,可进一步对市场形式进行研究,以证实自己原来观点的正确性。

（2）思考新的论点及思维方法，召集各自谈判小组成员集思广益，商量具体的解决办法，探索变通途径。

（3）检查原定的策略及战术，研究讨论可能的让步。

（4）决定如何应对对手的要求，分析价格、规格、时间与条件的变动，阻止对手提出尴尬的问题。

（5）排斥讨厌的谈判对手，缓解体力不支或情绪紧张，应对谈判出现的新情况，缓和谈判的不满情绪。

休会一般在下列情况下采用。

（1）当谈判出现低潮时人们的精力往往呈周期性变化。经过较长时间的谈判后，谈判人员会精神涣散，工作效率低下。这时最好提议休会，以便休息一下，养精蓄锐，以利再战。

（2）在会谈出现新情况时。谈判中难免出现新的意外情况或问题，使谈判局势无法控制，这时可建议休息几分钟以研究新情况，调整谈判策略。

（3）当谈判出现僵局时。在谈判双方进行激烈交锋时，往往会出现各执己见、互不相让的局面，使谈判陷入僵局。

（4）当谈判一方不满时。有时谈判进展缓慢，效率很低，拖拖拉拉，谈判一方对此不满，这时可提出休会，经过短暂休整后重新谈判，可改善谈判气氛。

（5）当谈判进入某一阶段的尾声时。双方可借休会之机分析研究这一阶段所取得的成果，展望下一阶段发展规划，提出新的对策。

如果一方遇到对方采用休会策略，而自己一方不想休会。破解的方法有以下几种。

（1）当对方因谈判时间过长、精力不济要求休会时，应设法留住对方或劝对方再多谈一会儿或再讨论一个问题。因为此时对手容易出差错，容易妥协，所以延长时间就是胜利。

（2）当我方提出关键性问题，对方措手不及不知如何应对、情绪紧张时，应拖着其继续谈下去，对其有关休会的暗示提示佯作不知。

（3）当己方处于强有力的地位，正在使用极端情绪化的手段去激怒对手，摧毁其抵抗力，对手已显得难以承受时，对对手的休会提议可佯作不知、故意不理直至对方让步。

5. 利用调节人调停打破僵局

在政治事务中，特别是国家间、地区间发生冲突中，由第三者做中间人进行斡旋，往往会取得意想不到的效果。商务谈判完全可以用这些方法来帮助双方有效地消除谈判中的分歧。

6. 更换谈判人员或者由领导出面打破僵局

由于形势的突然变化，双方主谈人的感情伤害已无法全面修复，一方对另一方不再信任之时，就要及时更换谈判代表。更换谈判人员或者由领导出面打破僵局。

谈判出现了僵局，并非都是双方利益冲突，有可能是谈判人员本身的因素造成的。双方谈判人员如果相互产生成见，特别是主要谈判人员对对方人格进行攻击，伤害一方或双方人员的自尊心时，必然引起对方的怒气，会谈就很难继续进行下去，使他们陷入僵局。即使是改变场所或采取其他缓和措施，也难以从根本上解决问题，形成这种局面的主要原因是在谈判中不能很好地区别对待人与问题。

临阵换枪,把自己一方的责任归咎于原来的谈判人员,不管他们是否确实应该承担这种责任。这种策略为自己主动回到谈判桌前找到了一个借口,缓和了谈判场上对峙的气氛。不仅如此,这种策略还含有准备与对手握手言和的暗示,成为我方调整改变谈判条件的一种标志。同时这也向对方发出新的邀请信号,我方也做好了妥协退让的准备,对方是否也能作出相应的表示呢?

7. 从对方的漏洞中借题发挥打破僵局

在特定的形式下抓住对方的漏洞,小题大作会给对方一个措手不及。这对于突破谈判僵局会起到意想不到的效果,这就是从对方漏洞中借题发挥。

从对方的漏洞中借题发挥的做法,有时被看作一种有伤感情的做法。然而对于谈判对方某些人的不合作态度,或试图恃强凌弱的做法。运用对方的漏洞借题发挥作出反击,往往可以有效地使对方有所收敛。相反,不这样做反而会招致对方变本加厉地进攻,从而使我们在谈判中进一步陷入被动局面。事实上,当对方不是故意地在为难我们,而我方又不便直截了当地提出来,采用这种旁敲侧击的方法,往往可以使对方知错就改、主动合作。

8. 利用一揽子交易打破僵局

一揽子交易是指向对方提出谈判方案时,好坏条件搭配在一起。还价时可以采用把高档、低档的价格加在一起还。这招的优点在于有吸引力,有平衡性,对方易于接受,可以对突破僵局起到一定的作用。

9. 有效退让打破僵局

在商务谈判中,当谈判陷入僵局时,如果对国内国际情况有全面了解,恰当准确地把握对方的利益所在,那么就应以灵活的方式在某些方面采取退让的策略,去换取其他方面的利益。以挽回本来看似已经失败的谈判,达成双方都能接受的合同。

10. 适当馈赠打破僵局

谈判者在相互交往的过程中适当地互赠礼品会对增进对方的友谊,沟通双方的感情起到一定的作用。适当馈赠是指馈赠要讲究艺术,注意对方的习俗,而且避免贿赂之嫌。有些企业为了达到自身利益,在谈判中把送礼这一社交礼仪改变了性质,等同于贿赂,不惜触犯法律,这是错误的。所以馈赠礼仪应是在社交范围之内的普通礼物,突出礼轻情意重。

11. 场外沟通打破僵局

谈判会场外沟通是一种非正式的谈判,双方可以无拘无束地交换意见,达到消除障碍,避免出现僵局的目的。

采用场外沟通的时机有以下几个方面。

(1) 谈判双方在正式会谈中相持不下,即将陷入僵局。

(2) 当谈判陷入僵局,谈判双方或一方的幕后主持人希望借助非正式的场合进行私下商谈,从而缓解僵局。

(3) 谈判双方的代表因为身份问题不宜在谈判桌上让步。

(4) 谈判对手在正式场合严肃固执,傲慢自负,喜好奉承。可以在非正式场合给予其恰当的恭维,就可以使其作出较大的让步,以打破僵局。

(5) 谈判对手喜好旅游、娱乐。

12. 以硬碰硬打破僵局

当对方通过制造僵局施加太大压力时，退让也无法满足对方的欲望。那么应当采用以硬碰硬的办法向对方反击，让对方自动放弃过高的要求。

案例 8-27　计算机制造技术谈判

中国 K 公司与法国 G 公司就计算机制造技术的交易在北京进行谈判。K 公司接触一些厂家后，认为 G 公司的技术很适合自己的需要，有意与其合作。G 公司也认为自己的技术不错，有竞争性，同意与 K 公司谈判。经过技术交流后，中方专家表现的赞许态度使法方感到极为自信、自得。当进入商务条件谈判时，G 公司主谈杜诺先生的态度变得非常强硬，而且不太尊重 K 公司主谈邢先生，对邢先生友善的态度全然不当回事。对此合同，K 公司邢先生不能说同意，更不能说散伙。怎么办呢？

邢先生设计了一个方案，让助手继续与杜诺先生谈判，把参与人员减少了一半。原则是能往前谈就往前谈，谈不拢也陪着杜诺先生谈。一天过去了，杜诺先生没见到邢先生，问其助手："邢先生去哪儿了？"助手答："无可奉告。"第二天上午谈判仍无大的进展。杜诺先生要求见邢先生。助手答应下午安排。下午，邢先生见了杜诺先生问："谈判进展如何？"杜诺说："不大好。"并问邢先生："为什么不参加谈判？"邢先生一笑说："我有我的事。"杜诺问："我们的交易怎么办？"邢先生说："我的助手有能力与您谈判所有问题。""可到目前为止进展不大呀！"杜诺先生说。邢先生回答："原因一定不在我助手这方面。"杜诺一笑，说："我希望您能参加我们的谈判。""我也乐意，等我安排好时间再说。"邢先生说："我还有事，希望您与我的助手合作愉快！"随即告辞。

随后的谈判，中方再调整谈判时间，一天改为半天，半天时间还安排得靠后。这样断断续续又过了两天，杜诺先生要求与邢先生面谈。邢先生与杜诺见面了。杜诺先生抱怨："K 公司不重视与 G 公司的谈判。"邢先生说："不对，K 公司一直很重视本次谈判，尽管工作很忙，也从未中断过与 G 公司的谈判。"杜诺先生反驳说："如果重视，为什么您不参加谈判了？贵公司参加谈判的人都没有决定权，而且时间安排也不紧凑。"邢先生说："有可能您的问题太复杂，他们一时难以答复。时间不紧凑是误会，我们可是忙得很，没闲着。"杜诺先生追问："您忙什么？有什么比与我们公司谈判更重要的吗？"邢先生诡秘地笑了："杜诺先生，这可是我公司内部的安排，我得服从啊！"

杜诺先生沉默了一会儿，很严肃地对邢先生讲："我公司来京谈判是有诚意的，不论贵方有多忙，我希望您应先与我公司谈。"邢先生答道："是呀，我最早是与您谈的，不正反映了我方的重视吗？可贵方没有这么做。当我与贵方谈时，贵方并未注意我方的意见，我公司也不能浪费时间呀！""我希望邢先生给我讲实话，是不是贵公司正在与别人谈？"杜诺先生说。

说着在黑板上画了幅图，一个大楼写着 K 公司的名字，楼内有一个乌龟，背上写着 E 公司，后门等着一个乌龟，背上写着 W 公司。然后笑着问邢先生："是不是这样？"邢先生乐了，说："您的消息真灵通。"杜诺先生马上严肃起来，庄重地说："邢先生，不管事态是否如此，我公司强烈要求给我们机会，我本人也希望与您本人直接谈判。"邢先生收回笑容，也认真地回答："我理解贵方的立场，我将向上级汇报，调整我的工作，争取能与您配合谈判。"

双方恢复了谈判，一改过去的僵持，很通情达理地进行了相互妥协，最后达成了协议。

任务小结

本任务主要介绍了僵局的定义、僵局产生的原因、打破僵局的策略。

谈判僵局是指在商务谈判过程中,当双方对所谈问题的利益要求差距较大,各方又都不肯作出让步,导致双方因暂时不可调和的矛盾而形成的对峙,致使谈判呈现一种不进不退的僵持局面。谈判僵局产生的原因主要包括以下几种:谈判一方故意制造谈判僵局;双方立场、观点对立,发生争执;沟通障碍;谈判人员的偏见或成见;环境的改变;谈判双方用语不当;谈判中的一言堂;谈判人员的失误;谈判人员的强迫手段;谈判人员素质低下;利益合理要求的差距。

打破谈判僵局的策略包括以下几种:用语言鼓励对方打破僵局,采取横向式的谈判打破僵局,寻找替代方法打破僵局,运用休会策略打破僵局,利用调节人调停打破僵局,更换谈判人员或者由领导出面打破僵局,从对方的漏洞中借题发挥打破僵局,利用一揽子交易打破僵局,有效退让打破僵局,适当馈赠打破僵局,场外沟通打破僵局,以硬碰硬打破僵局。

 复习思考题

1. 商务谈判僵局的原因有哪些?
2. 突破谈判僵局主要有哪些策略?

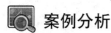 案例分析

案例 8-28 11 名农夫和 1 名农夫

在美国的一个偏远小镇上,由于法官和法律人员有限,因此组成了一个由 12 名农民组成的陪审团。按照当地的法律规定,只有当这 12 名陪审团成员都同意时,某项判决才能成立,才具有法律效力。有一次,陪审团在审理一起案件时,其中 11 名陪审团成员已达成一致看法,认定被告有罪,但第 12 名认为应该宣告被告无罪。由于陪审团内意见不一致,审判陷入了僵局。

其中 11 名农夫企图说服那位代表,但是这位代表是个年纪很大、头脑很顽固的人,就是不肯改变自己的看法,直到当天下午审判还不能结束。11 名农夫有些心神疲倦,但第 12 名还没有丝毫让步的想法。就在 11 名农夫一筹莫展时,突然天空布满了乌云,一场大雨即将来临。此时正值秋收过后,各家的粮食都晒在场院里。眼看一场大雨即将来临,那 11 名代表都在为自家的粮食着急,他们都希望赶快结束这次判决,尽快去收粮食。于是都对第 12 名农夫说:"老兄,你就别再坚持了,眼看就要下雨了,我们的粮食还在外面晒着,赶快结束判决回家收粮食吧。"可那个农夫丝毫不为之所动,坚持说:"不成,我们是陪审团的成员,这是国家赋予我们的责任,岂能轻易作出决定,在我们没有达成一致意见之前,谁也不能离开。"11 名农夫越来越着急,哪有心思讨论判决的事情。为了尽快结束这令人难受的讨论,11 名农夫开始动摇了,开始考虑改变自己的立场。这时一声惊雷震破了 11 名农夫的心,他们再也忍受不住了,纷纷表示愿意改变自己的态度,转而投票赞成第 12 名农夫的意见。最终宣告被告无罪。

思考：
11 位农夫为什么改变了自己的意见？僵局是如何打破的？

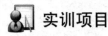

实训项目

实训目的：

通过实训，学生能够学会分析僵局出现的原因，学会运用打破僵局的策略，实现谈判的顺利进行。

实训背景：

某职业院校市场营销协会联系了山东××养生食品有限公司，准备在学校开展为期一周的该品牌红枣银耳羹产品的展销活动。经过前期谈判，××公司同意将该产品以当地经销商价格卖给协会，并且前期学校不需要付出成本，展销结束后一并计算。

为了扩大产品在该校的知名度，将该活动进行全校宣传。协会准备利用学校5天后迎新晚会的机会插入一项活动来宣传产品。但是学校要求山东××养生食品有限公司为晚会提供3500元作为赞助费。协会与公司再次洽谈，公司不同意，谈判陷入僵局。

实训要求：

1. 小组分别扮演协会和公司，进行活动赞助谈判。
2. 总结用到的技巧与策略，提交小组完成情况报告。

学习情境 九

商务谈判结束阶段

学习目标

知识目标
1. 掌握判断商务谈判终结的四个方面。
2. 掌握促成商务谈判成交的方法。
3. 了解商务谈判终结前应注意的问题。
4. 了解商务合同的种类和内容。
5. 掌握商务合同的构成及条款。
6. 掌握商务合同的拟定、审核、履行及维护。
7. 了解涉外商务合同与国际惯例。

能力目标
1. 能够判断并促成商务谈判成交。
2. 能够拟定与审核商务合同。

素质目标
1. 在促成谈判成交过程中要有时间观念。
2. 在商务合同拟定与审核过程中养成严谨细致的工作作风。

任务 9.1 谈判终结

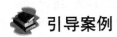
引导案例

案例 9-1 塑料编织袋生产线的谈判成交

某塑料编织袋厂厂长获悉日本某株式会社准备向我国出售先进的塑料编织袋生产线。于是,厂长立即出面与日商谈判。谈判桌上,日方代表开始开价 240 万美元,我方厂长立即答复:"据我们掌握的情报,贵国某株式会社所提供的产品与你们的完全一样,开价只是贵方的一半,我建议你们重新报价。"一夜之间,日本人列出详细价目清单,第二天报出总价 180 万美元。随后在持续 9 天的谈判中,日方在 130 万美元价格上不再妥协。我方厂长有意同另一家西方公司做了洽谈联系,日方得悉,总价立即降至 120 万美元。我方厂长仍不签字,日方大为震怒。我方厂长拍案而起："先生，你们的价格和态度都是我们不能接受的！"说罢把提包甩在桌上，里面那些西方某公司设备的照片撒了满地。日方代表大吃一惊，忙要求说："先生，我的权限到此为止，请允许我再同厂方联系请示后再商量。"第二天，日方宣布降价为110万美元。我方厂长在拍板成交的同时，提出安装所需费用一概由日方承担，又迫使日方作出让步。

思考：
请分析日本商家最后不得不成交的心理状态。

9.1.1 判断商务谈判终结

商务谈判是否到了终结的时机，这是商务谈判结束阶段非常重要的问题。谈判者只有正确判断谈判终结的时机，才能运用好结束阶段的策略。错误的判断可能会使谈判过程中已经付出的大量劳动付之东流，也可能会毫无意义地拖延谈判成交时间，从而丧失成交机遇。谈判终结可以从谈判涉及的交易条件、谈判时间、谈判策略、谈判者发出的信号等方面判断。

1. 从谈判涉及的交易条件来判断

从谈判涉及的交易条件来判断是指从谈判所涉及的交易条件解决状况来分析判定整个谈判是否进入终结。谈判的中心任务是交易条件的洽谈，在磋商阶段双方进行多轮的讨价还价，临近终结阶段要考察交易条件经过多轮谈判之后是否达到以下三条标准，如果已经达到，那么就可判断谈判终结。

（1）考察交易条件中的分歧数。首先，从数量上看，如果双方已达成一致的交易条件占据绝大多数，所剩的分歧数量仅占极小部分，就可以判定谈判已进入终结阶段。因为量变会导致质变，当达到共识的问题数量已经远超过分歧数量时，谈判性质已经从磋商阶段转变为终结阶段，或者说成交阶段。其次，从质量上看，如果交易条件中最关键、最重要的问题都已经达成一致，仅余留一些非实质性的无关大局的分歧点，就可以判定谈判已进入终结阶段。谈判中关键性问题常常会起决定性作用，也常常需要耗费大量的时间和精力。谈判是否即将成功，主要看关键问题是否达成共识。如果仅仅在一些次要问题上达成共识，而关键性问题还存在很大差距，是不能判定进入终结阶段的。

（2）考察谈判对手交易条件是否进入己方成交线。成交线是指己方可以接受的最低交易条件，是达成协议的下限。如果对方认同的交易条件已经进入己方成交线范围，谈判自然进入终结阶段。因为双方已经出现在最低限度达成交易的可能性，只有紧紧抓住这个时机，继续努力维护或改善这种状态，才能实现谈判的成功。当然己方还想争取到更好一些的交易条件，但是己方已经看到可以接受的成果，这无疑是值得珍惜的宝贵成果，是不能轻易放弃的。如果能争取到更优惠的条件当然更好，但是考虑到各方面因素，此时不可强求最佳成果而重新形成双方对立的局面，失去有利的时机。因此，谈判交易条件已进入己方成交线时，就意味着终结阶段的开始。

（3）考察双方在交易条件上的一致性。谈判双方在交易条件上全部或基本达成一致，而且个别问题如何做技术处理也达成共识，可以判定终结的到来。首先，双方在交易条件达成一致，不仅指价格，而且包括对其他相关的问题所持的观点、态度、做法、原则都有了共识。

其次,个别问题的技术处理也应使双方认可。因为个别问题的技术处理如果不恰当、不严密、有缺陷、有分歧,就会使谈判者在协议达成后提出异议,使谈判重燃战火,甚至使已达成的协议被推翻,使前面的劳动成果付之东流。因此,在交易条件基本达成一致的基础上,个别问题的技术处理也达成一致意见,才能判定谈判终结的到来。

2. 从谈判时间来判断

谈判的过程必须在一定时间内终结,当谈判时间即将结束,自然就进入了终结阶段。受时间的影响,谈判者调整各自的战术方针,抓紧最后的时间作出有效的成果。时间判断有以下三种标准。

(1) 双方约定的谈判时间。在谈判之初,双方一起确定整个谈判所需要的时间,谈判进程完全按约定的时间安排,当谈判已接近规定的时间时,自然进入谈判终结阶段。双方约定多长时间要看谈判规模大小、谈判内容多少、谈判所处的环境形势,以及双方政治、经济市场的需要和本企业利益。如果双方实力差距不是很大,有较好的合作意愿,紧密配合,利益差异不是很悬殊,就容易在约定时间内达成协议,否则就比较困难。按约定时间终结谈判对双方都有时间的紧迫感,促使双方提高工作效率,避免长时间地纠缠一些问题而争辩不休。如果在约定时间内不能达成协议,一般也应该遵守约定的时间将谈判告一段落,或者另约时间继续谈判,或者宣布谈判破裂,双方再重新寻找新的合作伙伴。

(2) 单方限定的谈判时间。由谈判一方限定谈判时间,随着时间的终结,谈判随之终结。在谈判中占有优势的一方,或是出于对己方利益的考虑需要在一定时间内结束谈判;或是还有其他可选择的合作者,因此请求或通告对方在己方希望的时限内终结谈判。单方限定谈判时间无疑对被限定方施加某种压力,被限定方可以随从,也可以不随从。关键要看交易条件是否符合己方谈判目标,如果认为条件合适,又不希望失去这次交易机会,可以随从,但要防止对方以时间限定向己方提出不合理要求。另外,也可利用对方对时间限定的重视性,向对方争取更优惠的条件,以对方优惠条件来换取己方在时间限定上的配合。如果以限定谈判时间为手段向对方施加不合理要求,会引起对方的抵触情绪,破坏平等合作的谈判气氛,从而造成谈判破裂。

(3) 形势突变的谈判时间。本来双方已经约定好谈判时间,但是在谈判进行过程中形势突然发生变化,如市场行情突变、外汇行情大起或大落、公司内部发生重大事件等,谈判者突然改变原有计划。例如,要求提前终结谈判,这是由于谈判的外部环境在不断发展变化,谈判进程不可能不受这些变化的影响。

案例 9-2　"脱欧"后谈判因疫情"深度冻结"

英国《卫报》2020 年 3 月 26 日报道,受新冠肺炎疫情影响,英国和欧洲联盟已取消原定举行的多轮"脱欧"后伙伴关系谈判。欧盟委员会 26 日在一场"吹风"会上宣布,英欧借助视频会议进行"脱欧"后谈判目前看不可行,双方正设法在此后数周乃至数月保持对话,以启动谈判,但已经放弃先前计划好的多轮谈判。英国于 2020 年 1 月 31 日正式"脱欧",进入为期 11 个月的"过渡期",其间需要与欧盟确定未来伙伴关系,涵盖经济与安全等领域。欧盟委员会发布的一份 441 页草拟条约,涵盖未来关系各领域。欧盟消息人士说,英国政府先前宣称会在本月初提交类似的全面法律文本,但迄今只提交 4 份文件,内容涉及贸易、运输、航空和核合作。而英方尚未提交安全合作和渔业等关键领域文件,也没有公开发布任何文本。

目前，英国政府正在抗击新冠肺炎疫情。

3. 从谈判策略来判断

谈判过程中有多种多样的策略，如果谈判策略实施后决定谈判必然进入终结，这种策略就称为终结策略。终结策略对谈判终结有特殊的导向作用和影响力，它表现出一种最终的冲击力量，具有终结的信号作用。常见的终结策略有以下几种。

（1）最后立场策略。谈判者经过多次磋商之后仍无结果，己方阐明最后的立场，讲清只能让步到某种条件，如果对方不接受，谈判即宣布破裂；如果对方接受该条件，那么谈判成交。这种最后立场策略可以作为谈判终结的判定。己方阐明自己最后的立场，成败在此一举，如果对方不想使谈判破裂，只能让步接受该条件。如果双方并没有经过充分的磋商，还不具备进入终结阶段的条件，己方提出最后立场就包含恐吓的意味，让对方俯首听从。这样并不能达到预期目标，反而过早地暴露己方最低限度条件，使己方陷入被动局面，这是不可取的。

（2）折中进退策略。折中进退策略是指将双方条件差距和取中条件作为双方共同前进或妥协的策略。例如，谈判双方经过多次磋商互有让步，但还存在残余问题，而谈判时间已消耗很多。为了尽快达成一致实现合作，己方提出一个比较简单易行的方案，即双方都以同样的幅度妥协退让，如果对方接受此建议，即可判定谈判终结。折中进退策略虽然不够科学，但是在双方很难说服对方，各自坚持己方条件的情况下，也是寻求尽快解决分歧的一种方法。其目的就是化解双方矛盾差距，比较公平地让双方分别承担相同的义务，避免在残余问题上过多地耗费时间和精力。

4. 以谈判者发出的信号来判断

收尾在很大程度上是一种掌握火候的艺术。通常会发现，一场谈判旷日持久却进展甚微。然后由于某种原因大量的问题会快速地得到解决，双方互做一些让步，而最后的细节在几分钟内即可拍板。一项交易将要明确时，双方会处于一种即将完成的激活状态，这种激活状态的出现，往往由于己方发出成交信号所致。

各个谈判者使用的成交信号是不尽相同的，但常见的有以下几种。

（1）谈判者用最少的言辞阐明自己的立场，谈话中表达出一定的承诺意愿，但不包含讹诈的成分。

（2）谈判者所提的建议是完整的、绝对的，没有不明确之处。这时，如果他们的建议未被接受，除非中止谈判，否则没有出路。

（3）谈判者在阐述自己的立场时，完全是一种最后决定的语调。坐直身体，双臂交叉，文件放在一边，两眼紧盯对方，不卑不亢，没有任何紧张的表示。

（4）回答对方的任何问题尽可能简单，常常只回答一个"是"或"否"。使用短语，很少谈论据，表明确实没有折中的余地。

（5）一再向对方保证，现在结束谈判对对方有利，并告诉对方一些好的理由。

发出这些信号，目的是为了使对方行动起来，脱离勉强或优柔寡断的状态，促成谈判达成一致协议。这时应注意不要过分地使用高压政策，否则有些谈判对手就会退步；不要过分地表示出己方希望成交的热情，否则对方就会不让步，反而向自己进攻。

9.1.2 促成商务谈判成交的方法

1. 成交机会的把握

谈判双方在谈判了无数个回合后,双方该让步的已经让步了,该减价的也都减价了,此时谈判到了关键时刻,必须把握成交的机会。当双方都认为对方已作出了能够作出的让步,再谈下去也不会有什么新结果时,这时成交的机会就到了,谈判也就该结束了。

判断对方有无成交的愿望主要从以下几个方面考虑。

(1) 对方由对一般问题的探讨延伸到对细节的探讨。例如,当向客户推销某种商品时,客户突然问:"你们的交货期是多长时间?"这是一种有意表现出来的成交迹象,要抓住时机明确地要求对方购买。

(2) 对方以建议的形式表示他的遗憾。当客户仔细打量、反复查看商品后,像是自言自语地说:"再加上一个支架就好了。"这说明客户对商品很中意,但却发现有不理想的地方,但只是细节问题或小毛病,无碍大局。这时最好马上承诺做一些修改,同时要求与对方成交。

(3) 当己方介绍商品的使用功能时,客户随声附和,接过话来,甚至讲得更具体时,这也是可能成交的信号。这时就要鼓励客户试用一下。例如,当向客户介绍某种研磨器时,对方说:"我以前也用过类似的,但功能没有这么多,你这款能打豆浆吗?如果可以,我每天都可以喝新鲜的豆浆了,还可以节省时间。"接下来就是如何接过对方的话题了。

(4) 当对方的谈判小组成员开始由紧张转向松弛,相互之间会意地点头、用眼睛示意时,这也许就是在表示可以成交。

2. 商务谈判成交的促成

在商务谈判中,成交是商务谈判的关键。和一位客户谈判了很长时间,但是最终还是没有达成交易,这样的情况经常发生。我们要学习抓住成交的技巧,在谈判桌上促使对方尽快签约。

(1) 谈判的焦点是利益而不是立场。德国著名的社会学家韦伯在研究欧洲工业资本主义兴起的根源时认为,在资本主义社会里,社会行动的基本形态是"目的理性"的概念。在谈判中"目的理性"是指要坚持根本利益。在关系与利益之间,利益是根本所在,也是谈判者应该追求的最终目的。各自坚持自己的利益原则是对的,但是每个人在坚持自己利益原则的基础上,也要从对方的利益角度考虑问题,而不是一味地坚持自己的立场,反对对方的立场。

案例 9-3 管理员的妙招

在图书馆里两个读者之间发生了争吵。其中一个想把窗户打开,而另一个则坚持不能开窗,两人吵了很久也没有结果。这时,图书馆管理员走了过来,问其中的一个人为什么要开窗户,他回答说想呼吸新鲜空气;问另一个人为什么要关窗户,对方说不想吹风。图书馆管理员思索了一下,便去打开隔壁房间的一扇窗户。结果既没有风吹进来,室内也有了新鲜的空气。争吵的双方都感到很满意。

利益是隐藏在立场分歧背后的原动力,表面的立场是当事人决定做的某一件事情或结论,而利益却是引导当事人作出决定或结论的原因。在谈判过程中应当调和的是双方的利益,而不是双方的立场,这就需要把注意力放在立场背后的实质利益上。

(2) 造足优势法。造足优势法是指在谈判中发挥和创造有利于己方的态势,以便使谈判对手认识到己方有足够的优势,从而在谈判中占据主动地位,并依靠强大的实力促成谈判。

在谈判中要善于挖掘己方的优势,展现己方的优势。将己方的优势提炼成易懂、易记的几个方面,如自己产品的先进性、唯一性、市场性、成长性和高利润性等,能让对方感觉到投资合作的可行性,这就是依靠优势吸引对方。当某种优势形成以后,在谈判中既能给对方留下深刻的印象,又能激发对方的成交心理,从而加大了谈判成功的概率。

(3) 运用专业知识。在谈判过程中,当用专业知识来回击对手时,往往会显得更加有力。因为专业知识是不可替代的,如果对手要反驳,那么他也同样要具备深厚的专业知识。人们往往对专家的结论深信不疑,专业性的结论、论点都是十分有分量的。

案例 9-4 "专业"的效用

甲在装修房屋时,坚持要用一种他认为漂亮的壁纸,但是不确定这种壁纸是否和家具相配。而装修设计师却认为其创意已经过时,这时甲发现这位装修设计师登上了最新一期室内设计杂志的封面,甲的自信心立刻消失了。因为甲完全相信这位装修设计师是这个行业的顶尖人物,他的意见是不容忽视的。

在谈判过程中,要表现得像一个顶尖的专业人员,展现出相当的专业素养。因为谈判对手对专家同样抱有好感,特别是当谈判对手缺少相应的专业素养和专业知识时,他们就会放弃自己那些"我们认为……"幼稚可笑的想法,不再坚持自己的立场。

(4) 善于造势。造势是商务谈判中不可缺少的组成部分,它服务于谈判的总体目标。造势往往能起到化难为易、变被动为主动的作用,使谈判活动获得意想不到的成功。造势应尽可能利用各种环境、人物、事件,利用人们关心的载体,造成声势浩大的印象。例如,我国许多企业利用北京举办奥运会为自己造势,打开了营销局面。

(5) 参与说服法。谈判的双方一般都是各执一词,互不相让,各自坚持自己的立场。而要说服对方,就必须使对方在某些方面参与到己方的工作中,使对方认为这项工作有其贡献,使其自觉自愿地接受己方的建议。

(6) 诱导对方走向肯定。谈判是一种磋商的过程,这个过程常常是在辩论中达成共识的。辩论是通向真理的桥梁,是实现共同妥协的基础,而谈判大多是冲突立场的协调。如果谈判者之间的立场、观点、利益完全一致,也就无须谈判了。谈判者在辩论中通过自己的技巧提问,诱导对方不断地认可,也就是常说的"苏格拉底式的回答法"。运用这种回答方法,可以出其不意地击溃对方的心理防线,使其不自觉地倒向己方。在辩论中,有经验的谈判者绝不会轻易地肯定对方的观点。所以,在谈判的开始期间,最好不要锋芒毕露,而应顺应对方的思路,拐弯抹角地诱导对方走向己方事先设计好的思路,使其在不知不觉中肯定己方的立场、观点和方案。

9.1.3 商务谈判终结前应注意的问题

1. 回顾总结前阶段的谈判

在交易达成的会谈之前,应进行最后的回顾和总结,其主要内容包括以下几个方面:是否所有的内容都已谈妥，是否还有一些未能解决的问题，以及对这些问题的最后处理方案；所有交易条件的谈判结果是否已经达到己方期望的交易结果或谈判目标；最后让步的项目和幅度；采用何种特殊的结尾技巧；着手安排交易记录事宜。

回顾的时间和形式取决于谈判的规模。它可以安排在一天谈判结束后休息时间里，也可安排在一个正式会议上。谈判者在对谈判的基本内容回顾总结之后就要对全面交易条件进行最后确定，双方都需要做最终的报价和最后的让步。

2. 最终报价及最后让步

（1）最终报价。最终报价时，谈判者要非常谨慎。因为报价过早会被对方认为还有可能做另一次让步，等待再获取利益的机会；报价过晚，会对局面已不起作用或影响太小。为了选好时机，最好把最后的让步分成两步走：主要部分在最后期限之前提出，刚好给对方留下一定的时间回顾和考虑；次要让步，如果有必要，应作为最后的"甜头"，安排在最后时刻作出。

（2）最后让步时，要注意以下几点。

① 严格把握最后让步的幅度。

② 最后让步幅度大小必须足以成为预示最后成交的标志。在决定最后让步幅度时，主要因素是看对方接受让步的这个人在其组织中的级别。合适的让步幅度是：对较高职位的人，刚好满足他维护其地位和尊严的需要；对较低职位的人，以使对方的上司不至于指责他未能坚持为度。

③ 最后的让步和要求同时并存。除非己方的让步是全面接受对方的最后要求，否则必须让对方知道，不管在己方作出最后让步之前或作出让步的全过程，都希望对方予以响应，作出相应的让步。谈判者向对方发出这种信号的方法如下：谈判者作出让步时，可示意对方这是谈判者本人的想法，这个让步很可能受上级的批评，所以要求对方予以相应的回报；不直接地给予让步，而是指出谈判者本人愿意这样做，但要以对方的让步作为交换。

3. 谈判记录及整理

在谈判中，双方一般都要做洽谈记录。重要的内容要点应变换整理成简报或纪要，向双方公布，这样可以确保协议不致以后被撕毁。因为这种文件具有一定的法律效力，在以后可能发生的纠纷中尤为有用。

在一项长期而复杂、有时甚至要延伸到若干次会议的大型谈判中，每当一个问题谈妥之时，都需要通读双方的记录，查对是否一致，不应存在任何含混不清的地方，这在激烈的谈判中尤为必要。一般谈判者都争取己方做记录，因为谁保存记录，谁就掌握一定的主动权。如果对方向己方出示其会谈记录，那就必须认真检查、核实。因为如果有错误的记录予以公布，同样具有法律力量，可作为谈判的原始记录存档。因此，在签约前，谈判者必须对双方的谈判记录进行核实。这种核实包括两方面：一是核实双方的洽谈记录是否一致，应认真查看对方记录，将自己的记录与对方的加以比较，若发生偏差，就应加以指出，要求修正；二是要查对双方洽谈的记录的重点是否突出、正确。检查之后的记录是起草书面协议的主要依据。

9.1.4 商务谈判的可能结果

商务谈判结果可以从两个方面看：一是双方是否达成交易；二是经过谈判双方关系发

生何种变化。这两个方面是密切相关的,将这两个方面的结果联系起来分析,可以得出六种谈判结果。

1. 达成交易,并改善了关系

双方谈判目标顺利完成,并且实现交易,双方关系在原有基础上得到改善,促进今后进一步的合作。这是最理想的谈判结果,既实现了眼前利益,又为双方长远利益发展奠定了良好基础。要想实现这种结果,双方首先要抱着真诚合作的态度进行谈判,同时谈判中双方都能为对方着想并作出一定的让步。

2. 达成交易,但关系没有变化

双方谈判结果是达成交易,但是双方关系并没有改善也没有恶化。这也是不错的谈判结果。因为双方力求此次交易能实现各自利益,并且没有刻意去追求建立长期合作关系,也没有太大的矛盾造成不良后果,双方平等相待、互有让步,实现交易成功。

3. 达成交易,但关系恶化

虽然达成交易,但是双方付出了一定的代价,双方关系遭到一定的破坏或产生阴影。这种结果从眼前利益来看是不错的,但是对今后长期合作是不利的,或者说,是牺牲双方关系换取交易成果。这是一种短期行为,是"一锤子买卖",对双方长远发展没有好处,但为了眼前的切实利益而孤注一掷也是出于无奈。

4. 没有成交,但改善了关系

这为今后双方成功合作奠定了良好的基础。

5. 没有成交,关系也没有变化

这是一次毫无结果的谈判,双方既没有达成交易,也没有改善或恶化双方关系。这种近乎平淡无味的谈判没有取得任何成果,也没有造成任何不良后果。双方都彬彬有礼地坚持己方的交易条件,没有作出有效的让步,也没有激烈的相互攻击,在今后的合作中也有可能进一步发展双方关系。

6. 没有成交,但关系恶化

这是最差的结果,谈判双方在对立的情绪中宣布谈判破裂。双方既没有达成交易,又使原有关系遭到破坏,既没有实现眼前的实际利益,也对长远合作关系造成不良影响。这种结果是谈判者不愿意看到的,所以应该避免这种结果出现。当然在某种特殊环境中的特殊情况下,出于对己方利益的保护、对己方尊严的维护,坚持己方条件不退让,并且反击对方的高压政策和不合理要求,虽然使双方关系恶化,但也是一种迫不得已的做法。

任务小结

本任务主要介绍了判断商务谈判终结的四个方面,促成商务谈判成交的方法,商务谈判终结前应注意的问题,商务谈判的可能结果。谈判者只有正确判断谈判终结的时机,才能运用好结束阶段的策略。当双方都认为对方已作出了能够作出的让步,再谈下去也不会有什么新结果时,这时成交的机会就到了。商务谈判结果可以从双方是否达成交易和经过谈判双方关系发生何种变化等方面分析出多种谈判结果。

复习思考题

1. 如何判定商务谈判的终结？
2. 在谈判成交阶段适用的策略和技巧有哪些？

案例分析

案例 9-5　设备的成交

甲公司技术改造后需处理一部分替换下来的设备，乙公司得知消息后上甲厂求购，于是双方展开了谈判。卖方的小李说："这些设备都是七八成新的，售价不能低于 10 万元。"买方的老刘说："你不要说得那么死嘛，我已经做过调查并向行家打听过，这些设备最多也就值 4 万元，而且应当包括安装费在内。"双方谈了一会儿，卖方首先作出让步，小李说："好吧，看来你们是真的需要这些设备。我们事先研究过，不能低于 8 万元，就 8 万元吧，不过我们不负责运输和安装。"老刘却说："不！如果你们不负责运输和安装。那我们只能出价 5 万元，你考虑考虑如何？"谈判进行不下去了，于是两人约好第二天继续再谈。

第二天双方谈了一个上午，没有一点进展。到了下午，买方的老刘说："小李，这些设备我已经仔细看过了，如果可以以 5.8 万元价格卖给我们，我们回去就可以安装投入运行。如果超过这个价格，我们还不如去买新的，所以只能再让你们 8000 元，这回该满意了吧？"此时，卖方的小李已经看出对方没有太大的让步余地，目前的让步和谈话已经表现出了他们的签约意向，公司里给他定的价格是不能低于 5.5 万元。但小李并没有立刻同意对方的条件，很诚恳地对老刘说："我跟您实话实说吧，公司里定的价格是 6 万元，这是我们的底价了。贵公司买一批设备也不差 2000 元吧，否则我也实在没法交代。如果同意，我们就马上签协议，您看怎么样。"老刘的公司里定的价格是不高于 6.5 万元就可以成交，双方都彼此把握住了对方的签约意向，最后以 6 万元成交。卖方的小李非常满意，买方的老刘同样也很满意，因为谈判的结果都在双方可能接受的范围。

思考：

1. 假如你是卖方的小李，如何从买方老刘的话语里看出签约意向呢？
2. 在小李和老刘的谈判中，他们各自运用了哪些谈判策略？

实训项目

实训目的：
正确把握成交信号，灵活运用成交阶段的相关策略。

实训背景：
将案例分析题中的案例作为背景材料。

实训要求：

1. 指导教师布置学生将案例分析题中的案例作为背景材料。
2. 将全班同学分成若干小组，每组 6 人，各小组对问题进行讨论。
3. 改变双方公司预先设定的限价，以小组为单位，在规定的时间内，模拟案例里的谈判情景，要求根据具体情况，尝试运用成交阶段的各种谈判策略。

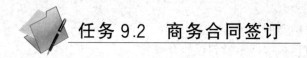

任务 9.2　商务合同签订

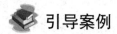

案例 9-6　日美谈判的启发

1970年，美国与日本的经济贸易出现了比较大的逆差，美国总统尼克松多次要求当时的日本首相佐藤主动限制向美国出口纺织品。佐藤在去美国之前，日本一些著名人士一再劝告他："不要向美国屈服。"在这场"日美纺织品战"中，尼克松为了迫使佐藤限制纺织品出口，步步紧逼。最后，佐藤回答说道："我一定要妥善解决。"

"胜利了！"尼克松赶紧向新闻记者宣布，新闻界也为之振奋。可是过不了多久，美国报纸却又抱怨佐藤背信弃义，因为实际情况并没有什么改变。其实，日本根本就没打算主动限制对美国的纺织品出口。佐藤最后说的那句话，应该说既是表示了否定态度，也是出于给美国总统"留下面子"。日本人的这种思考方式可以从日本著名社会学家铃木明说过的话中得到证明："日语中的双关词，是日本民族要求和睦相处的产物。要是我们说每一句话都开门见山，那势必会整天相互间争论不休。"

思考：

你认为口头承诺是否有实际的谈判效果，说一下你的认识。

9.2.1　商务合同的特点和种类

谈判双方经过讨价还价，最终对交易内容和条件达成了完全一致的看法和意见。这可以说已经完成了谈判的大部分工作，但还不是全部工作。因为谈判的成果还必须以合同的形式来体现，取得法律的保护，这样它才是巩固的、确实的。同时，签订合同时还会涉及某些有关双方的责任、权利和义务的问题，而这些问题可能是前面的谈判所没有涉及的，或者没有充分展开讨论的。因此，在签订合同时必须将这些问题全部落实。商务合同要尽可能完善、全面、准确、肯定和严密，这样既可以清楚地规定合同双方的权利和责任，又能防止和减少日后不必要的矛盾和纠纷。

1. 商务合同的特点

商务合同是谈判双方在经济合作和贸易交往中，为实现各自的经济目标，明确相互之间的权利义务关系，通过协商一致而共同订立的协议。因此，商务合同一般具有以下特点。

（1）商务合同是一种法律文件。一方面，商务合同必须遵守国家法律规定，符合国家政策和计划要求，涉外商务合同还须遵守国际条约和国际惯例。另一方面，商务合同的签订是一种经济和法律行为，任何一方违反合同规定都要承担法律的和经济的责任。

（2）体现权利义务平衡。即当事人一方所享受的权利，必须与其所承担的义务相对应，双方应互有权利和义务，这种平衡要体现在合同的每一条文之中，并贯穿始终。

(3) 合同当事人应具有合法行为能力。即签订商务合同的主体必须是具有法人资格的企业或国家法律许可的个体工商户。

(4) 合同条文必须明确、规范。合同作为一种法律文件，应同时具备严肃性、规范性和可保存性。商务合同除即时清结的以外，一般采用书面形式。

2. 商务合同的种类

商务合同的种类繁多，可从不同角度加以区分。

(1) 按业务性质和内容划分。这是目前最常用的分类方法。我国《民法同共合同法》的"分则"部分把常用合同按业务性质和内容分为15类，并对其条款做了具体规定。这15类合同是：买卖合同（又称购销合同）、供用电/水/气/热力合同、赠与合同、借款合同、租赁合同、融资租赁合同、承揽合同、建设工程合同、运输合同、技术合同、保管合同、仓储合同、委托合同、行纪合同、居间合同。

(2) 按合同成立的程序分，有承诺合同和实践合同。凡双方意思表示一致，合同即宣告成立的，称为承诺合同。例如，购销合同、建设工程合同等。凡双方达成协议后，还须交付标的才能成立的合同，称实践合同。例如，借款合同、保管合同、运输合同等。

(3) 从合同成立是否需要特定方式划分，有要式合同与非要式合同。凡需要履行特定的方式才能成立的合同，称为要式合同。如需要经济签证、公证或有关机关核准登记才算成立的合同，属要式合同。要式合同未履行特定方式前，合同不算成立，也不发生法律效力。非要式合同则对合同成立的形式没有特别要求。

9.2.2 商务合同的构成及条款

1. 商务合同的构成

随着社会经济的发展，交易的复杂化，各类商务合同示范文本也应运而生。综观内容繁简不一的商务合同文本，可以发现其具有较为稳定的书面结构模式。商务合同的结构一般由首部、正文、尾部和附件四部分构成。

(1) 首部。合同的首部称为约首。通常由标题、当事人基本情况及合同签订时间、地点构成。具体包括合同的详细名称，签订合同当事人的名称（姓名），签订合同的目的和性质，签订合同的日期和地点，合同的成立，以及合同中有关词语的定义和解释等内容。

(2) 正文。合同的正文是合同的内容要素，即合同的主要条款，是合同最重要的部分。其包括合同的标的与范围，数量与质量规格，价格与支付条款及相应条件，违约责任，合同效力等。由于此部分是合同关键所在，所以在签订合同时往往在内容上比较明确、具体而又准确。

(3) 尾部。合同的尾部为合同的结尾部分，内容包括合同的份数、合同的有效期、双方当事人签名、通信地址、盖章、银行开户名称、开户银行账号、签证或公证等。

(4) 附件。合同的附件是对合同有关的条款做进一步的解释与规范，对有关技术问题做详细阐释与规定，对有关标的操作性细则做说明与安排的部分。如技术性较强的商品买卖合同，需要用附件或附图的形式详细说明标的全部情况。合同附件是合同的共同组织部分，同样具有法律效力。

除了以上主要内容外，根据不同谈判目的和合同类型的具体特点，都可以将谈判双方已经形成的一致意见以书面形式肯定下来,并以准确的词语加以表达,形成一份合同。书写合同由于种类多、内容广,其具体格式在世界各国并无统一的规定,因此具体写作中可有一定的灵活性。但有的国家政府为了便于审查批准,对某些涉外合同的格式有具体专门的规定,书写时必须参照。

2. 商务合同的主要条款

商务合同的种类、形式极多,具体内容各异,不少国家的合同法对此均有各自的明确规定,但其主要条款则是稳定的。商务合同的主要条款是指一般商务合同都必须具备的共性条款。它规定了当事人双方的权利和义务,是确认商务合同是否合法有效的主要条件,也是当事人双方全面履行商务合同的主要依据。商务合同包括的主要条款如下。

(1) 标的。合同的标的物是整个谈判的中心内容,是合同当事人权利和义务共同指向的对象。商务合同种类不同,其标的也不相同。标的可以是货物,可以是货币,也可以是工程项目、智力成果等。但无论何种标的,都必须符合国家法律、法规的规定,国家限制流通的物品不能作为商务合同的标的。同时,合同的标的要写明标的名称,以使标的特定化,以便确定当事人的权利和义务。

案例 9-7   合同标的争论

甲公司与乙公司订立一份合同,约定由乙公司在 10 天内,向甲公司提供新鲜蔬菜 6000 千克,每千克蔬菜的单价 1 元。乙公司在规定的时间内,向甲公司提供了小白菜 6000 千克。甲公司拒绝接受这批小白菜,认为这是为职工食堂订购所需求的蔬菜,食堂不可能有那么多人力洗小白菜,小白菜不是合同所要的蔬菜。双方为此发生争议,争议的焦点不在价格,也不涉及合同的其他条款,唯有对合同的标的双方各执一词。甲公司认为自己的食堂从来没有买过小白菜,与乙公司是长期合作关系,经常向其购买蔬菜,每次买的不是大白菜就是萝卜等容易清洗的蔬菜。甲公司认为乙公司应该知道这个情况,但是其仍然送来了公司不需要的小白菜,这是曲解了合同标的。

(2) 数量和质量。数量是标的在量的方面的具体化,是计算和衡量合同当事人权利、义务的尺度。在数量条款中,应当根据标的的种类,规定计量标的的单位和方法。此外,还应当考虑可能发生的误差幅度和自然损耗程度等问题。质量是标的内在素质和外在形象的综合状况,包括标的名称、品种、规格、型号、等级、标准、技术要求、物理和化学成分、款式、感觉要素、性能等。关于质量标准,有国家标准或者行业标准的,按国家标准或者行业标准,没有国家标准或者行业标准的,由双方协商。

数量和质量条款是合同的主要条款。没有数量,权利义务的大小很难确定;没有质量,权利义务极易发生纠纷。因此该条款应力求规定得明确、具体。

(3) 价款或酬金。价款是根据合同的规定,取得财产的一方当事人向另一方当事人支付的以货币表示的代价。酬金是根据合同取得劳务、智力成果的一方当事人向另一方当事人支付的货币。价款和酬金是有偿合同的必备条款,合同中应说明价款或酬金数额及计算标准、结算时间、结算方式和程序等。如果有政府定价和政府指导价的,要按照规定执行。

(4) 合同的期限、履行地点和方式。合同的期限包括有效期限和履行期限。有的合同如租赁合同、借款合同等必须具备有效期限。合同的履行期限是当事人履行合同的时间界限。履行期限直接关系到合同义务完成的时间,涉及当事人的期限利益,也是确定合同是否按期履行或者逾期履行的客观依据。正因如此,期限条款还是应当尽量明确、具体,或者明确规定计算期限的方法。

履行地点是指当事人履行合同义务的地点,也即交付或提取标的物的地方。不同种类的商务合同,履行地点也有不同的特点。如买卖合同中,由买方提货的,在卖方提货地履行;由卖方送货的,在买方收货地履行。在建设工程合同中,在建设项目所在地履行。履行地点有时是确定运费由谁负担、风险由谁承担,以及所有权是否转移、何时转移的依据。履行地点也是在发生纠纷后由哪一地方法院管辖的依据。

履行方式是指当事人用什么方式履行合同义务。它包括标的的支付方式和价款的结算方式。不同的商务合同,决定了履行方式的差异。履行可以是一次性的,也可以是在一定时期内的,还可以是分期、分批的。履行方式与当事人的利益密切相关,应当从方便、快捷和防止欺诈等方面考虑采取最为适当的履行方式,并且在合同中明确规定。

(5)违约责任。违约责任是指因当事人一方或双方的过错,造成商务合同不能履行或不能完全履行,而责任方必须承担的法律责任。合同规定违约责任有利于督促当事人自觉履行合同,发生纠纷时也有利于确定违约方所承担的责任,这是合同履行的保障性条款。通常有关合同的法律对于违约责任部分已作出较为详尽的规定,但为了保证合同义务严格按照规定履行,更加及时地解决合同纠纷,可以在合同中约定违约责任,如约定定金、违约金、赔偿金额以及赔偿金的计算方法等。

(6)解决争议的方法。解决争议的方法指合同争议的解决途径,对合同条款发生争议时的解释以及法律适用等。合同发生争议时,其解决方法包括当事人协商、第三方调解、仲裁、诉讼四种途径。解决争议的方法选择对于纠纷发生后当事人利益的保护非常重要。如果意图通过诉讼解决争议,可以不进行约定;如果选择使用仲裁解决,则要经过事先或者事后约定,还要明确选择是哪一个仲裁机构。

(7)其他。除合同主要条款以外,双方当事人应根据实际情况约定其他有关双方权利和义务的条款。如果是涉外商务合同,还有合同适用法律的选择和确定问题。

9.2.3 商务合同的拟定与审核

1. 合同文本的起草

当谈判双方就交易的主要条款达成一致意见后,就进入合同的起草阶段,自然就提出由谁起草合同文本的问题。一般来讲,文本由谁起草,谁就掌握主动权。因为口头上商议的东西要形成文字还有一个过程,有时仅仅是一字之差,意思则有很大区别。起草一方的主动权在于可以根据双方协商的内容,认真考虑写入合同中的每一条款,斟酌选用对己方有利的措辞,安排条款的顺序或解释有关条款,而对方对此则毫无思想准备。因此在谈判中应重视合同文本的起草,尽量争取由己方起草合同文本。即使做不到这一点,也要与对方共同起草合同文本。

2. 合同文本的审核

关于合同文本的审核,应从两个方面考虑,如果文本使用两种文字撰写,则要严格审核两种不同文字的一致性;如果使用一种文字撰写,则要严格审核合同文本与协议条件的一致性。核对各种批件,包括项目批文、许可证、用汇证明、订货卡等是否完备,以及合同内容与各种批件内容是否一致。

这种签约前的审核工作相当重要,因为常常发生两种文本与所谈条件不一致的情况。审查文本务必对照原稿,不要只凭记忆阅读审核。同时要注意,合同文本不能太简约。啰唆固然不好,过于简约的弊端更多。

当审核中发现问题时,应及时互相通告,并调整签约时间,使双方互相谅解,避免因此而造成误会。对于文本中的问题,一般指出即可解决。有些复杂问题需经过双方主谈人再谈判,对此思想上要有准备。不过要注意态度,对不当的地方,自然应明确指正,以信誉相压,不可退却。否则,对方会得寸进尺,全面反扑,争取更多条件;过去未明确的问题,或提过但未认真讨论,或讨论未得出统一结论的问题,可耐心再谈。能统一则统一,对不能统一又非原则的问题可删去。

3. 合同主体、客体以及合同签订过程的审查

由于合同是具有法律效力的法律文件,因此,签订合同的双方都必须具有签约资格,否则,合同主体不合格,所签订的合同书就无效。因此,签约时必须对合同的主体进行严格的审查。同时,商务合同客体必须合法,即合同的交易对象、交易范围以及交易程序都应符合国家的有关法律、法规,都是政策所允许的。另外,合同的签订过程必须合法,即合同的签订过程必须具有合法的形式和完备的手续。对于口头形成的商务合同,必须即时清结;对于不能即时清结的商务合同,必须采用书面形式。为了确保合同的有效成立,签订合同时手续必须完备。凡是依法须由主管部门批准或者履行必要的手续才能签订的商务合同,必须报经批准或者履行必要手续后才能签约。

9.2.4 商务合同的履行及维护

1. 合同的履行

合同的履行是指合同生效后,双方当事人按照合同的约定或法律的规定,全面、正确地履行自己所承担的义务。商务合同生效后,当事人就质量、价款或者酬金、履行地点等内容没有约定或者约定不明确的,可以补充协议;不能达成补充协议的,按照合同有关条款或者交易习惯确定;按照上述规定仍不能确定的,适用下列规定。

(1) 质量要求不明确的,按照国家标准、行业标准履行;没有国家标准、行业标准的,按照通常标准或者符合合同目的的特定标准履行。

(2) 价款或者报酬不明确的,按照订立合同时履行地点的市场价格履行;依法应当执行政府定价或政府指导价的,按照规定履行。

(3) 履行地点不明确,给付货币的,在接受货币一方所在地履行;交付不动产的,在不动产所在地履行;其他标的的,在履行义务一方所在地履行。

(4) 履行期限不明确的,债务人可以随时履行,债权人也可以随时要求履行,但应当给对方必要的准备时间。

(5) 履行方式不明确的,按照有利于实现合同目的的方式履行。

(6) 履行费用的负担不明确的,由履行义务一方负担。

(7) 执行政府定价或政府指导价的,在合同约定的交付期限内政府价格调整时,按照交付时的价格计价。逾期交付标的物的,遇价格上涨时,按照原价格执行;价格下降时,按照新价格执行。逾期提取标的物或者逾期付款的,遇价格上涨时,按照新价格执行;价格下降时,按照原价格执行。这一规则同时也体现了对违约方的制裁。

2. 违约责任

违约责任是指违反合同的责任,是当事人因违反合同义务而依法应当承担的责任。其实质是对合同有效性的维护。认定合同当事人的违约责任必须在客观上具备四个条件:当事人有违反合同义务的行为;当事人的违约行为非因不可抗力所致;违反合同义务的行为已经造成损失;在违反合同的行为和有关损失之间存在因果关系。

承担违约责任的形式主要有违约金和赔偿金。

(1)违约金。即法律规定或者合同约定的,一方当事人一旦违反合同义务便应当向对方支付的金钱。违约金带有对违约人的经济处罚和对受损失方予以补偿的性质。

(2)赔偿金。即由违反合同义务的当事人对于因自己违反合同义务给对方造成的损失,以支付金钱的方式来予以补偿,被用于赔偿损失的金钱称为赔偿金。

3. 争议的处理方法

商务合同的履行过程中,由于市场主体之间的利益总是存在不一致,经济权利义务之间可能会发生冲突,从而导致各种权益纠纷的产生,即商务合同的争议。商务合同争议的处理方式主要有协商、调解、仲裁和诉讼四种。

(1)协商。合同纠纷的协商是指在经济合同发生纠纷时,由双方当事人在自愿、互谅的基础上,按照法律规定以及合同条款的有关规定,直接进行磋商,通过摆事实、讲道理,取得一致意见,自行解决合同纠纷。通过协商解决商务合同纠纷,不必经过第三者,既可以免伤和气,避免事态扩大,也可以节约时间、精力和费用,同时也有利于双方当事人继续保持经济合作关系。

(2)调解。调解是指如果当事人双方通过协商未达成一致,任何一方均可向合同管理机关等申请调解,通过对当事人进行说服教育,促使当事人双方相互让步,并以双方当事人自愿达成合同为先决条件,达到平息争端的目的。调解通常有行政调解和司法调解两种形式。通过调解方法使问题得到恰当的解决,是合同管理机关解决经济合同纠纷的基本方法。它与仲裁明显的区别是:调解不能强制当事人接受解决方法,它只能通过建议、方案或利用调解人的威信促使当事人接受某种解决方法。

(3)仲裁。仲裁又称公断,是指发生纠纷的当事人达成协议,根据所达成的协议内容,自愿将纠纷提交非司法机构的第三者居中判断,并作出对争议各方均有约束力的裁决的一种纠纷解决制度。仲裁既具有一定的灵活性,又有法律强制性,它是使用非常广泛的解决争议的一种方法。

(4)诉讼。当事人没有在商务合同中订立仲裁条款,事后又没有达成书面仲裁协议的,可以向人民法院起诉。可见,诉讼是解决商务合同纠纷的最终手段。诉讼是指合同纠纷当事人依民事诉讼程序向人民法院起诉,请求人民法院运用审判程序来解决商务合同纠纷的一种方法。

9.2.5 涉外商务合同的特殊性和重要条款

1. 涉外商务合同的特殊性

涉外商务合同是我国的企业或其他经济组织同外国的企业、其他经济组织或个人之间，在进行经济合作和贸易往来中为实现一定的经济目的，明确相互之间的权利义务关系，通过协商一致而共同订立的协议。涉外商务合同因其"涉外"而有其特殊性，具体表现如下。

(1) 它涉及合同双方当事人所属国家的经济法规和对外经济贸易政策。两国企业之间的经济是受两国对外经济贸易政策的影响与制约的，任何企业都不能违背本国政府制定的对外经济贸易政策。同样，任何企业或经济组织，都必须遵守所在地国家的法律制度。

(2) 它影响当事人双方所属国家的经济权益关系。两国企业之间的经济往来关系是两国之间经济关系乃至外交关系的一部分，它使资源在两国之间发生流动，从而影响两国的经济利益。

(3) 它涉及司法管辖权以及法律适用选择的问题。在涉外商务活动中，当事人国家的法律对商务活动都有一定的管辖权，他们之间往往需要分清各自的范围，以及确定在冲突情况下如何调整解决。

2. 涉外商务合同的重要条款

涉外商务合同的结构与普通的商务合同是一样的，但在合同条款中有一些不同。与普通商务合同相比，涉外商务合同应该特别注意以下条款。

1) 价格条款

单位国际贸易中的价格条款不仅涉及货物的长距离运输、外国货币的使用，还要反映买卖双方在交货过程中所承担的责任、风险和费用。因此，在价格条款中，一般使用固定的价格术语。

2) 装运条款

实际上，在价格术语中已经包括了由谁承担运输责任，装运条款只是将运输中的一些具体事项明确化，主要应明确运输方式、装运日期、装运港和目的港、滞期费的支付以及装运工具的提供和装运单证等。其中，装运日期尤为重要，如果卖方不能在规定时间内装运，买方有权拒收货物。

3) 保险条款

这是国际商务合同中很重要的一项条款，它主要包括由谁负责投保和支付保险费用，以及投保的险别与保险的金额和赔偿责任等内容。保险条款的规定方法同合同所采用的价格术语有着直接的联系。在按 FOB(离岸价)和 CFR(到港价)条件成交时，由于保险由买方自行负责，保险条款也比较简单，一般只是原则性地规定：保险由买方负责。但在 CIF(成本、保险费与运费的总和)条件成交时，保险条款就必须订得明确、具体。

4) 结算条款

此条款也称为支付条款，是指合同中有关买方支付货款的各个条文，主要规定支付手段、支付方式和支付时间、地点等内容。

5) 商检条款

由于检验与索赔往往连在一起，因而合同中的检验条款常与索赔条款合在一起。它规定买方何时、何地、通过何种机构、以何种方法对货物进行检验,以及拒收货物或提出索赔的权利。

6) 法律适用条款

根据各国法律和有关国际条约的规定,合同当事人可以根据意思自治原则选择合同所适用的法律,也即法律适用选择。这些法律可以是当事人的本国法,也可以是第三国的,还可以是国际条约或国际惯例。法律适用选择主要是指采用何国法律来解释合同或者合同中的某些特定条款。合同签订的地点与合同适用的法律有关,当某个合同没有规定选择的法律时,一旦因合同产生争议,即可以依照惯例适用合同缔结法律。因此,在我国企业与外商订立涉外商务合同时,应尽力争取在我国境内订立。

9.2.6 国际规则及惯例

1. 国际规则

国际规则主要由国际条约构成,国际条约是国家间缔结的确定、变更或终止相互权利义务关系的协议。现在适用得最广泛的国际规则莫过于世界贸易组织规则。我国加入世界贸易组织后,对任何经济组织和个人来说,应该遵守的世界贸易组织规则不仅仅是乌拉圭回合的协议文本,还包括我国加入世界贸易组织的承诺,这些都是具有约束力的规则。世界贸易组织规则中规定和确认当事人的权利、义务等实体问题的内容主要包括三部分:货物贸易规则,服务贸易规则,与贸易有关的知识产权规则。另外还有用以保证当事人的权利和义务得以实施的有关程序,包括争端解决规则与程序、贸易政策审议机制。

案例 9-8 世界贸易组织的争端解决机制

世界贸易组织的争端解决机制共有六个程序:一是磋商程序,即贸易争端发生后,当事成员方政府就此问题进行贸易谈判,达成一致意见;二是斡旋、调解与调停程序,即当谈判没有达成共识,争端双方选择中立第三方(如世界贸易组织总干事)在世界贸易组织框架内进行斡旋、调解与调停程序;三是专家组程序,即调解无效的情况下,成立专家组提出调查处理方法;四是上诉程序,即世界贸易组织的争端解决机制中有一个7人组成的常设上诉小组,专家组的工作报告出来后,争端一方如有不同看法,可以上诉重新进行审议;五是执行程序,即世界贸易组织规定已通过的专家组和上诉机构报告,有法律效力,并具有报复性惩罚措施,当事方应予执行;六是仲裁程序,即若一方仍然反对,可以提出仲裁。

2. 国际惯例

在国际商务活动中,经常需要用国际惯例的规定。国际惯例是指在长期的普遍的国际商务实践中形成的习惯做法,它常常表现为一些约定俗成的成文或不成文的规章。一些国际惯例虽然是"不成文的",但它确实构成了国家间谈判商的依据。通常,国际惯例大体上形成三种情况:国家之间的外交关系,表现为条约、宣言、声明、各种外交文书等;国际机构的实践,表现为决议、判决;国家内部行为,表现为国内法规、判决、行政命令、社会习俗等。以上三种构成了国际惯例的证据。当然,依据国际惯例进行谈判,情况是非常复杂的,必须灵活运用。

案例9-9 谈判中的国际惯例

高先生大学毕业后就职于一大型公司的销售部,工作积极努力,成绩显著,不久升任销售部经理。公司要与美国某跨国企业就开放新产品问题进行谈判,公司将接待安排的重任交给高先生负责,高先生为此也做了大量的、细致的准备工作。经过几轮艰苦的谈判,双方终于达成协议。可就在正式签约的时候,美方代表团一进入签字厅就拂袖而去。原来在布置签字厅时,高先生错将美国国旗放在签字桌的左侧。项目告吹,高先生也因此被调离岗位。中国传统的礼宾位次是以左为上、右为下,而国际惯例的座位次序是以右为上、左为下。在涉外谈判时,应按照国际通行的惯例来做,否则,哪怕是一个细节的疏忽,也可能导致谈判功亏一篑,前功尽弃。

在国际商务活动中,采用国际惯例主要有两方面的作用:一方面是把国际商务活动中的一些做法逐步加以统一,这有利于方便国际商务活动的进行,减少或避免纠纷,发生了纠纷也易于处理;另一方面是可以补充合同的法律规定中的不足,对有些合同和法律中均未做明确规定的事项,就可以引用国际惯例的规定来处理。但应当指出的是,由于国际惯例不是各国的共同立法,也不是一国的法律,因而在未经国家认可的情况下不具有法律约束力。国家认可国际惯例的方式有以下两种。

(1) 直接认可。即将某一国际惯例的内容直接纳入本国的法律规范中。

(2) 间接认可。允许谈判者协商是否接受某一国际惯例。如果在涉外商务合同中双方当事人确认了以某个国际惯例为原则,那么它就具有法律效力。

我国法律明确规定,我国法律及我国缔结或者参加的国际条约没有规定的,可以适用国际惯例。因此,当双方在某个问题上发生争议时,如果法律没有明确的规定,可以以国际惯例为准判断是非,解决纠纷或争议。

3. 合同、法律和国际惯例三者之间的关系

涉外商务活动既是一种经济行为,又是一种法律行为。涉外经济合同的洽商、订立和履行,都必须符合有关的法律规范,才能得到法律的承认和保护。这里所说的法律规范,既包含各有关国家的法律,也包含有关的国际条约和公约,还包含有关的国际贸易惯例。

关于涉外商务合同、法律和国际贸易惯例三者之间的关系,可以扼要概括为:凡在依法成立的合同中明确规定的事项,应当按照合同规定办理;如果合同中没有明确规定的事项,应当按照有关的法律或国际条约的规定来处理;如果合同和法律中都没有明确规定的事项,则应当按照有关的国际惯例的规定来处理。

 任务小结

本任务主要介绍了商务合同签订,即商务合同的特点和种类,商务合同的构成及条款,商务合同的拟定、审核、履行及维护,涉外商务合同的特殊性和重要条款,国际规则及惯例。商务合同要尽可能完善、全面、准确、肯定和严密,这样既可以清楚地规定合同双方的权利和责任,又能防止和减少日后不必要的矛盾和纠纷。

复习思考题

1. 商务合同的主要条款是什么？
2. 简述商务合同争议的处理方式。
3. 简述涉外商务合同的重点条款。

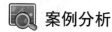

案例 9-10 "理亏"后的合同签订

巴西一家公司到美国去采购成套设备。巴西谈判小组成员因为上街购物耽误了时间。当他们到达谈判地点时，比预定时间晚了 45 分钟。美方代表对此极为不满，花了很长时间来指责巴西代表不遵守时间，没有信用。如果巴西代表继续这样下去，以后很多工作很难合作，浪费时间就是浪费资源、浪费金钱。

对此巴西代表感到理亏，只好不停地向美方代表道歉。谈判开始后，美方似乎还对巴西代表来迟一事耿耿于怀，一时间弄得巴西代表手足无措，说话处处被动。巴西代表无心与美方代表讨价还价，对美方提出的许多要求也没有静下心来认真考虑，匆匆忙忙就签订了合同。

等到合同签订后，巴西代表平静下来，头脑不再发热时才发现自己吃了大亏，上了美方的当，但已经晚了。

思考：

1. 分析商务合同在拟定与审核过程中的注意事项。
2. 根据谈判所提供的资料，如果你是这家巴西公司的谈判人员，你将从哪些方面进行改进？

 实训项目

实训目的：

在网上查找一份商务合同，分析合同的构成和条款是否规范。

实训背景：

将查找的商务合同作为自己的实训背景资料。

实训要求：

1. 将全班同学按每组 4 位同学进行分组。
2. 各组针对查找的商务合同进行讨论分析。
3. 各组将讨论分析的结果以书面报告的形式提交。

学习情境 十

商务谈判风格

学习目标

知识目标
1. 掌握不同国家、不同地区商务谈判的风格。
2. 了解影响商务谈判风格的因素。

能力目标
1. 能依据不同国家、不同地区的谈判风格进行谈判。
2. 能遵循不同国家和不同地区的风俗习惯、文化特点完成谈判。

素质目标
1. 培养熟知各国谈判风格的职业兴趣。
2. 强化谈判职业技能,塑造职业精神。

 任务 10.1　商务谈判风格概述

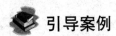 引导案例

案例 10-1　你了解谈判风格吗

　　美国一家石油公司经理在无意间几乎断送了一笔重要的买卖。事情的经过是这样的:美方经理会见石油输出国组织的一位阿拉伯代表,与他商谈协议书上的一些细节问题。谈话时,阿方代表渐渐地向美方代表靠拢,直到离美方代表只有 15 厘米的距离才停下来。美方代表对如此近的身体间距离很不习惯,他渐渐逐步后退。然而,阿方代表略微皱了皱眉,随即又开始向美方代表靠拢,美方代表再次后退。突然,美方代表发现自己的助手拼命向他摇头示意,他恍然大悟,不再后退。终于,在美方代表感到十分别扭和尴尬的身体距离中双方成交了。

　　思考:
　　阿方代表为何对美方代表后退的举动皱起了眉头?美方代表的助手在向自己的领导示意什么?该项谈判成功的关键是什么?

10.1.1 商务谈判风格的含义

商务谈判是一个沟通协商的过程,在此过程中,各个经济实体的当事方根据自己的经济利益确定可能的商业机会,并通过各种沟通、协商、妥协、合作、战略等手段满足彼此的需求。谈判风格是指谈判人员在谈判过程中通过言行举止表现出来的建立在其文化积淀基础上的与对方谈判人员明显不同的关于谈判的思想、策略和行为方式等的特点。

10.1.2 商务谈判风格的类型

谈判者在谈判过程中通过其行为和行动展示自己的文化结构,与彼此谈判的人,谈判的思想、策略和方法明显不同。由于文化传统的差异,来自不同国家和地区的谈判人员的谈判风格不同,有四种典型的风格颇为普遍,即内向谨慎型、外向果断型、理性判断型、言简意赅型。

案例 10-2 你属于哪种谈判风格

如果你能将这几种风格了解透彻,那么你会在日后的谈判中获取相对的心理优势。请思考一下你属于哪一类的风格,是否能逐渐改善你的弱点。

1. 内向谨慎型

这类性格的谈判者最显著的特点是:无论交易金额的大小,总是要在慎重考虑后才能够决定。他们通常需要花一定的时间先来了解你和你代表的企业,随后用比较长的时间考虑事情的可行性,最终在权衡利弊后作出决定。他们认为只有这样才能签订合同,才不会被对方蒙骗。如果你试图催促对方的答复,请小心行事,他们很可能会怀疑这次交易的可信度,会延长更多的时间思考。如果你的产品比他们目前所使用的性能更好、价格更低,按照常理,对方一定会放弃原供应商转而与你合作。但内向谨慎型的谈判者却不会那样做,他们会持怀疑的态度与你接触,对你全盘考查后才会决定。

在与他们接触的过程中,你会感到非常轻松,因为他们会和你谈一些双方感兴趣的事情,他们很看重长期的合作并十分愿意同你交朋友。这类人士很难拒绝别人的要求,但不喜欢别人强迫他们作出决定。在一些事情上由于缺乏果断可能会延误战机,但不可否认,他们每一次的决定都是理性的,基本不存在疏漏。另外与众不同的特点是,他们是双赢谈判的支持者,更愿意看到双方各有所得的结果,不会太在意谈判的输赢,只要在主要问题上达成一致,其他事情都可以商谈。

所以当你面对内向谨慎型的对手时,要多谈一些谈判以外的事情,时刻充满诚意,让对方喜欢这种谈判方式,切记一定不要急于求成,留出一定的时间让对方思考。内向谨慎型的对手相对更容易妥协与让步,只要你耐心地与他们交流,总会有一些事情会被你改变。

2. 外向果断型

顾名思义,此类型谈判者的办事风格是直接、果断。当你听到对方说:"就这样吧,你再让一个百分点,我们就成交,马上签合同。"毫无疑问,他一定属于外向果断型。

不要试图与他们聊天来改善谈判气氛,因为他们认为谈判应该直截了当,任何与谈判无关的话题都是在浪费时间,所以你要避免过多的寒暄与过分的热情,他们并不习惯这种谈判方式。外向果断型的人不会在意对方的感觉,也不会顾及面子,缺乏人情味,只关心生意的进展。当谈判出现分歧时,他们会毫不犹豫地拒绝你,如果交易能够满足对方的需要,他们也会立即作出决定。

外向果断型对谈判的理解有一定的局限性,他们认为谈判就是用尽各种办法使对方输,自己赢得可能得到的一切利益,在每一次谈判中都能够取胜,他们从不相信双赢谈判的存在。在每一次谈判中,他们都会对某一个问题争论不休,而不是通过创造附加价值把"蛋糕"做大。在他们眼里价格是谈判中最重要的环节,其重要性高于一切,所以在谈判中他们会不停地压价,不顾交易破裂的危险。他们喜欢谈判,更喜欢赢的感觉,在每次谈判后都会保持一段兴奋与激动的状态。

在谈判中与外向果断者针锋相对显然是不明智的,那样只会把事情变得更糟。通常他们会在某个议题上争论不休,并且一定要分出胜负,价格是最常见的谈判焦点,也许你的报价已经低于业内的平均价格,但他们绝不会就此罢手,还会努力地压低价格。当遇到这样的局面时,建议在第一次报价时适当地调高价格,增加谈判空间,在正式谈判中作出多次让步,虽然从结果上并没有损失,但你让对方认为他们赢得了谈判。如果在每次谈判后对方都有很好的感觉,那么他们一定会期待与你下一次的谈判。

3. 理性判断型

此类型者在谈判的过程中会频繁使用计算机和计算器,这是多年来形成的习惯,他们对数字非常敏感,交易中任何所需的数据都会非常精确,绝不允许任何模糊的数字出现在谈判中,否则很有可能会强行终止谈判。同时他们还会花费大量的精力和时间去收集所有的相关信息,并加以深入分析,对未来的发展趋势了如指掌。他们喜欢掌控细节,对每一个环节都会反复推敲,对每一阶段所要完成的程度会体现在文字上。总之,如果你没有充足的前期准备,建议不要贸然开始谈判。

与理性判断型谈判者谈判前你要准备足够的资料和数据,对谈判的进度也要进行有效地规划,在谈判期间,他们会用大部分时间向你提问题,哪怕一个简单的事情也会刨根问底,他们只有在数据齐全的时候才会作出决定,而不会被情绪或关系所左右。他们的谈判风格一成不变,谈判方式过于僵硬,有时候会对某个问题过分固执,反而会影响谈判的进展,这时需要你去引导对方共同创造价值。

4. 言简意赅型

在商务谈判中切忌语言松散或像拉家常一样的语言方式,尽可能让自己的语言变得简练。否则,你的关键词语很可能会被淹没在拖拉繁长、毫无意义的语言中。一颗珍珠放在地上,我们可以轻松地发现它,但是如果倒一袋碎石子在上面,再找起珍珠就会很费劲。同样的道理,人类接收外来声音或视觉信息的特点是:一开始专注,注意力随着接收信息的增加,会越来越分散,如果是一些无关痛痒的信息,更会被忽略。

因此,谈判时语言要做到简练、针对性强,争取让对方大脑处在最佳接收信息状态时表述清楚自己的信息。如果要表达很多信息,如合同、计划书等,那么适合在讲述或者诵读时语气进行高、低、轻、重的变化,比如,重要的地方提高声音,放慢速度,也可以穿插一些问句,引起对方的主动思考,增加注意力。在重要的谈判前应该进行一下模拟演练,训练语言的表述、突发问题的应对等。在谈判中切忌模糊、啰唆的语言,这样不仅无法有效表达自己的意图,更可能使对方产生疑惑、反感情绪。在这里要明确一点,区分清楚沉稳与拖沓的区别,前者是语言表述虽然缓慢,但字字经过推敲,没有废话,而这样的语速也有利于对方理解与消化信息内容,在谈判中非常推崇这样的表达方式。在谈判中想靠伶牙俐齿、咄咄逼人的气势压住对方,往往事与愿违,多数结果不会很理想。

10.1.3 商务谈判风格的特点

1. 对内的共同性

同一个民族的谈判人员或者有着相同文化背景的谈判人员,在商务谈判中会体现出大体相同的谈判风格。这就是谈判风格的共同性特点。比如,受儒家文化影响的中国人和日本人,都有"爱面子"的思想。这一特征是由于文化对人的同化和影响形成的。从这个意义上讲,世界上才存在不同国家或地区商人的特点。

2. 对外的独特性

谈判风格的独特性是指特定群体及其个人在判断中体现出来的独特气质和风格。从社会学观点看,任何集团的人的集合都是一种群体。各群体有自己的主文化和亚文化,会体现出群体与群体之间的差异。在同一个群体内,个体与个体之间也存在着差异。谈判风格的独特性决定了它的表现形式的多样化。所以,不同国家、不同民族,或同一个国家、同一个民族,由于文化背景、生活方式、风俗习惯等的影响,会表现出不同的特点和风格。

3. 成因的一致性

无论哪种谈判风格,其形成原因都大体一致,即它主要受文化背景、人的性格以及文化素养等的影响。

任何一个民族都深深植根于自己文化的深厚土壤中。无论他是否意识到,是否承认,他都会受到本民族风俗习惯、价值观念和思维方式等的潜移默化的影响,形成他们的世界观,并由此指导自己的行为处事方式,表现该民族在特定的文化背景下形成的共同气度和作风。如果忽视这一点,很难对其表现出来的谈判风格作出合理而深刻的理解,很难适应对方的谈判风格,当然也难以获得谈判的成功。

人的性格与文化背景有着源远流长的关系。根据社会心理学研究,在先天因素的基础上,人的性格与后天环境影响有着密切的关系,是社会化的结果。社会化的内容之一就是社会文化的内化。我国北方人多以从事农业为主,多处于征战与政治旋涡的中心,形成了直爽、豪迈、慷慨的性格。南方人长期遨游商海,形成了机智灵活的特点。

10.1.4 影响谈判风格的文化特征

文化差异是影响商务谈判的重要因素,与国内谈判相比,国际商务谈判涉及不同文化的代表。文化与商业之间的关系影响谈判进展是否顺利。关于买卖双方之间的文化规范通过以价格进行评估并实现双赢,从而成功地缩小了贸易谈判的范围。商务谈判不仅仅是谈判各方基于经济利益的交流与合作,也是各方所具有的不同文化之间的碰撞与沟通。在不同国家、不同民族之间进行的国际商务谈判更是如此。

国际商务谈判受到各自国家、民族的政治、经济、文化等多种因素的影响,而其中最难以把握的就是文化因素。文化上的差异导致国际商务谈判中的文化碰撞甚至冲突,相当一部分谈判因此而失败,直接影响了国际商务活动的顺利进行。由于世界各国历史传统、政治制度、经济状况、文化背景、风俗习惯以及价值观念存在明显差异,所以各国谈判者在商务谈判中都会形成不同的谈判风格。每一位谈判人员来到谈判桌前时,都带着自己文化的深深烙印。

因此,在进行国际商务谈判之前,谈判人员必须熟悉各国文化的差异,认真研究对方谈判人员的文化背景及特点,把握对方的语言及非语言习惯、价值观、思维方式、行为方式和心理特征,做好充分的准备,以此建立并加强自己的谈判实力,掌握谈判的主动权。

1. 语言及非语言行为

在商务谈判中,谈判人员的语言差异通常通过译者化解,而非语言的更含蓄的方式往往都是在谈判者无意识的情况下发出的,信号的误解是经常发生的。例如,日本商人普遍是谨慎风格,而巴西、法国商人则大多是随意风格。

2. 风俗习惯

国际商务谈判中常常会穿插一些社交活动(如喝茶、喝咖啡、宴请等),这些活动受文化因素的影响很大。德国人注重西服革履和礼貌守时;法国人对艺术、历史和美食具有独特的鉴赏力;澳大利亚人喜欢小酒馆里的随意亲切;南美洲人对深色西装和小礼品普遍偏好;中东商人注重交情至上,但对时间较淡漠等。

3. 思维差异

东方文化偏好形象思维,英美文化偏好抽象思维。东方文化偏好综合思维,英美文化偏好分析思维。东方文化注重统一,英美文化注重对立。

基于客观存在的思维差异,不同文化的谈判者呈现出决策上的差异,形成顺序决策方法和通盘方法间的冲突。面临一项复杂的谈判任务时,采用顺序决策方法的西方文化特别是英美人常将大任务分解为一系列的小任务,将价格、交货、担保和服务合同等问题分次解决,每次解决一个问题,从头至尾都有让步和承诺,最后的协议就是一连串的小协议的总和。然而采用通盘决策方法的东方人则重视对所有问题整体讨论,不存在明显的次序之分,通常要到谈判的最后,才会在所有的问题上作出让步和承诺,从而达成一揽子协议。

4. 价值观不同

1) 客观性

西方人特别是美国人具有较强的客观性,对事不对人,公事公办,人和事要分开。然而在东方文化和拉美文化中,则不太容易"把人和事分开",因为事情是由人做的,做事的人不同,作出的事情就不同,因此怎么能把人和事分开呢?

2) 时间观

单一时间利用方式一般强调专时专用和速度,北美人、瑞士人、德国人和斯堪的纳维亚人具有此类特点。不守时是很严肃的问题。

多种时间利用方式则强调一时多用,中东和拉美文化具有此类特点。此方式涉及关系的建立和对言外之意的揣摩,人们的时间观念淡薄,时刻表宽松,迟到、延期是无足轻重的。

3) 竞争和平等观

日本人划分利润的理念是对买方相对比较有利,因为日本人认为顾客就是上帝,卖方往往会顺从买方的需要和欲望。美国人对利润的划分相对比较公平,认为买卖双方是平等的,在美国人看来,利润划分的公平性比利润的多少更重要。

4) 人际关系

谈判过程是一种社会交往的过程,当事人在谈判过程中的行为举止、为人处世,对于谈判的成败至关重要。法国人天性开朗,重视交往过程中的人际关系;日本人地位意识浓厚、等级观念严重;德国人注重形式、头衔;澳大利亚人注重谈判的决定权等。

美国学者曾在《心理学家谈管理》一书中,将影响谈判的重要文化特征加以归纳,如表 10-1 所示。

表 10-1 影响谈判的重要文化特征

社会系统	价值系统	政治经济系统	学习系统
地位和作用	法律	政治的职能	教育
身份	宗教	政府的态度	语言
家庭	礼仪	政府的作用	思想
—	伦理	经济形势	决策
—	时间与空间	—	谈判

 任务小结

本任务主要介绍了谈判风格的含义,四种谈判风格即内向谨慎型、外向果断型、理性判断型、言简意赅型。谈判风格对谈判有着不可忽视的作用,甚至关系到谈判的成败。因此建议谈判者从文化特征方面考虑不同的谈判风格。

 复习思考题

1. 有哪些典型的商务谈判风格?
2. 简述谈判风格对商务谈判的意义。

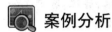 案例分析

案例 10-3 谈判风格影响谈判结果

四名大学生为开一家精品时尚外贸店,与前店主进行了一场谈判,看似并不复杂的谈判过程,其实充满了技巧和智慧。

在阳光城商业中心闪耀着一家名叫 DEMON 的精品时尚外贸店。它成立于 2007 年 6 月 1 日,合伙人有本校市场营销专业的 Sofia、阿梅,以及统计系的李棵和胖子。他们亲切地称 DEMON 为"自家的儿子",它诞生前的孕育过程虽然短暂但是相当富有戏剧性。

盘店是指从前店主处接手店铺进行租用的行话,店铺转让的下家是必须向原店主交盘店费的,租金另算。值得注意的是,如果前任店家的租用期到了,无人向其租用,只能退出,新店主向房东直接租门面只准备房租即可。DEMON 店的前任店主秦鹏等人正面临房租到期的状况,铺面急于出手。买家于 2007 年 5 月中旬向卖家提出盘店意向,双方谈判在即。

2007 年 5 月 18 日,双方在现 DEMON 店铺中开始谈判。一开始,卖家具体介绍了店内的基本状况和装修情况,包括面积、水电、墙面、地板、货架、付款台以及其他重金属装饰品,装修成本逼近 2 万元。卖家以行业熟手的姿态,为开价说明了事实根据,算是恰到好处地拉

开了谈判序幕。买家并未被卖家高屋建瓴的气势所影响，而是提出质疑："店面装修的确是有特色和个性，但是我们无从考证装修的成本，更何况目前的装修风格不一定适合我们店。所以请介绍一下该店铺的其他方面。"

卖家看出了买家虽然是初来乍到，但并不是冲动情感型的租铺者，于是开口询问买家对于开店的想法。买家谈判者李棵实事求是地说："我们都是跳街舞的，开店也主要是搞街舞用品和轮滑用品之类的时尚产品。"卖家对这一关键信息立即作出反应："你们跳街舞的最重要的就是服饰，这店以前就是做服饰的，你们接手以后可以直接做。并且不是每个人都喜欢那种夸张风格，你们还是应该卖一些比较大众的外贸服装，现在店里的货你们就可以直接拿去卖。"买家明白，这是卖家打算把店铺卖给他们的同时，再让买家把货盘下来又是一项成本支出。卖家继续："我在广东和成都等地都有货源，开店以后，可以帮你们拿货，渠道短保证最低价。"

此时，买家就其他方面发表意见："不过这里位置太偏了，在整条街的尾巴上而且是个拐角，怎么会有客流？"卖家解释说："后面的金巴黎，即头号要都3期工程10月份就完工。到时候玛利影院、德克士等会入驻进来，这里将会成为商业中心，不用担心客流。"

"不，在做生意时我们要把一切考虑清楚，如果有那么长一段时间的萎靡期，我们为什么不选择一个开店就能盈利的地理位置呢？"买家摆明态度，双方在认定铺面价值上陷入僵局。卖家坚持说买家疑虑过多，该铺面是个黄金口岸。买家有待做更多的考察。

"那么这个铺子，你打算卖多少钱？"买家成员试探性地询问。

卖家拿出早就拟好的价单说："渠道＋现货＋铺子5500元；现货＋铺子4500元；铺子3500元"了解了价格之后，买家表示要再做商量。

买家要求卖家重报价一次并对价格所含内容进行解释。卖家回应："如果付渠道费，那么我将以最低成本给你们供货；如果付了现货款，店里一切物品都是你们的；如果只是铺子款，就只给你们空铺子。"

买家立即作出反应，"首先，我们不能保证你供的货是否符合我们的要求；其次，我们无法确定你拿货的价格水平；最后，我们不认为铺子的价值有3500元那么多，并且马上就是6月份，有些学校已经放假了。到七八月份暑假期间根本就没有利润，我们认为你的价格太高了。"

卖家反问道："你们认为多少钱合适？"买家不紧不慢地说："目前最多拿出2000元，并且我们十分想要你的渠道……"

买家淡然一笑说"到哪里2000元也找不到一个像样的铺子。"买家不依不饶"如果那么贵的价钱，我们可以找其他地理位置更好的铺子。"

这一招很奏效，顿时把卖家将住了。卖家自知铺租即将到期，转而以恳切的态度征询："你们最多能给多少钱？2000元真的太低了。"

买家看出卖家的软肋，毫不退让。卖家无奈只能答应2000元给买家空铺。买家见形势不对，立即阻挠，表示要求留下货品，最好再把进货渠道提供给他们。卖家濒临崩溃的边缘，说："如果加货品和渠道，最低3500元。"买家答应并表示，目前还是只有2000元，1500元于1个月后支付。

双方签订协议，谈判告终。

思考：

1. 四名大学生谈判成功的要素有哪些？

2. 分析本案例中买家的谈判风格属于何种类型。

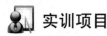
实训项目

实训目的：
学会商务谈判风格的判定。
实训背景：
同学分组模拟不同风格的商人谈判，进行一次关于进口铁矿石的谈判。
实训要求：
注意把握商务谈判的风格特点。

任务 10.2　不同地区的商务谈判风格

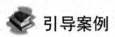
引导案例

案例 10-4　风格不同，谈判结果大相径庭

三位日本商人代表日本航空公司来和美国一家公司谈判。会谈从早上 8 点开始，进行了两个半小时。美国代表以压倒性的准备资料淹没了日方代表，他们用图表解说、计算机计算、屏幕显示、各式的数据资料来回答日方提出的报价。而在整个过程中，日方代表只是静静地坐在一旁，一句话也没说。

终于，美方的负责人关掉了机器，重新扭亮了灯光，充满信心地问日方代表："意下如何？"一位日方代表斯文有礼、面带微笑地说："我们看不懂。"美方代表的脸色忽然变得惨白："你说看不懂是什么意思？什么地方不懂？"

另一位日方代表也斯文有礼、面带微笑地说："都不懂。"第三位日方代表也以同样的方式慢慢答道。将会议室的灯关了之后，美方代表松开了领带，斜倚在墙边，喘着气问："你们希望怎么做？"日方代表同声回答："请你再重复。"美方代表彻底丧失了信心。谁有可能将秩序混乱而又长达两个半小时的内容重新介绍一遍？美国公司终于不惜代价，只求达成协议。

思考：
1. 日本商人是如何赢得胜利的？
2. 美、日商人的谈判风格有何不同？

近年来，中国经济一直在快速发展。经过多年的努力，中国已成为世界第二大经济体。因此，中国市场逐渐吸引了越来越多的外国公司来华投资发展，希望通过这种方式获得高额利润。丰富的资源、良好的国内市场消费能力等一系列因素，对外活动变得越来越重要。在对外商务谈判中，人们的思维方式、价值取向、文化差异等诸多因素都需要考虑和重视。所有这些都可能阻碍谈判的成功，因此，要在国际商务谈判中取得成功，就必须熟悉各种重要贸易伙伴关系的性格特征和谈判风格。充分准备，了解谈判特点，适应情况进行广泛思考，采用灵活的谈判方法并最终赢得谈判。

10.2.1 美洲商人的谈判风格

众所周知,美洲商人的性格特征是独立、自信、热情、坦率、幽默,倡导法律自由和平等。事实上,这些特征的形成与美洲的总体环境密不可分。首先,美洲人从小就重视孩子的独立人格的培养和锻炼,大多数美洲人决定自己的未来,这决定了美洲人性格的独立性;其次,美洲的综合实力是世界一流的。英语是世界上大部分地区的通用语言,美元是国际结算的首选,强大的国家优势带来强烈的自信心,他们的言行举止表达了他们的幸福、愤怒、悲伤和欢乐。他们敢于表达自己的观点,敢于放弃并敢于说出不可接受的建议,但这种自信有时反映出他们缺乏对他人的理解,不可避免地会形成高度的竞争意识,这些特征也体现在他们的谈判风格上。

1. 自信、直言不讳

(1) 对本国产品的品质优越、技术先进性会毫不掩饰地称赞。如果你的产品质量高、性能好,您应该让对方了解和理解。

(2) 喜欢批评别人。谈判没有按照他们想要的方式进行,他们经常批评或抱怨,这是因为他们常常认为自己所做的一切都是合理的,对他人没有宽容和理解。美洲人的自信让他们赢得很多生意,但是也让委婉谦虚的东方人总是感叹他们好斗、傲慢。

2. 正义、理性

以经济利益为最终目标表明了对最终利益的关注,但由于他们天生就尊重民主、正义和自由,他们通常不提出任何要求,而是尽可能地争取正义和理性。

3. 热情坦率、真诚幽默

当对方提出的建议他们不能接受,便会毫不隐讳地直言相告。美洲人常对中国人在谈判中的迂回曲折、拐弯抹角感到莫名其妙,非常不能理解中国人为什么会通过微妙的暗示来提出实质性的要求。东方人所推崇的谦虚、涵养,可能会被美洲人认为是虚伪、客套。

4. 重视合同

美洲人对法律和契约的崇拜是与生俱来的,法律意识早已根深蒂固地存在于他们的心里。所以,他们非常看重商务谈判中所签订的合同以及条款,合作双方必须坚定履约合同。如果不能,就要严格按照合同的违约条款支付赔偿金和违约金,没有再协商的余地。所以,他们也十分注重违约条款的洽商与执行。

5. 注重时间效率

美洲商人珍惜时间,注重效率。他们生活节奏比较快,一般会开门见山,不会做很多铺垫;做事井然有序,有计划性;不喜欢事先没安排妥当的不速之客来访。

案例 10-5　如何与美国人谈判

1. 如何与美国东部地区的商人谈

东部特别是东北部是美国政治、经济、文化中心,也是早期美国拓荒者首先到达的地区,是美国领土的最初部分和现代文明的发祥地。包括十三个州在内的东部商人,在国际商务谈判中,具有雷厉风行的快节奏、寸利必争和精于讨价还价的技巧。

2. 如何与美国中西部地区的商人谈判

由于地理原因,美国中西部的商人在性情上传统色彩较浓。他们朴素和蔼,爱好旅游,比较容易交际。与他们交往时,把他们更多地看作朋友会使谈判顺利。因此,不能单靠现代化通信手段来进行磋商和交谈,面谈是必要的。此外,打球、喝咖啡也是增进友谊的很好方式,可以加强双方的相互信任。同中西部商人做生意,运输问题至关重要。由于距海港远,无论是进口还是出口,往往涉及海运与陆运、空运等方式的联合运输。及时交货是合同顺利履行的关键环节,因而没有现货在中西部做生意是很困难的。许多日本企业都在此设有自己的仓库,以便能及时交货。

3. 如何与美国南部地区的商人谈判

美国南部地区商人性格较为保守。企业多以中小型为主,石油是这一地区的主要工业。他们做事没有东部商人那种时间就是金钱的雷厉风行的作风,节奏相对较慢,同他们建立友谊需要较长的时间。南部商人性格大多较随和,他们不大喜欢那种商业气息浓重的面对面谈判,朋友式的促膝而谈更为合适。同他们建立亲密的商业关系虽不容易,但当他们一旦与你建立了这种关系,就非常珍惜,不会轻易放弃。有人说,当南部商人"以绰号称呼你的时候,生意是绝对跑不掉了"。

4. 如何与美国西部地区的商人谈判

美国西部太平洋沿岸是随着早年的淘金热发展起来的,至今不过百年的历史,是亚洲移民聚居的地区。西部地区的企业历史较短,规模较小,推销产品时,可以比较容易地见到能够作出决定的高级人员。这一地区没有自己固定的商业习惯,往往仿效东部地区的做法。在这里做生意的外国人有句俗语"多用你的双脚",意思是说要推销产品必须多跑路,多去访问你的客户,单靠电话联络是不够的。

10.2.2 欧洲商人的谈判风格

1. 德国人的谈判风格

德国人有一种名副其实的讲效率的声誉,他们有巨大的科技天赋,对理想的追求永不停息。他们企业的技术标准极其精确,对于出售或购买的产品他们都要求最高质量。如果你要与德国人做生意,你一定要让他们相信你公司的产品可以满足交易规定的各方面的一贯高标准要求。在某种程度上,他们对你在谈判中的表现的评价取决于你能否令人信服地说明你将信守诺言。

2. 英国人的谈判风格

英国是最早的工业化国家,早在17世纪,它的贸易就遍及世界各地。历史上,英国曾经被称"日不落帝国",这些都使英国国民的大国意识强烈。他们有很强的民族自豪感,心理上的排外性很浓,看不起别国人。在日常生活中,他们无论说起什么事,总颂扬英国在各个方面的伟大。但英国人的民族性格是传统、内向、谨慎的,对新事物总是裹足不前。从性格上来看,英国人生性内向而含蓄,沉默寡言,不喜欢夸夸其谈。尤其是受过高等教育的人士,表现得很自谦。他们把夸夸其谈视为缺乏教养,把自吹自擂视为低级趣味。尽管从事贸易的历史较早、范围广泛,但是贸易洽商特点却不同于其他欧洲国家。

3. 法国人的谈判风格

法国人具有良好的社会风范，他们多受过良好教育，从小就被指点培养各种好的文明习惯。法国人相当注意修饰自己的外表，在正式场合，他们的衣着装饰都相当讲究。当外国谈判者要拜访某位法国人时，最好事先约定并应准时前往。入室前轻声叩门，得到允许才可进入。如有意外事情使你不能按时到达，应通知对方，法国人对迟到的客人是难有耐心等待的。进入房间后，要和所有的人握手。谈判者必须这样做，不能嫌麻烦。假如你想在握手上省点时间，那么以后就会有真正的麻烦等着你，而且分别时谈判者应该记住再重复一遍。

4. 北欧人的谈判风格

北欧主要是指挪威、丹麦、瑞典、芬兰等国家，也称斯堪的纳维亚国家。首先，北欧人十分讲究文明礼貌，也十分尊重具有较高修养的商人；其次，北欧人对自己产品的质量非常看重，其产品质量在世界上也是一流的；再次，北欧人在谈判中十分沉着冷静，即使在十分关键时刻也不动声色，有耐心、有礼貌，但他们不喜欢无休止地讨价还价；最后，北欧人的一个共同特点就是喜欢桑拿浴，这已经成了他们生活中的一部分。许多情况下，可以在洗桑拿浴时与他们交谈，这可以免除正式谈判的许多不便。

10.2.3 亚洲商人的谈判风格

1. 具有强烈的团队意识，分工明确

亚洲文化所塑造的亚洲人的价格观念与精神取向都是集体主义的，以集体为核心。正因为如此，亚洲人的谈判决策非常有特点。在提出建议之前，必须与公司的其他部分和成员商量决定，即使是授予谈判代表有签署协议的权力，那么合同书的条款也是集体商议的结果。谈判过程具体内容的洽商反馈到亚洲公司的总部。所以，当成文的协议在公司里被传阅了一遍之后，它就已经是各部门都同意的集体决定了。需要指出的是，亚洲人做决策费时较长，但一旦做好决定，行动起来十分迅速。

2. 信任是合作成功的重要媒介

与欧美商人相比，亚洲人做生意更注重建立个人之间的人际关系。以至于许多谈判专家都认为，要与亚洲人进行合作，朋友之间的友情、相互之间的信任是十分重要的。亚洲人不喜欢对合同讨价还价，他们特别强调能否同外国合伙者建立可以相互信赖的关系。一旦这种关系得以建立，双方都十分注重长期保持这种关系。这种态度常常意味着放弃另找买主或卖主获取眼前利益的做法。在商务谈判中，如果与亚洲人建立了良好的个人友情，特别是赢得了亚洲人的信任，那么，合同条款的商议就是次要的。欧美人愿意把合同条款写得尽可能具体详细，特别是双方责任、索赔内容，以防日后发生纠纷。而亚洲人却认为，双方既然已经十分信任了解，一定会通力合作，即使万一做不到合同所保证的，也可以再坐下来谈判，重新协商合同的条款。合同在亚洲一向就被认为是人际协议的一种外在形式。如果周围环境发生变化，使得情况有害于公司利益，那么合同的效力就会丧失。是外商坚持合同中的惩罚条款，或是不愿意放宽业已签订了的合同的条款，亚洲人就会感到极为不满。公认的最好办法是取得认为可靠的、另一个信誉甚佳的企业的支持，即找一个信誉较好的中间人。这对于谈判成功大有益处。在与亚洲人的合作中，中间人是十分重要的。所以，在与亚洲人洽商时，要千方百计地寻找中间人牵线搭桥。

3. 讲究礼仪

亚洲,特别是东亚,因为受到中国礼仪之邦的影响,也非常注重礼节。亚洲人所做的一切,都要受严格的礼仪的约束。如果外国人不适应亚洲人的礼仪,或表示出不理解、轻视,那么,他就不太可能在推销和采购业务中引起亚洲人的重视,不可能获得他们的信任与好感。首先,亚洲人最重视人的身份地位。在亚洲社会中,人人都对身份地位有明确的概念。而且在公司中,即使在同一管理层次中,职位也是不同的。这些极其微妙的地位、身份的差异常令西方人摸不着头脑。但是,亚洲每个人却非常清楚自己所处的地位、该行使的职权,知道如何谈话办事才是正确与恰当的言行举止。而在商业场合更是如此。其次,充分发挥名片的作用。与亚洲人谈判,交换名片是一项绝不可少的仪式。所以,谈判之前,把名片准备充足是十分必要的。因为在一次谈判中,你要向对方的每一个人递送名片,绝不能遗漏任何人。亚洲人十分看重面子,最好把名片拿在手中,反复仔细确认对方名字、公司名称、电话、地址,既显示了对对方的尊重,又记住了主要内容,表现得从容不迫。要面子是亚洲人最普遍的心理。这在商务谈判中表现最突出的一点就是,亚洲人从不直截了当地拒绝对方。

4. 耐心是谈判成功的保证

亚洲人在谈判中的耐心是举世闻名的。亚洲人的耐心并不是缓慢,而是准备充分考虑周全,洽商有条不紊,决策谨慎小心。为了一笔理想交易,他们可以毫无怨言地等上两三个月,只要能达到他们预想的目标,或取得更好的结果,时间对于他们来讲不是第一位的。耐心使亚洲人在谈判中具有充分的准备;耐心使他们手中握有利剑,多次成功地击败那些急于求成的欧美人;耐心使他们成功地运用最后期限策略,赢得了每一块利润。所以,与亚洲人谈判,缺乏耐心,或急于求成,恐怕会输得一败涂地。

案例10-6 南亚、东南亚商人的谈判风格

印度尼西亚商人很讲礼貌,与人交往也十分谨慎,绝对不在背后评论他人。在商务洽谈时,如果交往不慎,虽然表面十分友好亲密,谈得很投机,但他们内心所想可能完全是南辕北辙,大相径庭。只有建立了推心置腹的交情,才可能听到他们的真心话,才可以成为十分可靠的合作伙伴。另外,印度尼西亚商人特别喜欢有客人来家中拜访,而且无论什么时候很欢迎。因此在印度尼西亚,随时都可以敲门拜访以加深交情,使谈判顺利进行。

新加坡华侨有着浓厚的乡土观念,同甘共苦的合作精神非常强烈。他们吃苦耐劳,重信义,讲面子,在商业交往中十分看重对方的身份、地位和彼此关系。在交易中,如果遇到重要决定,新加坡华侨商人往往不喜欢做成书面字据,但是一旦签约,他们绝不违约,而是千方百计去履行契约,充分体现了华侨商人注重信义、珍惜朋友之间关系的商业道德。

泰国商人崇尚艰苦奋斗、勤奋节俭,不愿过分依附别人,他们的生意也大都由家族控制,不依赖外人。同业之间会互相帮助,但不会形成一个稳定的组织来共担风险。在商业谈判中,泰国人喜欢对方尽可能多地向他们介绍个人及公司的创业历程和业务开展情况。然而,要与他们建立推心置腹的友谊,要花费一定的时间和努力。当然这种关系一旦建立,他们就会非常信任你,当你遇到困难,也会给你通融。他们喜欢的是诚实、善良、富有人情味的合作伙伴,不仅仅是精明强干的商人。

印度人观念传统,思想保守。印度人在商务谈判中往往不愿意作出负责任的决定,遇到

问题时也常常喜欢找借口逃避责任。印度人思虑较多，考虑问题细致，要在商务往来中建立相互信任需要很长时间，无法亲密到推心置腹的地步。印度社会层次分明、等级森严，这与他们古老的宗教教义有关。因此与他们打交道，要注意这一点。

10.2.4 非洲商人的谈判风格

与非洲商人谈判时，首先要尊重其礼仪风俗，维护对方的自尊心，力求通过日常的交往增进友谊，为谈判顺利进行创造良好的基础。谈判时不要操之过急，而应适应其生活节奏，尽量按照其生活习惯，使对方感到我方对其的尊重与关照，增进认同感。谈判中要对所有问题乃至各种术语和概念、条款细节逐一阐明与确认，以免日后发生误解与纠纷。非洲商人的特点总体来看是：刚强生硬，自尊心极强；看重友谊和礼节；以善于经商著称，精于商务谈判，既会讨价还价也能妥协让步。

因此，掌握精明的谈判技术，运用灵活的谈判技巧，对于到非洲开辟市场的我国企业家具有非常重要的意义。在与非洲商人谈判时，需要注意以下几个方面。

（1）在与非洲企业家进行业务谈判之前，需要摸清对方的业务范围、经济实力、信誉程度等。如果己方与对方的实力相差悬殊，在谈判过程中一般很难达到预期目标。如果自己的实力与对方相当甚至超过对方，可以满怀信心地同对方进行谈判。

（2）本着最终谈判的结果能够为双方带来好处和实惠的原则，谈判的双方最后都应当是胜利者。

（3）与非洲人进行商务谈判，不可存有"我胜你败""坚持到底就是胜利"等想法与做法，应当采取在不损害自己根本利益的原则下，向对方作出适当的妥协与让步，最后达成双方都能接受的"双赢"协议。

同非洲人进行商务谈判，是一场比智慧、比毅力、比耐心的竞赛。谈判之前需要进行周到细致的准备工作，做到"知己知彼"，才能"百战不殆"。不得不提的是，非洲国家等级森严，从事商务的人多为名门望族，所以十分看重礼节、礼仪。因此，礼仪和礼貌在谈判中也起着重要作用。

案例 10-7　你了解尼日利亚的风俗文化吗

尼日利亚处于西非东南部的国家，非洲几内亚湾西岸的顶点。邻国包括西边的贝宁，北边的尼日尔，东北方隔乍得湖与乍得接壤一小段国界，东和东南与喀麦隆毗连，南濒大西洋几内亚湾。

尼日利亚是非洲第一人口大国，总人口 2.01 亿，占非洲总人口的 16%。同时也是非洲第一大经济体，2013 年，尼日利亚国内生产总值（GDP）5099 亿美元。尼日利亚是非洲能源资源大国，是非洲第一大石油生产和出口大国。截止到 2014 年已探明石油储量居非洲第二、世界第十；已探明天然气储量居非洲第一、世界第八；已探明 76 种矿产中有 34 种具备商业开采价值。

尼日利亚有许多部族，其习俗与文化传统有很大差别，所以他们的生活方式也截然不同。事先约会很重要，特别是与政府官员约会。尼日利亚人虽然一般不太有时间观念，但他们理解西方人遵守时间约定的习惯。由于在尼日利亚国内旅行很艰难，所以对到达目的地的时间估计要留有充分余地。

在交谈中,从不盯视对方,也忌讳对方盯视自己,因为这是不尊重人的举止。恰当的话题是有关尼日利亚的工业成就和发展前景。尼日利亚人还喜欢谈论非洲的政治活动,特别是他们对非洲统一组织、西非国家经济共同体以及其他非洲国家所作出的贡献。

 任务小结

本任务主要介绍了世界各地不同的谈判风格,了解世界主要国家(或地区)商人的商业禁忌,理解东西方商人交易的不同风格。学会如何根据各国商人的交易特点促成谈判的成功。

 复习思考题

1. 假如你正在与英国商人进行购买成套设备的谈判,在谈判中,你应该关注的重点是什么?
2. 总结分析东西方商人谈判的风格有哪些不同地方。

 案例分析

案例10-8　日本与澳大利亚的煤铁谈判

日本的钢铁和煤炭资源短缺,渴望购买煤和铁。澳大利亚生产煤和铁,并且在国际贸易中不愁找不到买主。按理来说,日本人的谈判者应该到澳大利亚去谈生意。但日本人总是想尽办法把澳大利亚人请到日本去谈生意。澳大利亚人一般都比较谨慎,讲究礼仪,而不会过分侵犯东道主的权益。澳大利亚人到了日本,使日本方面和澳大利亚方面在谈判桌上的相互地位就发生了显著的变化。澳大利亚人过惯了富裕的舒适生活,他们的谈判代表到了日本之后不到几天时间,就急于想回到故乡别墅的游泳池、海滨和妻儿身旁,在谈判桌上常常表现出急躁的情绪。而作为东道主的日本谈判代表则不慌不忙地讨价还价,他们掌握了谈判桌上的主动权。结果日本方面仅仅花费了少量款待做"鱼饵",就钓到了"大鱼",取得了谈判的成功。

思考:
分析日本商人商务谈判成功的原因是什么?

 实训项目

实训目的:
学会商务谈判风格的判定。

实训背景:
同学分组模拟欧洲四个主要国家的商人谈判风格,进行一次关于纺织品出口的谈判。

实训要求:
注意把握各国商人的谈判特点。

参 考 文 献

[1] 吴琼,李昌凰,胡萍. 商务谈判[M]. 北京:清华大学出版社,2017.
[2] 张勤. 商务谈判[M]. 天津:天津大学出版社,2011.
[3] 宋莉萍. 商务谈判理论、策略与技巧[M]. 上海:上海财经大学出版社,2012.
[4] 杨群祥. 商务谈判:理论、实务、案例、实训[M]. 大连:东北财经大学出版社,2012.
[5] 李建民. 国际商务谈判案例[M]. 北京:经济科学出版社,2016.
[6] 檀文茹. 商务谈判与合同管理[M]. 北京:中国人民大学出版社,2012.
[7] 潘肖珏,谢承志. 商务谈判与沟通技巧[M]. 2版. 上海:复旦大学出版社,2019.
[8] 朱春燕,陈俊红,孙林岩. 商务谈判案例[M]. 北京:清华大学出版社,2011.
[9] 汪遵瑛. 商务谈判[M]. 上海:复旦大学出版社,2012.
[10] 雷娟,全婧. 商务谈判[M]. 2版. 西安:西安交通大学出版社,2015.
[11] 王君,廉国恩. 商务谈判[M]. 北京:中国商务出版社,2012.
[12] 万丽娟. 商务谈判[M]. 重庆:重庆大学出版社,2010.
[13] 毛晶莹. 商务谈判[M]. 北京:北京大学出版社,2010.
[14] 方其. 商务谈判:理论、技巧、案例[M]. 3版. 北京:中国人民大学出版社,2011.
[15] 殷向洲. 商务谈判理论与实务[M]. 北京:清华大学出版社,2011.
[16] 辛诚,李静,于春雨. 商务谈判理论与实务[M]. 北京:中国传媒大学出版社,2010.
[17] 姚凤云,龙凌云,张海南. 商务谈判与管理沟通[M]. 2版. 北京:清华大学出版社,2016.
[18] 汪华林. 商务谈判[M]. 北京:经济管理出版社,2010.
[19] 张国良,赵素萍. 商务谈判[M]. 浙江:浙江大学出版社,2010.
[20] 郭红生. 商务谈判[M]. 2版. 北京:中国人民大学出版社,2016.
[21] 张强. 商务谈判学理论与实务[M]. 北京:中国人民大学出版社,2010.
[22] 李爽,于湛波. 商务谈判[M]. 3版. 北京:清华大学出版社,2015.
[23] 陈玉章,商务谈判实务[M]. 北京:北京理工大学出版社,2010.
[24] 金依明,杜海玲. 商务谈判实务[M]. 北京:清华大学出版社,2010.
[25] 段淑梅. 商务谈判[M]. 2版. 北京:机械工业出版社,2016.
[26] 杨芳. 商务谈判[M]. 上海:华东师范大学出版社,2011.
[27] 冯砚,丁立. 商务谈判[M]. 北京:中国商务出版社,2010.
[28] 聂元昆. 商务谈判学[M]. 2版. 北京:高等教育出版社,2016.
[29] 龚荒. 商务谈判:理论、策略、实训[M]. 2版. 北京:清华大学出版社,2015.
[30] 仰书纲. 商务谈判理论与实务[M]. 2版. 北京:北京师范大学出版社,2014.
[31] 韩玉珍. 国际商务谈判实务[M]. 北京:北京大学出版社,2006.
[32] 菲利普·科特勒,凯文·莱恩·凯勒,卢泰宏. 营销管理[M]. 13版. 卢泰宏,高辉,译. 北京:中国人民大学出版社,2009.